동그래서 귀여워!

넙치류
등지느러미의 줄기가 중심에서 갈라져 나와서, 마치 분수 같아!

지느러미가 긴 건 새끼뿐!

가시복류
아직 가시는 자라지 않았어!

물고기 대집합!

알에서 막 부화한 새끼는 아직 지느러미가 완성되지 않았거나, 종의 특징이 나타나지 않아서, 어른 물고기와는 전혀 다른 모습을 하고 있습니다.

비눗방울 같은 투명한 몸이네!

새끼 물고기지만 풍격이 가득!?

아귀류
얇은 털 같은 피부판으로 전신이 덮여 있어!

※ 어류의 이름은 나라마다, 심지어 같은 나라여도 지역마다 부르는 이름이 상이한 경우가 많습니다. 이 책에서는 한국어류대도감(교학사), 수산생명자원정보센터, 두산백과를 주로 참고하여 물고기의 이름과 과명, 분류를 번역하고 기재하였습니다. 한국과 일본의 분류가 다른 경우에는 한국의 기준을 따랐으며 별도로 표기하였습니다.

어류의 명칭을 번역하는 데 있어 국내 자료가 없는 경우에는 일본명을 직역/음독/음독하되 뜻이 분명한 것은 일부 직역하거나, 영어명을 번역/음독/음독하되 뜻이 분명한 것은 일부 번역하였습니다. 국내에 정식 명칭이 없는 일본산이나 외국산 어류일 경우 Fish Base Online, 일본 내 자료, 위키피디아 등을 폭넓게 참고하였으며 이해를 돕기 위해 각 물고기의 별명란을 적극 활용하였습니다.

움직이는 도감
MOVE!
어류

고단샤 편저

감수 후쿠이 아쓰시
일본 도카이대학 해양학부 수산학과 교수

루덴스미디어

차례

움직이는 도감 MOVE

어류

- 물고기란 ······ 4
- 물고기의 분류 ······ 6
- 이 책의 사용법 ······ 8
- 색인 ······ 217

비주얼 특집
- 물고기의 일생 ······ 10
- 신비로운 물고기들 ······ 12
- 괴상한 얼굴 총집합! ······ 14
- 특이한 물고기들 ······ 16
- 물고기를 만나 보자! ······ 17
- 바다에서 점프! ······ 116
- 강에서 점프! ······ 182

바다에 사는 물고기 ······ 18

수염상어목 · 흉상어목 · 악상어목 등
- **상어 무리** ······ 20
  - 얼룩상어 무리 ······ 20
  - 흉상어 무리 ······ 22
  - 악상어 무리 ······ 26
  - 돔발상어 무리 ······ 28
  - 신락상어, 주름상어 무리 ······ 30
  - 톱상어 무리 ······ 30
  - 전자리상어 무리 ······ 31
  - 괭이상어 무리 ······ 31
  - 은상어 무리 ······ 31

매가오리목 · 전기가오리목 · 홍어목 등
- **가오리 무리** ······ 34
  - 매가오리 무리 ······ 34
  - 노랑가오리, 흰가오리 무리 ······ 36
  - 전기가오리 무리 ······ 37
  - 톱가오리 무리 ······ 37
  - 광동홍어, 가래상어 등의 무리 ······ 38

실러캔스목
- 실러캔스 무리 ······ 39

먹장어목
- 먹장어 무리 ······ 39

뱀장어목
- 뱀장어 무리 ······ 42
- 곰치 무리 ······ 42
- 붕장어, 갯장어 등의 무리 ······ 44
- 바다뱀 무리 ······ 45
- 펠리컨장어 무리 ······ 45

당멸치목
- 당멸치 무리 ······ 46

여을멸목 등
- 밑보리멸, 여을멸 무리 ······ 46

메기목
- 메기 무리 ······ 47

압치목
- 압치 무리 ······ 47

청어목
- 청어 무리 ······ 48

바다빙어목 · 샛멸목
- 바다빙어, 샛멸 등의 무리 ······ 49

앨퉁이목
- 와니토카게기스 무리 ······ 50

꼬리치목
- 꼬리치 무리 ······ 51

샛비늘치목
- 하다카이와시 무리 ······ 51

홍메치목
- 히메치 무리 ······ 52

턱수염금눈돔목
- 등점은눈돔 무리 ······ 53

이악어목
- 붉평치 무리 ······ 54

첨치목
- 첨치 무리 ······ 56

대구목
- 대구 무리 ······ 57

두꺼비고기목
- 두꺼비고기 무리 ······ 58

아귀목
- 아귀 무리 ······ 58
- 빨간씬벵이 무리 ······ 62

동갈치목
- 동갈치 무리 ······ 64

숭어목
- 숭어 무리 ······ 65

색줄멸목
- 색줄멸 무리 ······ 65

금눈돔목
- 빛금눈돔 무리 ······ 66

스테파노베리스목
- 스테파노베리스 무리 ······ 67

달고기목
- 달고기 무리 ······ 67

큰가시고기목 등
- **큰가시고기 무리** ······ 68
  - 해마 무리 ······ 68
  - 실고기 무리 ······ 70
  - 유령실고기 무리 ······ 72
  - 작은해룡 무리 ······ 72
  - 등꼬리치, 대주둥치 무리 ······ 73
  - 홍대치 등의 무리 ······ 73

농어목 등
- **쏨뱅이 무리** ······ 76
  - 볼락, 홍살치 무리 ······ 76
  - 점감펭 무리 ······ 77
  - 쑤기미 무리 ······ 79
  - 성대, 쭉지성대 무리 ······ 80
  - 양태 무리 ······ 80
- 농어, 반딧불게르치 무리 ······ 81
- **능성어 무리** ······ 82
  - 능성어 무리 ······ 82
  - 안티아스 무리 ······ 84
- 메지스, 육돈바리 등의 무리 ······ 86
- 홍치 무리 ······ 87
- 게르치, 야세무쓰 등의 무리 ······ 87
- 후악치 무리 ······ 88
- 옥돔, 파랑옥돔 무리 ······ 89
- 열동가리돔 무리 ······ 90
- **전갱이 무리** ······ 94
  - 방어, 빨판매가리 등의 무리 ······ 94
  - 전갱이 무리 ······ 96
- 주둥치, 새다래 등의 무리 ······ 99
- 다카사고, 선홍치 무리 ······ 100
- 벤자리, 게레치 등의 무리 ······ 102

빨판상어 등의 무리 · · · · · 103
만새기 무리 · · · · · 103
도미 무리 · · · · · 104
실꼬리돔 무리 · · · · · 105
흰점퉁돔 무리 · · · · · 106
구갈돔 무리 · · · · · 107
노랑촉수 무리 · · · · · 108
동갈민어, 보리멸 등의 무리 · · · · · 108
주걱치 무리 · · · · · 109
나비고기 무리 · · · · · 110
청줄돔 무리 · · · · · 112
황줄돔, 이노플로수스 무리 · · · · · 114
가시돔, 아홉동가리 무리 · · · · · 114
줄벤자리 등의 무리 · · · · · 115
망상어 무리 · · · · · 115
자리돔 무리 · · · · · 118
   흰동가리 무리 · · · · · 118
   자리돔 무리 · · · · · 120
황줄깜정이, 돌돔 등의 무리 · · · · · 122
샛돔, 노메치 등의 무리 · · · · · 123
놀래기 무리 · · · · · 124
비늘돔 무리 · · · · · 128
카지카 무리 · · · · · 130
   쥐노래미, 은대구 등의 무리 · · · · · 130
   카지카 무리 · · · · · 131
   날개줄고기 무리 · · · · · 132
   엄지도치, 꼼치 무리 · · · · · 133
등가시치, 어리장괴이 등의 무리 · · · · · 134
남극카지카 무리 · · · · · 135
눈동미리, 얼룩통구멍 등의 무리 · · · · · 136
가막베도라치, 비늘베도라치 무리 · · · · · 137
청베도라치 무리 · · · · · 138
넝마고기 무리 · · · · · 139
학치 무리 · · · · · 142
돛양태 무리 · · · · · 142
망둑어 무리 · · · · · 144
활치 등의 무리 · · · · · 149
쥐돔 무리 · · · · · 150
독가시치 무리 · · · · · 151
깃대돔 무리 · · · · · 151
롱핀에스콜라 무리 · · · · · 151
새치 무리 · · · · · 152
꼬치고기, 갈치 등의 무리 · · · · · 154
고등어 무리 · · · · · 155

가자미목
가자미 무리 · · · · · 160
   넙치 무리 · · · · · 160
   가자미 무리 · · · · · 161
   서대 무리 · · · · · 162

복어목
복어 무리 · · · · · 164

파랑쥐치 등의 무리 · · · · · 164
쥐치 무리 · · · · · 165
가시복 무리 · · · · · 166
거북복, 육각복 무리 · · · · · 167
복어 무리 · · · · · 168
개복치 무리 · · · · · 170

강과 호수, 늪에서 사는 물고기 … 176

칠성장어목
칠성장어 무리 · · · · · 178

매가오리목
가오리 무리 · · · · · 178

호주폐어목 등
폐어 무리 · · · · · 178

다기목 · 철갑상어목
폴립테루스, 철갑상어 등의 무리 · · · · · 179

골린어목 · 골설어목
아로와나 무리 · · · · · 180

압치목
압치 무리 · · · · · 181

뱀장어목
뱀장어 무리 · · · · · 184

잉어목
잉어 무리 · · · · · 185
금붕어 · · · · · 190
비단잉어 · · · · · 190
미꾸리 무리 · · · · · 192

카라신목
카라신 무리 · · · · · 194

메기목
메기 무리 · · · · · 196

전기뱀장어목
전기뱀장어 무리 · · · · · 198

민물꼬치고기목
민물꼬치고기 무리 · · · · · 198

대구목
대구 무리 · · · · · 199

연어목 등
바다빙어 무리 · · · · · 199
연어 무리 · · · · · 200

큰가시고기목
큰가시고기 무리 · · · · · 206

드렁허리목
드렁허리 무리 · · · · · 207

색줄멸목
색줄멸 무리 · · · · · 207

동갈치목
송사리 무리 · · · · · 208

열대송사리목
열대송사리 무리 · · · · · 209

농어목 등
아카메, 중국쏘가리 등의 무리 · · · · · 210
검정우럭 무리 · · · · · 211
물총고기 무리 · · · · · 211
시클리드 무리 · · · · · 212
알롱잉어 무리 · · · · · 212
리프피시 무리 · · · · · 212
카지카 등의 무리 · · · · · 213
망둑어 무리 · · · · · 214
등목어 등의 무리 · · · · · 215
너서리피시 무리 · · · · · 215
대만가물치 무리 · · · · · 216

가자미목
가자미 무리 · · · · · 216

복어목
복어 무리 · · · · · 216

클로즈업! 칼럼
바다의 사냥꾼! 상어의 몸 구조 · · · · · 32
살아 있는 화석, 실러캔스의 비밀 · · · · · 40
물고기의 주역인 농어목의 몸 · · · · · 74
바닷물고기는 무엇을 먹을까? · · · · · 92
물고기는 어떻게 새끼를 낳을까? · · · · · 140
어류의 생태를 조사하는 바이올로깅 · · · · · 158
강의 물고기는 무엇을 먹을까? · · · · · 204

놀라운 물고기 칼럼
물고기 색깔의 변화 · · · · · 127
물고기와 공생 · · · · · 148
물고기와 의태 · · · · · 163
레드 데이터 북의 물고기들 · · · · · 174

특집 칼럼
심해어들의 재미있는 얼굴 · · · · · 61
개펄에서 사는 망둑어들 · · · · · 172

물고기란

물고기는 우리 삶에 꼭 필요한 존재!

바다와 강에서 놀면서 물고기를 접해 본 사람이 많을 것입니다. 수족관을 좋아하는 사람도 많을 것이고 실제로 물고기를 길러 본 사람도 있겠지요. 무엇보다, 물고기는 맛있는 먹을거리도 되니, 우리에게 꼭 필요한 존재입니다.

종류가 척추동물 중에서 가장 많아요!

동물 중에서도 척추가 있는 동물을 척추동물이라고 합니다. 척추동물은 알려진 것만 해도 6만 7,000종이 넘습니다. 그중에서도 물고기의 종류는 가장 많아서, 약 3만 4,000종이나 됩니다.

물고기는 물속 세상의 주인공!

바다나 강 같은 물속 세상에서 물고기는 무척 중요한 존재입니다. 특히 대형 육식어는 고래나 돌고래 등 바다 포유류와 함께 생태계 먹이 사슬의 꼭대기에 위치합니다. 플랑크톤, 갑각류 등 작은 동물, 조개류, 조류를 포함한 모든 것이 물고기의 먹이가 됩니다.

특이한 모습과 생태에 주목!

물고기의 몸은 물속에서 살기 위해 뭍의 생물과 달리 특수한 구조로 되어 있습니다. 또 같은 물고기라도 사는 환경에 따라 생김새가 각각 다르지요. 생태가 독특한 물고기도 많습니다. 특이한 모습과 생태에 주목해 봅시다.

물고기의 몸

물고기의 몸은 물속에서 살기에 적합하게 이루어져 있습니다. 몸은 대개 비늘로 덮여 있고, 손발 대신 지느러미가 달려 있습니다. 또 허파가 아닌 아가미로 숨을 쉽니다.

코
물고기 대부분은 좌우로 두 개씩, 앞뒤로 나란히 콧구멍이 나 있습니다. 앞뒤 구멍이 서로 이어져 있고, 그 사이의 기관으로 물이 통하므로 냄새를 맡을 수 있습니다.

입, 주둥이, 이빨
물고기는 대개 입이 머리 앞으로 튀어나와 있지만, 입이 위쪽이나 아래쪽에 달린 물고기도 있습니다. 입 끝을 '주둥이'라고 부르기도 합니다. 이빨의 형태는 먹이에 따라 달라집니다. 이빨이 없는 물고기도 있습니다.

다양한 물고기의 몸

까치상어의 몸
이빨과 같은 물질로 이루어진 딱딱한 비늘로 뒤덮여 있습니다.

노랑가오리의 몸
납작한 몸, 넓적한 지느러미와 긴 꼬리가 특징입니다.

곰치의 몸
비늘이 없고 등지느러미, 배지느러미와 꼬리지느러미가 이어져 있습니다.

잉어의 몸
전형적인 물고기의 모습으로, 둥글고 투명한 비늘로 덮여 있습니다.

눈
물고기의 눈은 색을 어지간히 구별할 수 있다고 합니다. 눈꺼풀은 없지만, 그 대신에 얇은 막(기름눈까풀, 깜박막)이 있는 물고기도 있습니다.

아가미, 아감딱지, 아감구멍
아가미는 숨을 쉬기 위한 기관입니다. 아가미 위에는 널빤지 모양의 뼈로 된 아감딱지가 있어서 아감구멍을 열었다 닫았다 할 수 있습니다. 물고기가 입으로 물을 들이마시면 그 물이 아가미를 통과하여 아감구멍으로 나가는데, 그때 물속의 산소를 아가미의 아가미 판이라는 부분이 빨아들이는 식으로 호흡이 이루어집니다.

아가미 갈퀴
플랑크톤을 걸러냅니다.

아가미 활
아가미를 지탱하는 부분입니다.

아가미 판
물속의 산소를 빨아들입니다.

태평양참다랑어
(→156쪽)

비늘
피부가 변형된 것으로, 얇고 딱딱하며 투명합니다. 대개의 물고기는 몸 대부분이 비늘로 덮여 있지만, 몸 일부에만 비늘이 있는 것, 비늘이 전혀 없는 것도 있습니다. 비늘의 형태는 종류에 따라 다양합니다.

지느러미
대부분 가시(극조)와 줄기(연조), 얇은 막으로 이루어져 있습니다. 종에 따라 지느러미가 달린 부분과 지느러미의 수, 형태가 다릅니다.

제1등지느러미, 제2등지느러미, 꼬리지느러미, 가슴지느러미, 뒷지느러미, 배지느러미

알아 두면 유용한 물고기 용어

알아 두면 도감을 볼 때 편리한 단어들입니다. 일부 용어에는 참고할 페이지를 표시해서 자세한 설명을 확인할 수 있도록 했습니다.

물고기의 성장
부화한 뒤 죽을 때까지, 물고기는 성장 단계에 따라 이름이 달라집니다.

<자어>
부화한 후 모든 지느러미가 완성되기 전의 물고기

<치어>
모든 지느러미가 완성된 후, 그 종의 특징이 나타나기 전의 물고기

<유어>
종의 특징이 나타났으나 형태나 색 등이 성어와는 다른 물고기

<약어>
형태와 색이 성어와 거의 같지만 아직 번식할 수 없는 물고기

<성어>
성장하여 번식할 수 있는 물고기

<노성어>
오래 살아 늙은 물고기

물고기의 번식 방법
번식 방법은 크게 두 가지입니다.

<난생>
알을 낳습니다. 물고기는 대부분 난생입니다.

<태생>
자어를 낳습니다.
※포유류처럼 몸속의 자어가 부모에게서 영양을 공급받아 자라는 유형을 '태생', 몸속에서 알이 부화하여 태어난 자어가 부모로부터 영양을 공급받지 않고 자라는 유형

을 '난태생'이라고 부르기도 합니다. 그러나 어느 유형인지 확실히 구분되지 않는 물고기도 많으므로, 이 책에서는 전부 '태생'으로 불렀습니다.

기타 용어
<부레>
물고기의 몸속 기관으로, 안에 기체가 들어 있습니다. 기체의 양을 늘렸다 줄였다 해서 물에 뜨거나 가라앉고 부드럽게 움직입니다. (→105쪽)

<측선>
몸 옆에 줄처럼 이어져 있는 작은 관 다발로, 물 흐름이나 소리를 느끼는 기관입니다.

<등, 배>
물고기를 위에서 보았을 때 보이는 곳이 등(배면)이고 아래에서 보았을 때 보이는 곳이 배(복면)입니다.

<줄무늬, 띠>
물고기의 몸에 줄처럼 들어가 있는 모양을 '줄무늬', 두꺼운 줄을 '띠'라고 합니다. 머리를 위로 두었을 때 무늬가 세로 방향이면 세로무늬(세로줄), 무늬가 가로 방향이면 가로무늬(가로줄)라고 합니다.

<혼인색>
산란기가 다가오면 수컷이 암컷에게 구애하기 위해 몸의 색을 바꾸기도 하는데, 이때의 색을 혼인색이라고 합니다. (→127쪽) 흥분했을 때도 혼인색이 나타날 수 있습니다.

물고기의 분류

지금으로부터 5억 년도 더 된 옛날에 최초의 어류인 무악류(無顎類)가 나타났고, 그 후 연골어류(軟骨魚類)와 경골어류(硬骨魚類)가 나타났습니다. 경골어류는 육기류(肉鰭類)와 조기류(條鰭類)로 나뉘며 조기류는 다시 세세하게 구분됩니다. 현대의 어류는 대부분 조기류 중 진골류(眞骨類)입니다.

현재 볼 수 있는 물고기의 종류

먹장어나 칠성장어는 가장 원시적인 물고기이며, 그다음에 상어, 가오리 등 연골어류가 생겨났습니다. 이어서 경골어류인 실러캔스, 철갑상어가 탄생했으며 거기서 다시 진화한 진골류가 나타났고, 현재 우리가 볼 수 있는 많은 물고기가 생겨났습니다.

물고기의 시작 → 옛날 물고기 ――――――――――→ 새로운 물고기

무악류
턱이 없는 원시적인 구조의 물고기.

- 먹장어목(→39쪽)
- 칠성장어목(→178쪽)

연골어류
골격이 주로 부드러운 뼈(연골)인 물고기.

- 은상어목(→31쪽)
- 수염상어목, 악상어목 등(→20쪽~)
- 매가오리목, 홍어목 등(→34쪽~)

경골어류(육기류)
골격에 딱딱한 뼈(경골)가 많고 지느러미에 근육질의 줄기가 있는 물고기.

- 실러캔스목(→39쪽)
- 호주폐어목(일본명) 등(→178쪽)

농어목이 된 쏨뱅이목 물고기 (주 : 한국의 경우, 쏨뱅이목은 여전히 존재합니다.)

예전에 '쏨뱅이목'이라는 어류가 있었습니다. 그러나 최근에 쏨뱅이목이었던 물고기가 전부 농어목으로 다시 분류되어 쏨뱅이목이 없어졌습니다. 쏨뱅이목에는 쏨뱅이류와 카지카류가 있었지만 둘 다 농어목 물고기와 조상이 같다는 사실이 일본의 연구로 밝혀졌기 때문입니다.

▶ 능성어류와 쏨뱅이류, 등가시치류와 카지카류는 전부 다 비슷한 분류군임이 밝혀졌습니다.

같은 조상: 농어목·능성어류 — 전 쏨뱅이목·쏨뱅이류

같은 조상: 농어목·등가시치류 — 전 쏨뱅이목·카지카(일본명)류

경골어류(조기류)

골격이 주로 딱딱한 뼈(경골)로 이루어진 물고기. 그중 분기기류(分岐鰭類), 연질류(軟質類), 전골류(全骨類)는 옛날에 거의 멸종하여 그 종류가 많지 않다. 진골류가 가장 새로운 분류군인데, 지금의 어류 대부분이 여기에 해당한다.

분기기류
등지느러미가 여러 개로 작게 나뉜 물고기.

다기목(多鰭目)(→179쪽)

연질류
경골어류지만 연골이 많은 물고기.

철갑상어목(→179쪽)

전골류
딱딱하고 두꺼운 비늘로 뒤덮인 물고기.

가아목(일), 아미아목(→179쪽)

진골류
연골이 적고 얇은 비늘로 덮인 물고기. 그중에서도 농어목이 가장 진화되어 있다.

잉어목(→185쪽~)   아귀목(→58쪽~)   복어목(→164쪽~, 216쪽~)

농어목
(→76쪽~, 210쪽~)

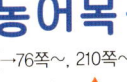
어류 최대 분류군

농어류   능성어류

쏨뱅이류   전갱이류   나비고기류    망둑어류

카지카류   놀래기류   고등어류

어류 최대 분류군인 농어목

① 수많은 종류 어류의 종류가 약 3만 4,000종인데 농어목 물고기가 그중 1만 3,000종 이상을 차지합니다.

② 뛰어난 운동 능력
농어목 물고기는 물속을 매우 빨리 헤엄치며 효율적으로 먹이를 사냥할 수 있도록 진화했습니다. (→74쪽)

③ 전 세계에 걸친 서식지
농어목 물고기는 바닷속의 다양한 곳에 삽니다. 그중에서도 먹이가 많은 얕은 물의 암초나 산호초에서 많이 볼 수 있습니다. 강, 호수, 늪에 사는 민물고기도 많고 기수역(바닷물과 민물이 섞인 곳)에 들어가는 것도 있습니다. 또 개펄의 진흙 바닥에서 활동하는 특수한 예(→172쪽)도 있습니다.

▲ 사진에 나온 물고기 대부분이 농어목입니다.

이 책의 사용법

이 책에서는 일본과 근해에서 사는 물고기를 비롯한 1,000종 이상의 물고기를 소개했습니다. 또 '바다에 사는 물고기(바닷물고기)'와 '강, 호수, 늪에 사는 물고기(민물고기)'를 구분하여 소개했습니다.

※ 바다와 하천을 오가는 물고기는 알을 주로 낳는 곳을 기준 삼아 분류했습니다.

분류군의 명칭

이 책에서는 물고기를 몇몇 분류군으로 나누어 소개했습니다. 하나의 분류군을 다시 몇몇 분류군으로 나누어 소개하기도 했습니다.

물고기 이야기

군별로 주목해야 할 포인트를 소개했습니다. 각각의 물고기를 살펴보기 전에 읽어 보세요.

물고기 데이터
종의 명칭 외에 그 종의 독특한 특징 등에 대한 해설을 실었습니다.

종명
한국명(표준 한국명)을 기재했습니다. 외국 물고기일 경우에는 한국명 또는 일본명, 영어명 (Fish Base Online 참조), 학명(알파벳 표기)을 기재했습니다.

과명
종명 뒤에는 그 물고기의 과명을 실었습니다. 해당 페이지 혹은 양쪽 페이지에 소개된 물고기가 전부 같은 과일 때는 주석(※)을 달아 그 사실을 표시했습니다.

■ 몸길이(전장, 폭, 높이)
물고기의 크기를 표시할 때는 위턱 끝에서 꼬리가 시작되는 부분까지를 잰 '몸길이'를 활용하는 것이 일반적입니다. 같은 종이라도 개체마다 꼬리지느러미의 길이가 각기 다르기 때문입니다. 그 외에, 머리끝에서 꼬리지느러미 끝까지를 잰 '전장', 좌우 지느러미 끝에서 끝까지를 잰 '폭', 머리에서 꼬리까지의 대략적 길이를 잰 '높이'도 종종 활용됩니다.

■ 분포
세계의 어떤 지역에 분포하는지 기재했습니다. 단, 바다는 다 이어져 있으므로 이것은 어디까지나 대략적인 표시입니다. 따라서 기재된 분포지가 아닌 곳에서 출현할 수도 있습니다.

■ 서식 장소
어떤 환경에서 사는지 소개했습니다.

■ 먹이
주로 먹는 먹이를 소개했습니다. 단, 여기 기재되지 않은 것도 먹을 수 있습니다.

■ 별명
잘 알려진 별명과 지방명, 영어명, 학명 등을 소개했습니다. 외국산 관상어의 경우 별명이 더 친숙할 수도 있으니 물고기를 조사할 때는 별명까지 잘 살펴보기 바랍니다.

■ 위험한 부위
물고기의 몸에서 주의해야 할 위험한 부분을 소개했습니다.

🟠 위험한 물고기
인간에게 위험한 물고기.

🟢 식용으로 이용되는 물고기
단, 아이콘이 붙어 있지 않은 물고기라도 지역에 따라 식용으로 이용될 수 있습니다.

🔴 멸종 위기종
멸종할 위험성이 있는 물고기입니다. 이 책에서는 일본 환경성의 '제4차 레드 리스트'(2016년 4월 시점 정보)에서 '멸종 위기 1군, 2군으로 지정된 종과 워싱턴 조약에서 멸종의 위험이 있다고 규정한 종에 이 아이콘을 붙였습니다.

※ 생태가 알려지지 않아 데이터를 표시하지 않은 물고기도 있습니다. ※ 수컷과 암컷의 크기가 다른 경우, 큰 쪽의 수치를 기재했습니다.

이 책에 나온 주요 지명과 바다

미니 칼럼
물고기의 재미있는 특징, 알아 두면 유용한 지식 등을 사진과 글로 해설했습니다. '물고기 씨의 미니 칼럼'도 있습니다.

크기 체크
물고기의 실제 크기를 그림자로 표시했습니다. 크기 비교를 위해 오리발을 신은 잠수부 또는 손바닥 그림을 함께 표시했습니다.

잠수부 2m
손바닥 20cm

토막 상식
해당 페이지 또는 양쪽 페이지에 소개된 물고기나 그 물고기 분류군에 대한 재미있는 정보를 소개했습니다.

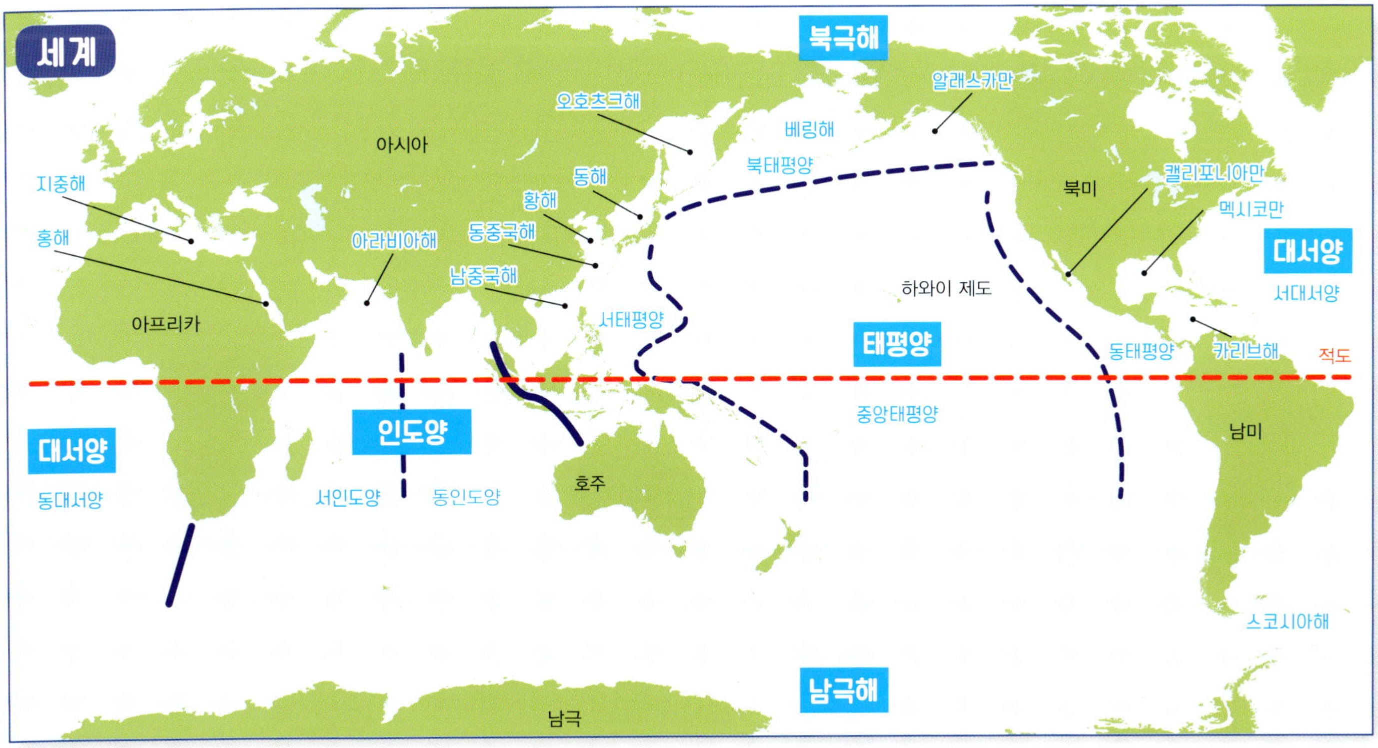

물고기의 일생

바다에 사는 큰 물고기, 작은 물고기 모두가 있는 힘을 다해 살아가고 있습니다. 물고기의 일생을 살펴봅시다.

무리 짓기

싸우기

▼ 입을 크게 벌리고 서로를 위협하는 사르케스틱 프린지헤드(Sarcastic fringehead).

▶ 세력권을 지키기 위해 자신보다 더 큰 적에게 달려드는 곰치.

▼ 무리 지어 사냥감을 덮치려 하는 돛새치들. 사냥감인 작은 물고기도 뿔뿔이 흩어지지 않고 한 덩어리로 뭉쳐 달아나려 합니다.

살아가기

▶ 입속에 알을 넣어 보호하는 후악치류. 알에서 부화해 입에서 나온 다음에는 치어 스스로 살아갑니다.

▼ 캘리포니아강치에게 습격당하는 개복치. 큰 물고기도 먹이가 될 수 있습니다.

▼ 작은 가막베도라치류. 자신보다 조그만 먹이를 통째로 삼킵니다.

먹기

먹히기

11

신비로운 물고기들

과학 기술의 발달로, 우리 사람들은 바닷속에 사는 물고기를 자세히 볼 수 있게 되었습니다. 그러나 여전히 우리는 드넓은 바다의 극히 일부를 보고 있을 뿐입니다. 바닷속 깊은 곳에서는 더욱 신비로운 일들이 일어나고 있을지도 모릅니다.

살아 있는 화석

기묘한 눈

◀ 미국의 몬터레이만 수족관 연구소 팀이 처음으로 촬영한, 살아 있는 데메니기스(일). 머리는 투명한 막으로 덮여 있고 속에는 액체가 가득 차 있습니다. 녹색 구슬처럼 보이는 것이 눈(管狀眼, 관상안)입니다.

▶ 아프리카 북서부 카나리아 제도에서 촬영된 브라운스나우트 스푸크피시(Brownsnout spookfish). 전신이 투명하며, 데메니기스와 비슷한 검은 눈(관상안)이 있습니다.

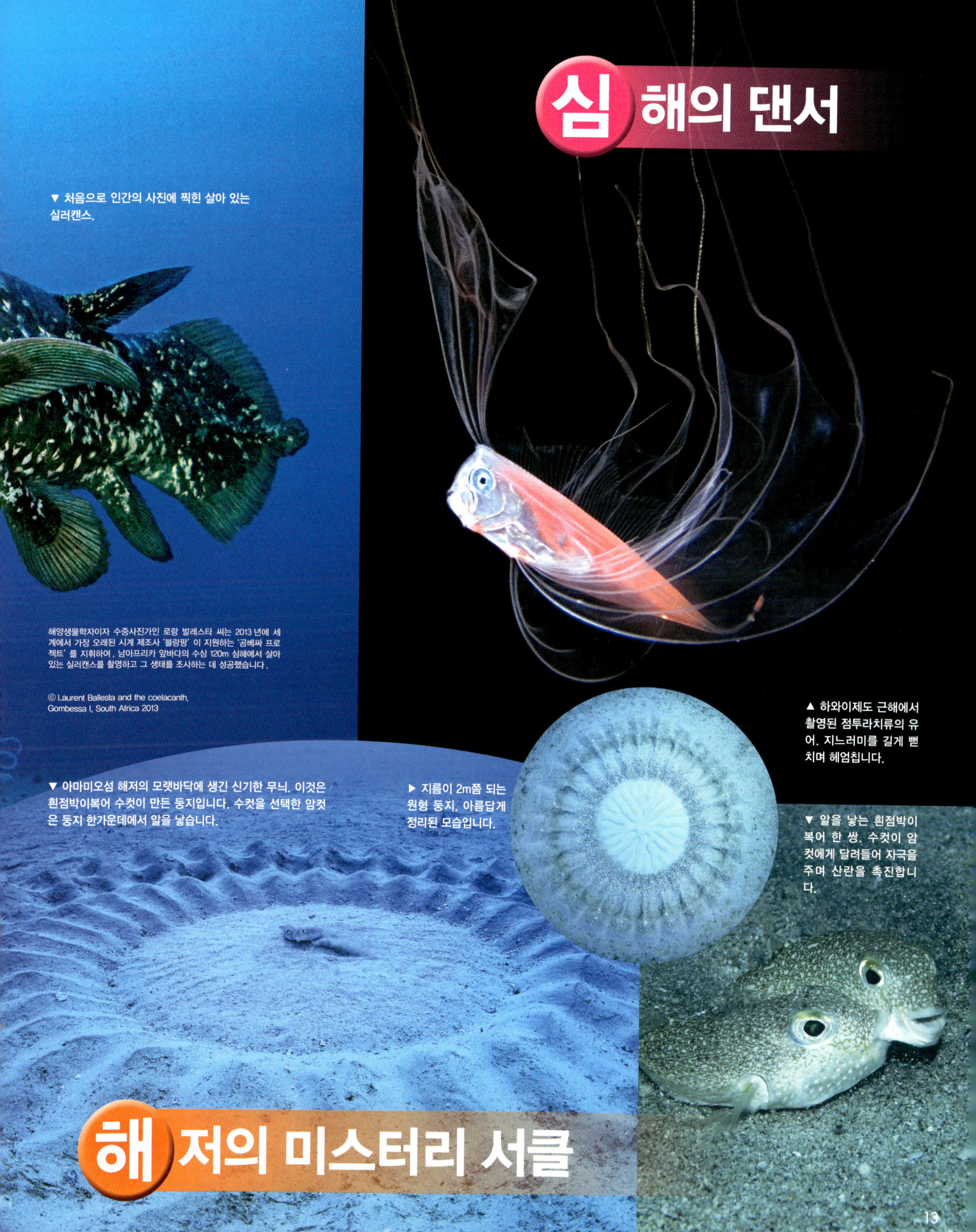

심 해의 댄서

▼ 처음으로 인간의 사진에 찍힌 살아 있는 실러캔스.

해양생물학자이자 수중사진가인 로랑 발레스타 씨는 2013년에 세계에서 가장 오래된 시계 제조사 '블랑팡'이 지원하는 '곰베싸 프로젝트'를 지휘하여, 남아프리카 앞바다의 수심 120m 심해에서 살아 있는 실러캔스를 촬영하고 그 생태를 조사하는 데 성공했습니다.

© Laurent Ballesta and the coelacanth, Gombessa I, South Africa 2013

▲ 하와이제도 근해에서 촬영된 점투라치류의 유어. 지느러미를 길게 뻗치며 헤엄칩니다.

▼ 아마미오섬 해저의 모랫바닥에 생긴 신기한 무늬. 이것은 흰점박이복어 수컷이 만든 둥지입니다. 수컷을 선택한 암컷은 둥지 한가운데에서 알을 낳습니다.

▶ 지름이 2m쯤 되는 원형 둥지. 아름답게 정리된 모습입니다.

▼ 알을 낳는 흰점박이복어 한 쌍. 수컷이 암컷에게 달려들어 자극을 주며 산란을 촉진합니다.

해 저의 미스터리 서클

괴상한 얼굴 총집합!

어류는 종류가 많은 만큼 생김새도 다양합니다. 특히 얼굴이 가지각색인데, 무심코 바라보게 되는 매력적인 물고기가 매우 많습니다.

▲ 큰귀상어는 쇠망치같이 생긴 머리 양쪽 끝에 눈이 달려 있습니다.

우스운 얼굴

◀ 입이 흡반 모양인 칠성장어.

▼ 눈은 튀어나오고 입은 구부러진 도다리.

무 서운 얼굴

▲ 전신이 가시투성이인 가시복이지만, 얼굴 주변에는 가시가 별로 없습니다.

▲ 얼굴이 석상처럼 생긴 이리치류.

◀ 모래 밑에 숨는 게 특기인 얼룩통구멍류. 얼굴 생김새도 모래 같습니다.

▼ 머리에서 나뭇가지가 자라난 것처럼 보이는 신도해마.

신 기한 얼굴

◀ 얼굴이 울퉁불퉁한 혹개복치.

특이한 물고기들

바닷속에서 만난, 무심코 웃음이 나오는 특이한 물고기들입니다.

▶ 엄지도치의 유어. 극히 짧은 기간에만 머리에 천사의 고리 같은 무늬가 나타납니다. 실물 크기는 전장 3~5mm 정도입니다.

커다란 웃는 얼굴?!

▲ 배에서 웃는 얼굴이 보이는 대왕쥐가오리.

천사의 고리?!

사랑의 결정?!

▶ 하트 모양으로 모여 있는 새들백클라운피시의 알.

물고기를 만나 보자!

물고기를 보려면 바다나 강에 가야 한다고요? 아닙니다! 도시에서도 물고기와 친해지는 방법을 알려 드리겠습니다!

물고기를 키워 보자! 물고기 씨 (도쿄해양대학 명예박사 겸 객원 준교수)

물고기 씨가 키우는 물고기 중에 강담복인 '담이'가 있습니다. 물고기 씨가 집에 돌아오면 담이는 무척 기뻐하며 물고기 씨를 수정같이 빛나는 눈으로 물끄러미 바라봅니다. 또, 철사에 면봉을 달아 가져가면 기분 좋은 듯 거기에 이빨을 닦는답니다! 반대로 바빠서 신경을 못 써 주면 눈을 치뜨며 화를 냅니다. 수면으로 입을 내밀고 물을 '푸' 하고 뿜어내서 방을 물바다로 만들기도 하고요! 물고기는 생명체이니, 키우면서 힘들 때도 있어요. 그래도 함께 살면서 물고기가 기뻐하는 모습을 보게 되는 순간에는 그런 고생을 잊을 만큼 행복해진답니다!

◀ 물고기 씨의 어항 방. 어항이 참 많죠?

▼ 면봉으로 이빨을 닦는 도화돔.

어항 속 친구들

▲ 물고기 씨와 친한 강담복 담이.   ▲ 이빨 닦기를 무척 좋아하는 도화돔.   ▲ 앞 얼굴이 귀여운 쌍동가리.   ▲ 몸 색깔이 예쁜 뿔닭복 (노란색 개체).

수족관에 가 보자! 니이노 다이 씨 (수족관 프로듀서)

수족관은 가장 쉽게 물고기를 접할 수 있는 곳입니다. 그런 수족관을 즐기는 방법을 몇 가지 소개하겠습니다.

개관 직후에는 물이 맑다!

수족관에서는 종일 물을 여과하여 수조 속을 정화합니다. 그래서 밤에 가장 깨끗해지므로, 개관 직후에 가면 맑은 물속을 헤엄치는 물고기를 볼 수 있습니다. 사람도 많지 않아서 느긋하게 사진도 찍을 수 있을 거예요.

식사 시간이 재미있다!

수조별로 먹이 주는 시간이 정해져 있습니다. 그 시간이 되면 가만히 있던 물고기들이 움직이거나 몸 색깔이 달라지기도 합니다. 밥을 먹는 생생한 물고기의 모습을 볼 수 있습니다.

체험 행사에 참여하자!

돌 틈의 생물을 만지는 행사, 수조를 안쪽에서 보는 행사, 물고기에게 먹이를 주는 행사 등 다양한 체험 행사가 있습니다. 사전에 신청해야 하는 것이 많고, 중단되거나 연기되기도 하니 수족관 홈페이지나 전화로 미리 확인하세요.

▼ 일본 오사카의 수족관 가이유칸(海遊館)의 가이드 투어(체험 행사). 고래상어에게 먹이 주는 장면을 아주 가까이에서 볼 수 있어요.

바다에 사는 물고기

우리가 사는 지구 면적의 약 79%가 바다입니다. 뭍 위에 산과 강 등이 있듯 바닷속에도 해수면으로부터의 깊이나 뭍으로부터의 거리 등에 따라 다양한 지형이 펼쳐져 있으며, 지형에 따라 물고기들의 서식 환경도 달라집니다. 어떤 환경이 있고 각각 어떤 물고기가 사는지 살펴봅시다.

연안

뭍에서 멀지 않은 해역을 가리킵니다. 산에서 시작된 강물이 풍부한 영양분을 날라 주므로 조류와 산호류가 풍부하여 많은 물고기가 삽니다.

모랫바닥

모래, 조개껍데기, 산호 조각 등이 쌓여 있는 곳입니다. 자갈이 섞여 있을 때는 '모래 자갈 바닥'이라고 합니다. 진흙이 섞여 있을 때는 '모래 진흙 바닥', 거의 다 진흙일 때는 '진흙 바닥'이라고 합니다. 강어귀나 해변에서 물이 빠지면 육지가 되는 진흙 바닥은 '개펄'(→152쪽)이라고 합니다.

 가오리류 34쪽~

 아귀류 58쪽~

 망둑어류 144쪽~

 가자미류 160쪽~

대륙붕·대륙 사면

뭍에서 멀어질수록 해저(바다 밑바닥)는 깊어집니다. 해저에서 수심 약 200m까지를 '대륙붕'이라고 하고, 5,000~6,000m까지를 '대륙 사면'이라고 합니다. 대륙 사면에는 햇빛이 거의 닿지 않으므로 깜깜한 어둠 속에서 다양한 심해어가 살고 있습니다.

 와니토카게기스류(일) 50쪽~

히메치류 52쪽~

붕평치류 54쪽~

만(湾)

뭍 쪽으로 크게 움푹 들어간 부분이 만입니다. 다른 환경에 비해 물결의 영향을 적게 받는 온화한 환경이므로 수많은 물고기의 유어가 자라고 있습니다.

산호초

바닷속에서 가장 화려한 곳입니다. 나뭇가지, 큰 바위처럼 보이는 단단한 산호류와 산뜻한 색을 띤 부드러운 산호류가 있고, 그 주변에 작은 물고기들이 많이 모여 삽니다. 연안의 얕은 물에는 조류(藻類)가 많은 '조장(藻場)'도 있습니다.

안티아스류 ~84쪽
나비고기류 ~110쪽
흰동가리류 ~118쪽
비늘돔류 ~128쪽

암초

해저의 암반에서 크고 작은 바위가 솟아나 있습니다. 암초에는 물고기의 먹이가 되는 생물과 조류가 풍부하므로 물고기가 많이 모여듭니다. 썰물 때 바닷물이 고이는 물가의 암초 부분을 '조수 웅덩이'라고 합니다.

곰치류 42쪽~
큰가시고기류 ~68쪽
쏨뱅이류 ~76쪽
거북복류 ~167쪽

앞바다·먼바다

뭍에서 약간 떨어진 해역을 '앞바다'라 합니다. '먼바다'는 앞바다보다 뭍에서 훨씬 멀리 떨어진 해역으로, 주변에는 수평선이 펼쳐져 있고 해저는 수백~수천 미터로 깊습니다. 연안이나 만보다 개체 수는 적지만 덩치가 큰 물고기들이 많이 살고 있습니다.

중층

큰 무리를 이루는 작은 물고기들, 그것을 노리는 큰 물고기들이 삽니다. 이 책에서는 해면에서 수심 200m 정도까지를 '표층', 수심 200~1,000m를 '중심층', 더 깊은 곳을 '심층'이라고 부릅니다.

상어류 ~20쪽
청어류 ~48쪽
새치류 ~152쪽
개복치류 ~170쪽

※ 물고기 삽화는 그 환경에서 많이 보이는 물고기 분류군을 보여 줍니다. 여러 환경에서 사는 물고기도 있으니 잘 살펴보세요.

상어 무리

수염상어목

🐟 **물고기 이야기** 몸의 뼈가 '연골'이라는 부드러운 뼈로 이루어진 '연골어류'인데, 공룡도 아직 생겨나지 않았던 약 4억 년 전부터 지금과 같은 모습으로 존재했다고 한다. 몸의 좌우에 5~7쌍의 아감구멍이 있고 이빨이 날카로운 것이 많다. 세계에 약 430종이 있다.

얼룩상어 무리

🐟 **물고기 이야기** 바닷속을 유유히 헤엄치는 고래상어 외에는 주로 해저에서 산다. 입이 눈보다 앞에 있고 이빨은 작다. 2개의 등지느러미는 몸 뒤쪽에 달려 있다. 아감구멍은 5쌍이며, 난생과 태생이 섞여 있다.

크기 체크

고래상어 12.1m

▲플랑크톤을 빨아들이기 위해 입을 크게 벌린 고래상어. 입 바로 옆에 작은 눈이 있습니다.

눈

■몸길이 ■분포 ■서식 장소 ■먹이 ■별명 ■위험한 부위 ⓘ위험한 물고기 ⓘ식용 물고기 ⓘ멸종 위기종

고래상어의 출산

1995년에 대만에서 잡힌 전장 10.6m, 체중 16톤의 암컷 고래상어. 뱃속에서 약 60cm까지 성장한 출산 직전의 치어가 307마리나 발견되었습니다. 그 덕분에 고래상어가 체내에서 알을 부화시킨 후 낳는 '태생(난태생)' 어류임이 밝혀졌습니다.

◀ 고래상어의 치어 표본.

고래상어 [고래상어과] 멸

가장 큰 어류로, 전 세계를 돌아다닙니다. 성격은 차분해서 천천히 수영하며 큰 입을 벌려 바닷물과 함께 플랑크톤 및 작은 물고기를 빨아들입니다. 태생. ■ 12.1m (전장) ■ 한국, 일본, 전 세계의 열대·온대 해역
■ 연안, 먼바다의 표층·중심층, 드물게 산호초에서도 보임
■ 플랑크톤, 작은 물고기

◀ 몸 옆의 아감구멍으로 바닷물을 내보내고 먹이만 먹습니다.

└ 아감구멍

◀ 다른 물고기의 유어나 빨판상어 등이 큰 고래상어의 몸에 달라붙어 함께 헤엄칩니다.

◀ 해수면 가까이 있는 플랑크톤과 작은 물고기를 먹을 때는 큰 몸을 똑바로 세웁니다.

▶ 작은 물고기 무리를 덮치는 무태상어.

무태상어 위
[흉상어과]
인간을 공격할 수 있습니다.
태생. 3m (전장)
한국, 일본, 전 세계의 온대 수역
연안 물고기 이빨

황소상어 [흉상어과] 위
기수역과 담수역에서도 살 수 있으므로 하천과 호수, 늪에서도 발견됩니다. 인간을 공격할 수 있습니다. 태생. 3.4m (전장) 일본, 전 세계의 열대·온대 수역 연안, 하구, 하천, 호수·늪
잡식성(무엇이든 먹음) 이빨

민물에서 사는 상어

상어는 기본적으로는 바닷물고기입니다. 그러나 흉상어목 중에는 황소상어처럼 기수역이나 담수역에도 들어갈 수 있는 상어가 있습니다. 나아가 최근에는 담수역에서 주로 사는 상어가 호주 북부의 강에서 발견되기도 했습니다.

▲ 스피어투스상어. 흉상어과의 상어로, 전장은 100cm 정도. 드물게 바다에서 발견되지만 거의 하천에서 사는 것으로 보입니다.

토막상식 상어는 흉포하여 인간을 문다고 생각하기 쉽지만, 실제로 인간을 무는 상어는 30종 정도에 불과하다고 합니다.

흉상어 무리

흉상어목

뱀상어 [흉상어과] 위 식
가장 공격적인 상어 중 하나로 인간을 공격할 수 있습니다. 몸의 줄무늬가 특징입니다. 태생. ■ 5.5m (전장) ■ 한국, 일본, 전 세계의 열대·아열대 수역 ■ 연안에서 먼바다까지의 표층, 산호초와 만의 기수역에도 나타남 ■ 물고기, 바다거북, 바다 포유류 ■ 이빨

백기흉상어 [흉상어과]
낮에는 암초 틈 등에 무리 지어 숨어 있습니다. 야행성. 태생. ■ 2.1m (전장) ■ 일본, 중앙태평양, 인도양 등 ■ 얕은 바다의 산호초, 암초 ■ 물고기, 오징어, 문어, 갑각류

흑기흉상어 [흉상어과]
태생. ■ 180cm (전장) ■ 한국, 일본, 서·중앙태평양, 인도양 등 ■ 얕은 바다의 산호초, 먼바다에도 나타남 ■ 물고기

까치상어 [까치상어과]
태생. ■ 150cm (전장) ■ 한국, 일본, 동중국해 등 ■ 만의 모랫바닥, 조장, 기수역에도 나타남 ■ 저생 소동물

청새리상어 [흉상어과] 위 식
인간을 공격할 수 있습니다. 태생. ■ 3.8m (전장) ■ 한국, 일본, 전 세계의 열대·온대역 ■ 먼바다의 표층, 연안에도 나타남 ■ 물고기, 오징어 ■ 이빨

별상어 [까치상어과] 식
태생. ■ 140cm (전장) ■ 한국, 일본, 동중국해, 남중국해 ■ 연안의 모래 진흙 바닥 ■ 저생 소동물

표범상어 [표범상어과]
난생. ■ 65cm (전장) ■ 한국, 일본, 서태평양 ■ 수심 100~320m의 대륙붕, 대륙 사면 ■ 작은 물고기, 갑각류

크기 체크
- 뱀상어 5.5m
- 홍살귀상어 4m
- 두톱상어 50cm

■ 몸길이 ■ 분포 ■ 서식 장소 ■ 먹이 ■ 별명 ■ 위험한 부위 위 위험한 물고기 식 식용 물고기 ● 멸종 위기종

복상어 [두툽상어과] 식
물과 공기를 빨아들여 복어처럼 배를 부풀리며 적을 위협합니다.
난생. ■ 110cm (전장) ■ 한국, 일본, 동중국해, 남중국해
■ 연안 및 먼바다의 암초, 모랫바닥 ■ 물고기, 오징어, 문어, 갑각류

복상어 알의 성장
복상어는 껍질에 싸인 알을 낳습니다. 껍질에는 조류 등이 들러붙어 덩굴을 만듭니다. 알은 12cm 정도의 튼튼한 껍질 속에서 성장하여 약 1년에 걸쳐 부화합니다.

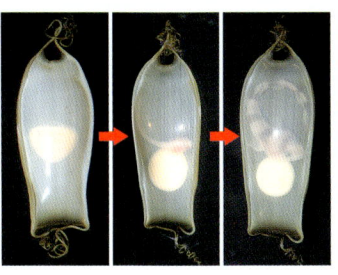

▲ 알 속에서 자어가 점점 커집니다.

두툽상어 [두툽상어과]
난생. ■ 50cm (전장) ■ 한국, 일본, 동중국해, 남중국해 ■ 수심 100~350m의 저층 ■ 저생 소동물

◀ 알에서 부화하는 두툽상어의 자어.

큰귀상어 [귀상어과] 위 식 멸
태생. ■ 6m(전장) ■ 일본, 전 세계의 열대·온대역
■ 연안에서 먼바다까지의 표층 ■ 물고기, 오징어, 문어, 갑각류 ■ 이빨

등지느러미

▲ 길게 튀어나온 등지느러미가 있습니다.

홍살귀상어 위 식 멸
[귀상어과]
몸은 길고 좌우로 납작합니다. 태생.
■ 4m (전장) ■ 한국, 일본, 전 세계의 열대·온대역 ■ 연안의 표층, 만과 하구의 기수역에도 나타남 ■ 물고기(다른 종의 상어나 가오리 포함), 오징어, 문어, 갑각류 ■ 이빨

▲ 눈과 코는 좌우로 튀어나온 머리의 양 끝에 있습니다.

▶ 큰 무리를 짓기도 합니다.

25

악상어 무리

물고기 이야기 먼바다에서 살며 대형으로 자라는 사례가 많습니다. 아감구멍은 5쌍, 전부 태생으로, 새끼는 어미의 뱃속에서 다른 알이나 새끼까지 잡아먹으며 자란 후에 태어납니다.

악상어목

긴 꼬리지느러미로 물고기 무리를 모은 후, 공격하여 잡아먹습니다.

환도상어 [환도상어과] 위 식
- 3.9m (전장) ■ 일본, 서·중앙태평양과 인도양의 열대·아열대역 ■ 먼바다의 표층, 연안에도 나타남 ■ 물고기, 오징어 ■ 이빨

돌묵상어 [돌묵상어과] 멸
거대하지만 온순한 성격으로, 무리 지어 생활합니다. 해수면 근처에서 입을 크게 벌리고 헤엄치며 바닷물과 플랑크톤을 한꺼번에 들이마십니다. ■ 9.8m (전장) ■ 한국, 일본, 전 세계의 온대·한대역 ■ 연안에서 먼바다까지의 표층 ■ 플랑크톤

▲ 길고 날카로운 이빨이 있습니다.

모래뱀상어 [치사상어과] 위 멸
- 3.2m (전장) ■ 한국, 일본, 전 세계의 열대·온대역(중앙·동태평양 제외) ■ 만, 산호초, 암초 ■ 물고기(다른 종의 상어나 가오리 포함) ■ 이빨

주둥이 특수한 탐지 기관이 있어서 저생 소동물을 찾아냅니다.

마귀상어 [마귀상어과]
튀어나온 턱과 날카롭고 뾰족한 가시 모양의 이빨로 먹이를 꽉 물고 놓치지 않습니다. ■ 3.9m (전장) ■ 일본, 호주 남동부, 캘리포니아 남부, 남아프리카 동부 등 ■ 수심 600m까지의 대륙붕, 대륙 사면, 간혹 만에도 나타남 ■ 저생 소동물

▶ 튀어나온 턱.

■ 몸길이 ■ 분포 ■ 서식 장소 ■ 먹이 ■ 별명 ■ 위험한 부위 위 위험한 물고기 식 식용 물고기 멸 멸종 위기종

넓은주둥이상어 [넓은주둥이상어과]

낮에는 수심 120~170m의 표층에 있다가 밤이 되면 해수면 가까이 올라옵니다. 매우 크게 부풀어 오르는 입속에 바닷물과 플랑크톤을 한꺼번에 삼킵니다. 🟥 5.4m (전장) 🟧 일본, 태평양, 대서양 등 🟩 연안에서 앞바다까지의 표층 🟦 플랑크톤

▶ 물고기를 잡아 먹는 악상어.

청상아리 [악상어과] 위 식

공격적인 성격으로, 상어 중에서도 특히 빠른 속도로 헤엄칩니다.
🟥 4m (전장) 🟧 한국, 일본, 전 세계의 열대·온대역 등 🟩 연안에서부터 먼바다의 표층, 중심층 🟦 물고기 🟥 이빨

악상어 [악상어과] 위 식

🟥 3m (전장) 🟧 한국 동부, 일본, 북태평양 등 🟩 연안에서 먼바다까지의 표층, 중심층 🟦 물고기 🟥 이빨

크기 체크
악상어 3m
넓은주둥이상어 5.4m
돌묵상어 9.8m

토막상식 백상아리나 청상아리는 '괴망(Wonder Net)'이라는 혈관 구조로 체온을 높게 유지하므로 다른 물고기보다 더 멀리 헤엄칠 수 있습니다. (→158쪽)

꿀꺽상어 [꿀꺽상어과] 식
간의 지방(간유)에 포함된 '스콸렌'이 화장품 원료로 이용되고 있습니다.
- 🟥 100cm (전장) 🟧 일본, 서태평양 등 🟩 수심 100~1,200m의 대륙붕, 대륙 사면

쿠키커터상어 [검목상어과]
참치 등의 대형 물고기, 고래나 돌고래 등 포유류에게 들러붙은 다음, 자신의 몸을 회전시켜서 살을 둥글게 도려내 먹습니다. 복부에는 발광기가 있습니다.
- 🟥 56cm (전장) 🟧 일본, 전 세계의 온대·열대역 등 🟩 수심 6,000m까지의 대륙붕, 대륙 사면, 표층에도 나타남 🟦 오징어, 대형 물고기, 바다 포유류 🟪 검목상어

강판상어(일본명) [강판상어과]
몸 표면에 작은 가시가 무수히 나 있어, 일본에서는 그 가죽을 채소를 갈 때 쓰기 때문에 이런 이름이 붙었습니다.
- 🟥 65cm (전장) 🟧 일본 🟩 수심 150~350m의 심층

▶ 강판상어의 가죽.

▲ 돌고래에게 생긴 동그란 상처(왼쪽)는 쿠키커터상어가 날카로운 이빨(오른쪽)로 도려낸 흔적입니다. 도려낸 흔적이 반죽에서 틀로 쿠키 모양을 빼낸 것처럼 보여서 이런 이름이 붙었습니다.

가시줄상어 [가시줄상어과]
몸이 갈색이고 배에 발광기가 있습니다.
- 🟥 43cm (전장) 🟧 한국, 일본, 서태평양 🟩 수심 160~1,350m의 대륙붕, 대륙 사면 🟦 물고기, 오징어

스몰아이피그미상어 [검목상어과]
가장 작은 상어입니다. 복부에는 발광기가 많이 달려 있습니다.
- 🟥 22cm (전장) 🟧 일본, 서태평양 등 🟩 수심 2,000m까지의 대륙 사면 🟦 물고기, 오징어, 갑각류

▲ 머리는 둥그스름하고 입은 뒤쪽으로 쑥 들어가 있습니다.

▶ 눈에는 대개 기생충이 붙어 있어 앞이 거의 보이지 않습니다.

그린란드상어 [잠꾸러기상어과]
주로 수온이 낮은 해역의 심해에서 살지만, 먹이를 찾아 표층에도 나타납니다.
- 🟥 7.3m (전장) 🟧 북극해, 북대서양 🟩 표층~수심 2,200m까지의 중심층, 심층
- 🟦 물고기, 오징어, 문어, 바다 포유류

 **토막상식** 그린란드상어는 몸이 큰데도 평균 시속 약 1km(아기가 기어가는 속도)로 천천히 헤엄친다고 합니다.

신락상어, 주름상어 무리

물고기 이야기 고생대 상어의 특징을 유지하고 있어서 '살아 있는 화석'이라고 불리기도 한다. 등지느러미는 1개, 아감구멍은 6~7쌍이다. 수심 1,000m 이상의 해저에서 살지만, 간혹 얕은 바다에도 출현한다.

▲ 가시가 많이 달린 특이한 이빨을 갖고 있습니다.

▲ 심해에서 생활하므로 살아 있는 상태로 볼 수 있는 경우는 매우 드뭅니다.

칠성상어 [신락상어과] 위
아감구멍이 7쌍인 원시적인 상어입니다. 같은 종끼리 힘을 합쳐 바다표범이나 돌고래, 다른 상어 등을 추격하여 잡아먹습니다. 태생. ■ 3m (전장) ■ 한국, 일본, 태평양, 대서양 등 ■ 연안의 얕은 바다, 대륙붕 ■ 물고기, 바다 포유류 ■ 이빨

주름상어 [주름상어과]
몸은 가늘고 긴 대롱처럼 생겼고 아감구멍이 6쌍 있는 원시적인 상어입니다. 태생. ■ 2m (전장) ■ 일본, 태평양, 대서양 등 ■ 수심 120~1,500m의 대륙붕, 대륙 사면 저층 ■ 물고기, 오징어

톱상어 무리

물고기 이야기 주둥이는 길고 납작하며 그 안에 크고 작은 이빨이 좌우로 톱날처럼 늘어서 있다. 주둥이 한가운데에 달린 수염 1쌍으로 모래 속의 먹이를 찾는다. 등지느러미는 2개, 아감구멍은 5~6쌍이다. 뒷지느러미는 없다.

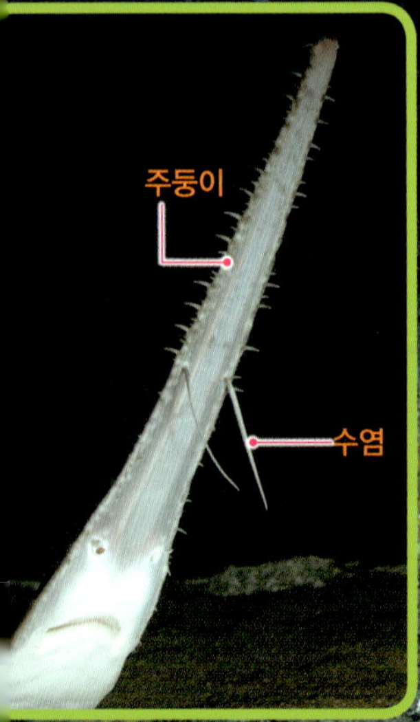

주둥이

수염

▲ 톱상어류의 자어.

톱상어 [톱상어과]
태생. ■ 150cm (전장) ■ 한국, 일본, 동중국해 등 ■ 대륙붕, 대륙 사면의 모래 진흙 바닥 ■ 저생 소동물

상어와 가오리는 어떻게 달라?
상어와 가오리는 아감구멍의 위치가 다릅니다. 상어는 몸 옆, 가오리는 배 쪽에 아감구멍이 있습니다.

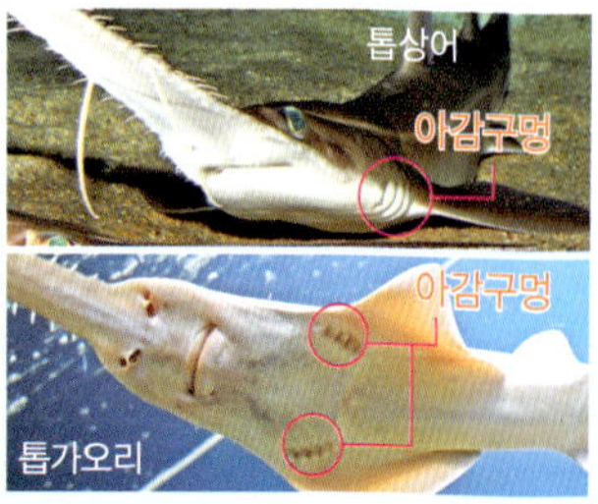

톱상어 — 아감구멍
톱가오리 — 아감구멍

전자리상어 무리

🐟 **물고기 이야기** 가슴지느러미가 커서 가오리 같지만 상어이므로 아감구멍이 몸 옆에 있다. 눈은 등 쪽에 있다. 등지느러미는 2개, 아감구멍은 5쌍, 뒷지느러미는 없다. 서식 장소는 얕은 물에서 수심 1,000m를 넘는 심해까지 다양하지만 주로 해저에서 생활한다.

전자리상어[전자리상어과]
모래를 파고들어 먹이가 다가오기를 기다립니다. 태생.
- 🟥 2m (전장) 🟧 한국, 일본, 동중국해 등 🟩 수심 200m까지의 모랫바닥, 모래 진흙 바닥 🟦 물고기, 오징어, 문어, 갑각류

괭이상어 무리

🐟 **물고기 이야기** 앞 얼굴이 고양이를 닮았다. 아감구멍은 5쌍. 2개의 등지느러미에 골질 가시가 있다. 전부 난생이며 딱딱한 껍질에 싸인 알을 낳는다.

괭이상어[괭이상어과]
커서 납작한 돌처럼 보이는 이빨로 딱딱한 먹이를 으깹니다.
- 🟥 120cm (전장) 🟧 한국, 일본, 동중국해 등 🟩 얕은 바다의 암초, 조장 🟦 조개, 성게, 갑각류

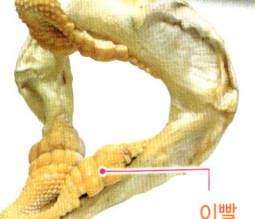

▲ 괭이상어의 턱뼈. 먹이를 잘 으깰 수 있는 독특한 이빨이 나 있습니다. **이빨**

▲ 괭이상어의 알. 껍질에 나선형 주름이 있어서 바위틈이나 조류에 쉽게 매달립니다.

포트잭슨괭이상어 [괭이상어과]
- 🟥 165cm (전장) 🟧 호주 남부 🟩 대륙붕 저층 🟦 조개, 성게, 갑각류

은상어 무리

🐟 **물고기 이야기** 큰 가슴지느러미를 날개 치듯 움직여서 심해의 저층을 헤엄친다. 전부 난생. 아감구멍은 1쌍, 등지느러미는 2개. 첫째 등지느러미에는 독 가시가 있다.

가시

은상어[은상어과] 위 식
비늘 없는 몸을 점액이 감싸고 있습니다.
- 🟥 100cm (전장) 🟧 한국, 일본, 동중국해, 남중국해 등 🟩 대륙붕, 대륙 사면 저층 🟦 저생 소동물 🟪 실버키메라 🟥 등지느러미의 독 가시

주둥이

퉁소상어[퉁소상어과] 위
특이하게 튀어나온 주둥이가 특징입니다.
- 🟥 125cm (전장) 🟧 호주 남부, 뉴질랜드 🟩 대륙붕 저층 🟦 저생 소동물 🟥 등지느러미의 독 가시

크기 체크

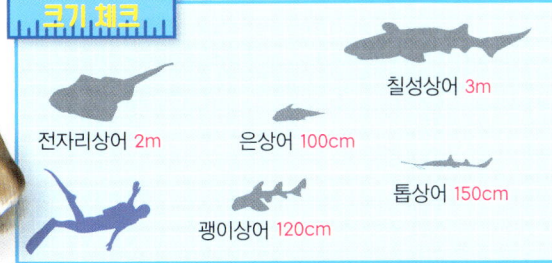

- 칠성상어 3m
- 전자리상어 2m
- 은상어 100cm
- 톱상어 150cm
- 괭이상어 120cm

토막 상식 은상어와 상어, 가오리를 같은 연골어류(→32쪽)로 묶었지만, 은상어는 전두류, 상어와 가오리는 판새류로 분류가 각각 다릅니다.

클로즈업! 연골어류
바다의 사냥꾼! 상어의 몸 구조

현대의 어류는 3만 4,000종 이상인데, 연골어류는 그중 3%에 불과합니다.
그럼 연골어류의 대표라 할 수 있는 상어의 몸 구조를 살펴봅시다.

다른 어류와 다른 상어의 몸

상어는 골격 대부분이 부드러운 뼈(연골)로 되어 있는 연골어류입니다. 상어는 지금으로부터 4억 년도 더 된 옛날에 등장했지만, 몸 구조는 그때나 지금이나 비슷하다고 합니다. 상어는 골격 이외에도 비늘이나 아감구멍, 내장, 감각 기관 등에 다른 어류에는 없는 특징이 있습니다.

백상아리 (→28쪽)

입, 이빨
입속에는 예비 이빨이 몇 줄 더 있습니다. 이빨은 며칠이면 교체되며, 평생에 이빨을 2만 개나 쓰는 종도 있다고 합니다.

눈
빛을 반사하는 세포가 많아 어두운 곳에서도 볼 수 있습니다. 또 어떤 종은 눈을 보호하는 눈꺼풀 같은 막이 있습니다.

로렌치니 기관
주둥이(입 끝)에 있는 연골어류 특유의 기관. 피부에 작은 구멍이 많이 나 있고, 그 안에는 젤리 형태의 물질이 가득 들어 있습니다. 상어는 이 기관으로 생물이 내보내는 희미한 전류를 감지하여 먹이를 찾습니다.

코
후각이 매우 예민하여 멀리 떨어진 곳의 희미한 피 냄새까지 감지합니다.

아가미, 아감구멍
아감구멍이 1쌍인 경골어류와는 달리 상어는 아감구멍이 5~7쌍입니다.

비늘
표피에는 이빨과 같은 성분으로 이루어진 작고 딱딱한 비늘이 붙어 있습니다. 이 비늘은 칼로도 잘 잘리지 않습니다.

골격
상어의 골격 중 딱딱한 뼈(경골)는 턱뼈뿐입니다. 그 외 전신을 지탱하는 척추(등뼈)를 포함한 모든 뼈가 부드러운 뼈(연골)입니다. 갈비뼈가 없는 대신 딱딱한 비늘로 뒤덮인 피부가 내장을 보호합니다.

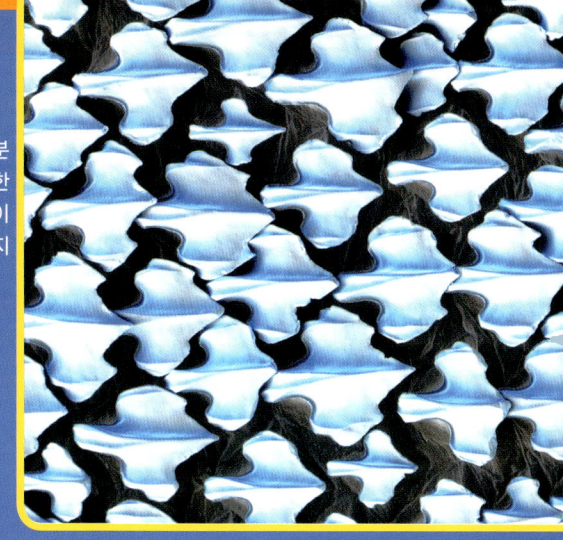

▲ 상어류의 비늘을 확대한 사진. 작은 비늘이 빈틈없이 붙어 있습니다. 비늘의 형태는 종마다 다릅니다.

척추, **간**, **자궁**, **난소**, **위**, **장**, **내장**

상어류는 난생과 태생으로 나뉘는데 백상아리는 그중 태생(난태생)입니다. 난소에서 나온 수정란이 자궁 속에서 부화하여 자어가 되고, 다른 알을 먹으며 크게 자란 뒤에 어미의 몸 밖으로 나옵니다.

상어는 부레가 없지만 지방이 많이 축적된 거대한 간이 있어서 물에 뜹니다. 간의 크기는 종마다 다른데, 심해에 사는 종은 간이 체중의 4분의 1가량을 차지하기도 합니다. 장 내부는 나선형으로 되어 있어 영양을 효과적으로 흡수합니다.

연골어류와 경골어류

연골어류와 경골어류는 골격이 크게 다릅니다. 즉 전신의 골격 중 경골과 연골이 차지하는 비율이 정반대입니다. 특수한 방식으로 만든 '투명 골격 표본'을 대조하면 그 사실을 확실히 알 수 있습니다. 투명 골격 표본은 특수한 염료로 부드러운 뼈를 파란색으로, 딱딱한 뼈를 붉은 보라색으로 물들인 표본입니다. 경골어류와 연골어류의 표본을 비교해 봅시다.

연골어류의 골격(가오리류)

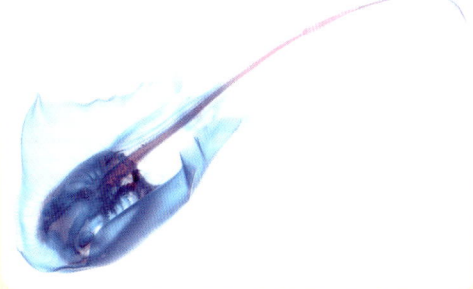

▲ 골격 대부분이 파란색이라 부드러운 뼈가 많음을 알 수 있습니다. 보라색의 딱딱한 뼈도 약간 있습니다.

경골어류의 골격(나비고기류)

▲ 골격 대부분이 보라색의 딱딱한 뼈입니다. 얼굴 주변에 파란색의 부드러운 뼈가 조금 보입니다.

가오리 무리

매가오리목 외

🐟 **물고기 이야기** 🐟 가오리는 상어에서 진화한 것으로 보이는 연골어류다. 몸은 납작하고 아감구멍은 배 쪽에 있다. 가슴지느러미가 커서 머리와 가슴지느러미의 경계가 명확하지 않다. 가늘고 긴 꼬리가 있으며 꼬리 끝에 꼬리지느러미가 없는 종도 많다. 가오리의 몸에는 특이한 점이 많다. 전 세계의 바다와 하천에 약 500종이 있다.

대왕쥐가오리 멸

가오리류 중에서도 가장 크게 자라며 먼바다를 단독으로 헤엄쳐 다닙니다. 한국에서는 쥐가오리과로 분류합니다. ■ 7m (폭)
■ 한국, 일본, 전 세계의 열대, 온대역
■ 먼바다의 표층 ■ 플랑크톤
■ 만타가오리

머리지느러미
가슴지느러미

매가오리 무리

🐟 **물고기 이야기** 🐟 매가오리류는 비행기나 글라이더를 닮았다. 꼬리는 채찍처럼 길고, 꼬리의 뿌리 부분에 종종 독가시가 있다. 전부 태생이며, 작은 물고기나 플랑크톤을 주로 먹고 산다.

크기 체크
- 멍크쥐가오리 2.2m
- 대왕쥐가오리 7m

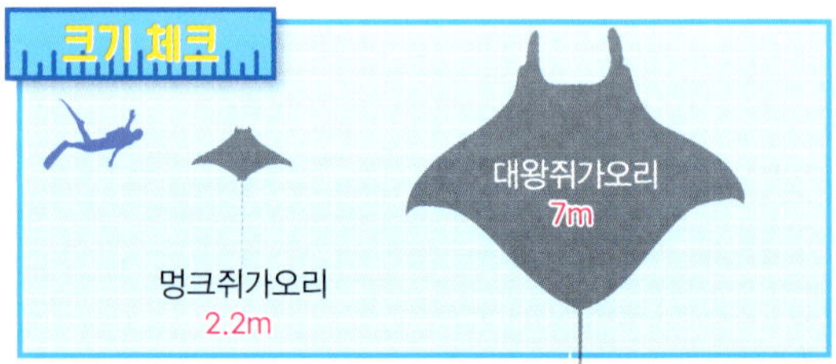

리프만타레이의 출산

리프만타레이는 1년에 한 번, 폭이 약 180cm 정도인 새끼를 낳습니다. 새끼는 태어나자마자 헤엄치기 시작합니다. 수족관 중에서는 일본 오키나와 츄라우미 수족관이 2007년에 세계 최초로 리프만타레이의 출산을 성공시켰습니다.

▼ 어미 만타
◀ 새끼 만타
▲ 리프만타레이의 출산 장면.

■몸길이 ■분포 ■서식 장소 ■먹이 ■별명 ■위험한 부위 ㉿위험한 물고기 ㉽식용 물고기 ㉹멸종 위기종

※ 여기서 소개하는 물고기는 전부 매가오리과입니다. (일부 제외)

대왕쥐가오리와 리프만타레이의 차이점

대왕쥐가오리와 리프만타레이는 생김새에 차이점이 있으므로 다음 세 군데를 보면 둘을 구분할 수 있습니다.

대왕쥐가오리	등 무늬	리프만타레이

등의 흰 무늬가 다릅니다.

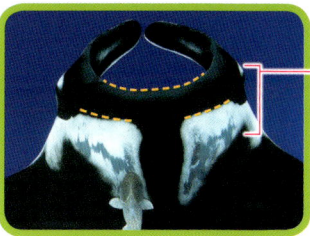 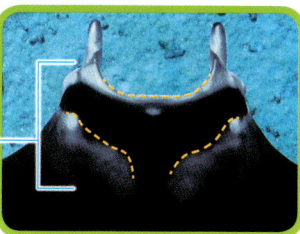

- 입 모양과 평행
- 입 모양보다 무늬의 경사가 급함

입 주변 색깔
- 검은색
- 하얀색

꼬리에 가장 가까운 아감구멍
- 검은 무늬가 두드러짐
- 흰색, 혹은 약간의 검은 무늬

리프만타레이

대왕쥐가오리와 같은 종으로 취급되었으나 최근에 다른 종으로 분류되었습니다. 무리 지어 헤엄쳐 다니기도 합니다. 한국에서는 쥐가오리과로 분류합니다.
- 🟧 5.5m (폭) 🟥 일본, 서·중앙태평양, 인도양, 동대서양 🟩 연안 산호초, 암초의 표층 🟦 플랑크톤 🟪 암초대왕쥐가오리, 난요우만타(일)

멍크쥐가오리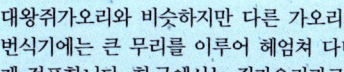

대왕쥐가오리와 비슷하지만 다른 가오리처럼 배 쪽에 입이 있습니다. 번식기에는 큰 무리를 이루어 헤엄쳐 다니고, 수컷은 해수면 위로 크게 점프합니다. 한국에서는 쥐가오리과로 분류합니다.
- 🟧 2.2m (폭) 🟥 캘리포니아만, 에콰도르, 갈라파고스제도 🟩 연안의 표층 🟦 플랑크톤, 갑각류 🟥 꼬리의 독 가시 🟪 뭉크쥐가오리

▲ 대왕쥐가오리와 리프만타레이의 입은 머리의 정면에 있습니다. 둘은 이 입을 크게 벌리고 헤엄치며 바닷물을 들이마시고 플랑크톤을 걸러 내 먹습니다.

▲ 수컷은 암컷에게 구애하기 위해 점프한다고 합니다.

매가오리 무리

매가오리목 · 전기가오리목 · 톱가오리목 외

얼룩매가오리 [매가오리과] 위
해류가 빠른 곳을 좋아하며 큰 무리를 이루어 헤엄쳐 다닙니다. 🟥 2m (폭) 🟧 일본, 서·중앙태평양·인도양·대서양 🟩 얕은 바다의 산호초와 암초, 만과 하구에도 나타남 🟦 조개, 물고기 🟥 꼬리의 독 가시

매가오리 [매가오리과] 위
🟥 80cm(폭) 🟧 한국, 일본, 동중국해 등 🟩 연안의 모래 진흙 바닥 🟦 조개, 물고기 🟥 꼬리의 독 가시

노랑가오리, 흰가오리 무리

물고기 이야기 몸이 납작하며 전부 태생이다. 평소에는 바다 밑의 모래에 숨어 있다. 가끔 땅을 두드리듯 지느러미를 파닥여 모래를 퍼 올린다. 모래 속에서 도망치려는 소동물을 잡아먹기 위한 행동이다.

범무늬노랑가오리 [색가오리과] 위
몸에는 표범 같은 무늬가 있고 꼬리가 매우 깁니다. 🟥 180cm (폭) 🟧 일본, 서태평양, 인도양 등 🟩 산호초, 하구의 기수역에도 나타남 🟦 물고기, 갑각류 🟥 꼬리의 독 가시

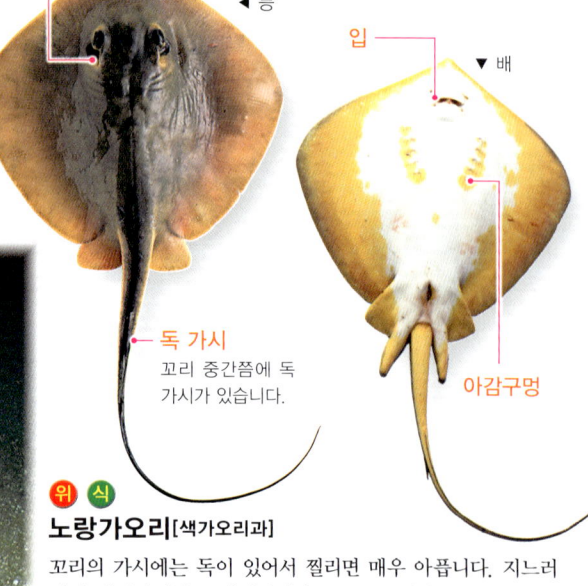

분수공 호흡하려고 물을 들이마실 때 모래가 들어가는 것을 방지하기 위해, 등 쪽의 구멍으로 물을 빨아들입니다.

◀ 등   입   ▼ 배

독 가시 — 꼬리 중간쯤에 독 가시가 있습니다.

아감구멍

노랑가오리 [색가오리과] 위 식
꼬리의 가시에는 독이 있어서 찔리면 매우 아픕니다. 지느러미의 가장자리가 노란색입니다. 🟥 88cm (폭) 🟧 한국, 일본, 동중국해, 남중국해 등 🟩 모랫바닥 🟦 작은 물고기, 갑각류 🟥 꼬리의 독 가시

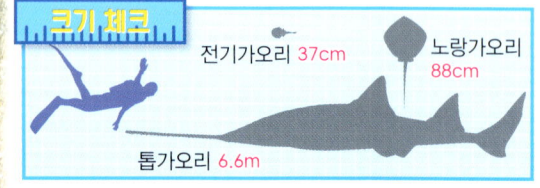

크기 체크
전기가오리 37cm
노랑가오리 88cm
톱가오리 6.6m

🟥 몸길이 🟧 분포 🟩 서식 장소 🟦 먹이 🟪 별명 🟥 위험한 부위 위 위험한 물고기 식 식용 물고기 멸 멸종 위기종

▼ 모래를 파고 들어가 눈만 내놓은 유리별가오리.

부채가오리 [색가오리과] 위
■ 180cm (폭) ■ 일본, 서태평양, 인도양 등 ■ 암초와 산호초의 모랫바닥 ■ 물고기, 갑각류 ■ 꼬리의 독 가시 ■ Round ribbontail ray

유리별가오리(일본명) [색가오리과] 위
몸 전체에 파란색 반점이 있습니다. ■ 35cm (폭) ■ 서태평양, 인도양 등 ■ 산호초 ■ 물고기, 갑각류 ■ 꼬리의 독 가시 ■ Bluespotted ribbontail ray

흰가오리 위 [흰가오리과]
노랑가오리와 비슷하지만, 배 쪽이 흰색입니다. ■ 27cm (폭) ■ 한국, 일본, 동중국해 등 ■ 대륙붕의 모랫바닥 ■ 작은 물고기, 갑각류, 작은 조개 ■ 꼬리의 독 가시

나비가오리 위 식 [나비가오리과]
■ 180cm (폭) ■ 일본, 동중국해, 남중국해 등 ■ 모래 진흙 바닥 ■ 저생 소동물 ■ 꼬리의 독 가시

전기가오리 무리

🐟 물고기 이야기 · 이름처럼 머리에 발전 기관이 있다. 이 기관으로 모랫바닥에 50~60볼트의 전기를 방출해, 갑각류 등의 소동물을 마비시켜 잡아먹는다.

전기가오리 [전기가오리과] 위
태생. ■ 37cm (전장) ■ 한국, 일본, 동중국해 등 ■ 대륙붕의 모랫바닥 ■ 저생 소동물 ■ 전기

톱가오리 무리

🐟 물고기 이야기 · 주둥이가 길고 납작하며 좌우에 톱날 같은 이빨이 줄지어 있다. 이 이빨로 물고기 등을 찔러서 잡는다. 주둥이가 톱상어와 비슷한데, 이빨 길이는 거의 같고 수염은 없다.

주둥이 — 특수한 탐지 기관이 있어서 모래 속의 소동물을 잘 찾아냅니다.

톱가오리 [톱가오리과] 멸
태생. ■ 6.6m (전장) ■ 한국, 일본, 서태평양 등 ■ 연안의 모래 진흙 바닥, 하구의 기수역과 하천, 호수, 늪에도 나타남 ■ 저생 소동물

광동홍어, 가래상어 등의 무리

🐟**물고기 이야기** 광동홍어류는 가오리 중에서도 최대의 집단이다. 난생이며 특이한 형태의 알을 낳는다. 가래상어류는 태생이며 상어와 가오리를 섞어 놓은 것처럼 생겼는데, 아감구멍이 배 쪽에 있어서 가오리류로 분류된다.

홍어목·실러캔스목·먹장어목 외

광동홍어 [홍어과] 위 식
꼬리에 가시가 있지만 독은 없습니다. ■ 76cm (전장) ■ 한국, 일본, 동중국해 등 ■ 연안의 모래 진흙 바닥 ■ 저생 소동물 ■ 꼬리의 가시

가래상어 [가래상어과] 식
■ 100cm (전장) ■ 한국, 일본, 동중국해, 남중국해 등 ■ 모랫바닥 ■ 저생 소동물

홍어 [홍어과] 위 식
머리 끝부분이 반투명하고 등에 좌우로 1쌍의 눈알 같은 무늬(안상반→121쪽)가 있습니다. ■ 55cm (전장) ■ 한국, 일본, 동중국해 등 ■ 연안의 모래 진흙 바닥 ■ 물고기, 오징어, 갑각류 ■ 꼬리의 가시

알에서 태어나는 광동홍어류
광동홍어류의 알은 플라스틱 같은 껍질에 둘러싸여 있으며, 그 껍질의 사방에 손톱 같은 것이 달려 있습니다. 이것은 바위에 갓 낳은 알을 고정하기 위해서라고 합니다. 이런 독특한 형태 때문에 일본에서는 광동홍어류의 알을 '문어 베개'라고도 부릅니다.

▲ 홍어의 알. ○표시는 손톱.

▲ 부화 직후의 자어.

목탁수구리 [수구리과]
해저 부근을 헤엄쳐 다니며 작은 물고기, 갑각류, 조개 등을 잡아먹습니다. ■ 2.7m (전장) ■ 한국, 일본, 서태평양, 인도양 ■ 모랫바닥 ■ 물고기, 갑각류, 조개

동수구리 [수구리과]
발달한 꼬리지느러미를 활용하여 몸을 이리저리 구부리며 헤엄칩니다. ■ 2m (전장) ■ 한국, 일본, 서태평양, 인도양 ■ 모랫바닥 ■ 물고기, 갑각류, 조개

▲ 목탁수구리의 턱뼈. 무수한 돌기(이빨)로 덮여 있어 딱딱한 먹이도 잘 씹을 수 있습니다.

크기 체크
실러캔스 2m · 광동홍어 76cm · 목탁수구리 2.7m

■몸길이 ■분포 ■서식 장소 ■먹이 ■별명 ■위험한 부위 위위험한 물고기 식식용 물고기 멸멸종 위기종

실러캔스 무리

🐟 **물고기 이야기** '살아 있는 화석'이라 불리는 만큼, 몸의 여기저기서 고대 물고기의 특징을 찾을 수 있다. 6600만 년 전에 멸종한 줄 알고 있었지만, 1938년에 처음 발견된 후 세계에 2종 존재한다는 사실이 밝혀졌다.

▲▲ 남아프리카 해저에서 촬영된 살아 있는 실러캔스.

실러캔스 [실러캔스과] 멸

굴이 많은 암초 해역의 수심 150~750m에서 살며, 머리를 아래로 둔 물구나무 자세로 헤엄치면서 다가오는 먹이를 먹습니다. 태생. ■ 2m (전장) ■ 아프리카 남동부 ■ 암초 ■ 물고기, 오징어

실러캔스의 발견

멸종한 줄 알았던 실러캔스가 1938년에 아프리카 남부의 이스트 런던 앞바다에서 잡혔습니다. 그 후 코모로 제도 등에서도 대량으로 잡혔습니다. 1997년에는 인도네시아에서도 다른 종이 발견되었습니다.

술라웨시실러캔스 [실러캔스과] 멸

인도네시아에서 발견된 실러캔스의 두 번째 종입니다. 태생.
■ 140cm (전장) ■ 인도네시아(술라웨시섬 북부) ■ 암초 ■ 물고기, 오징어

▼ 눈은 피부밑에 묻혀 있고 턱뼈가 없습니다. 입가에 수염이 3~4쌍 있습니다.

먹장어 무리

🐟 **물고기 이야기** 뱀장어와 비슷해 보이지만 척추동물 중 가장 원시적인 어류로 분류된다. 낮에는 모래나 진흙에 숨어 있다가 밤이 되면 죽은 물고기의 몸에 들어가 살과 내장을 먹는다. 세계에 약 70종이 있다.

먹장어 [꾀장어과] 식

아감구멍이 6~7쌍 있고 피부가 매우 질깁니다. 먹이를 잡을 때나 적에게서 도망칠 때 몸에서 대량의 점액을 내뿜습니다. ■ 60cm ■ 한국, 일본, 동중국해 등 ■ 연안 얕은 물의 모래 진흙 바닥 ■ 죽은 고래나 물고기의 몸, 갑각류, 작은 조개류 ■ 곰장어, 꼼장어

살아 있는 화석, 실러캔스의 비밀

최근 연구를 통해, 실러캔스가 몇억 년 동안이나 거의 진화하지 않았다는 사실이 밝혀졌습니다. 현대 물고기와는 다른 실러캔스의 비밀을 소개합니다.

실러캔스의 몸

경골어류 중 '육기류'(→6쪽)로, 먼 옛날 고대 물고기의 특징을 유지하고 있습니다. 성어는 길이 2m, 체중 90kg 정도까지 자란다고 합니다.

비늘 작은 돌기가 있는 '코스민 비늘(Cosmoid Scale)'.

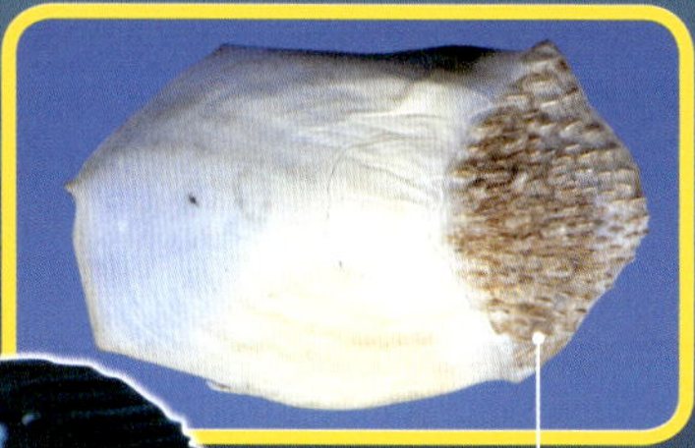

표면에 나와 있는 부분

두개골(경골)

눈 녹색. 빛을 반사하는 세포가 있어 심해의 희미한 빛으로도 앞을 볼 수 있습니다.

제1등지느러미

턱 근육이 발달하여 씹는 힘이 강합니다. 이런 근육이 있는 물고기는 실러캔스뿐입니다.

아가미

심장 매우 작고 원시적인 심장입니다.

줄기 부분

가슴지느러미

◀ 가슴지느러미, 배지느러미, 제2등지느러미, 제1뒷지느러미는 '육기'라는 줄기에 붙어 있습니다.

부레 부레에는 바닷물보다 가벼운 지방이 가득 차 있습니다.

간

장

위

배지느러미

난소 태생(난태생)입니다. 체내에서 알을 부화시켜 자어를 성장시킨 후 출산합니다.

골격

실러캔스는 경골어류인데도 골격 대부분이 연골로 이루어져 있습니다. 등뼈도 딱딱한 뼈(경골)가 아닌 부드러운 뼈(연골)로 이루어져 있습니다. 척추는 대롱 모양으로, 안이 기름 같은 체액으로 가득 차 있습니다. 또 갈비뼈가 없는 대신 딱딱한 비늘로 내장을 보호합니다. 이 모든 특징이 먼 옛날에 이미 멸종한 줄 알았던 고대 어류의 특징이므로 실러캔스를 고대 물고기라고 하는 것입니다.

실러캔스의 식사

실러캔스는 수심 750m 정도까지의 심해에 살며 오징어나 뱀장어, 상어 등을 먹습니다. 사냥할 때는 특이한 자세로 숨어서 먹이를 기다렸다가 공격합니다.

- 척추(연골)
- 담기골(연골)

- 제2등지느러미
- 제3등지느러미
- 제1뒷지느러미
- 제2뒷지느러미
- 꼬리지느러미

실러캔스는 2개의 가슴지느러미와 2개의 배지느러미, 제2등지느러미, 제1등지느러미 등 6개의 육기(肉鰭)로 헤엄칩니다. 육기는 육질의 줄기가 있는 지느러미로, 각각 상하좌우로 움직일 수 있습니다.

커 보이지만 대부분이 제3등지느러미와 제2뒷지느러미입니다. 실제 꼬리지느러미는 꼬리 끝에 있는 작은 지느러미뿐입니다.

▲ 몸을 세로로 세워 아래를 향한 채로 기다리다가 눈앞을 지나가는 먹이를 덮칩니다.

멸종한 실러캔스

원래 실러캔스의 종은 40가지 이상이었습니다. 그러나 현재 존재가 확인된 2종(→39쪽) 외에는 전부 멸종한 것으로 보입니다.

▲ 멸종된 실러캔스목의 일종인 '마우소니아 라보카티(Mawsonia lavocati)'의 화석을 복원한 골격 모형. 세계 최대의 모형으로, 전장이 3.8m나 됩니다.

뱀장어 무리

뱀장어목

🐟 물고기 이야기 🐟 곰치와 붕장어, 바다뱀, 펠리컨장어 등이 포함된다(이 책에서는 뱀장어를 민물고기 페이지에서 소개했다. →184쪽). 헤엄칠 때는 가늘고 긴 몸 전체를 비비 꼬며 앞으로 나아간다. 배지느러미, 아감딱지가 없고 비늘도 퇴화하여 없어졌거나 매우 작아져 있다. 전 세계의 바다와 강 등에 약 820종이 있다.

파도곰치(일본명) 위
머리가 노르스름합니다. 몸에는 흰 그물코 무늬(물결무늬)가 있습니다. 🟥 100cm (전장) 🟧 일본, 태평양, 인도양 등 🟩 산호초 🟦 작은 물고기, 갑각류 🟥 이빨

◀ 옐로탱(→150쪽)을 잡아먹는 파도곰치.

곰치 무리

🐟 물고기 이야기 🐟 낮에는 바위틈이나 굴에 숨어 있다가 밤에 나와서 물고기와 소동물을 잡아먹는다. 배지느러미, 가슴지느러미가 없고 등지느러미는 뒷지느러미로 이어진다. 아감딱지가 없고 몸의 측면에 작은 구멍이 나 있다.

곰치 위 식
가까이 가면 날카로운 이빨을 드러내며 위협하지만, 먼저 놀래지 않으면 물지 않는다.
🟥 80cm (전장) 🟧 한국, 일본, 동중국해 등 🟩 연안의 암초 🟦 작은 물고기, 문어, 갑각류 🟥 이빨

크기 체크
대왕곰치 180cm
곰치 80cm
녹곰치 60cm

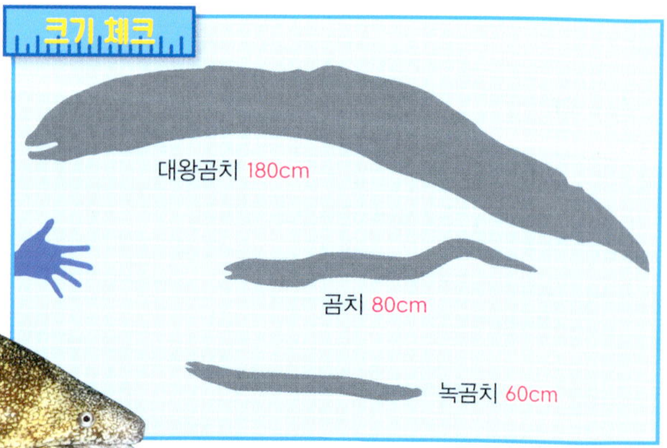

🟥 몸길이 🟧 분포 🟩 서식 장소 🟦 먹이 🟪 별명 🟥 위험한 부위 위 위험한 물고기 식 식용 물고기 멸 멸종 위기종

붕장어, 갯장어 등의 무리

🐟 **물고기 이야기** 연안의 바위틈이나 해저의 모래, 진흙 속에 숨어 있을 때가 많다. 붕장어류는 몸에 비늘이 없고 측선이 뚜렷하다. 갯장어류는 주둥이가 튀어나와 있으며 입속에 날카로운 이빨이 줄지어 있다.

뱀장어목

붕장어 [붕장어과] 식
머리, 등지느러미와 측선 사이, 그리고 측선 옆으로 흰 점선이 이어져 있습니다. 야행성. 🟥 100cm (전장) 🟧 한국, 일본, 동중국해 등 🟩 연안의 모래 진흙 바닥 🟦 작은 물고기, 갑각류 🟪 아나고(일), 꾀장어

검붕장어 [붕장어과] 식
아감구멍이 배 쪽으로 세로로 뚫려 있습니다.
🟥 150cm (전장) 🟧 일본, 태평양·인도양·대서양 🟩 대륙 사면의 저층 🟦 물고기, 저생 소동물 🟥 이빨

동굴붕장어(일본명) [긴꼬리장어과] 위 식
아감구멍이 배 쪽에 세로로 뚫려 있습니다.
🟥 150cm (전장) 🟧 일본, 태평양·인도양·대서양 🟩 대륙 사면의 저층 🟦 물고기, 저생 소동물 🟥 이빨

붕장어의 성장

붕장어의 자어는 투명하고 길쭉하며 버들잎 같은 형태를 띱니다('렙토세팔루스 유생'으로 불림). 자랄수록 서서히 색이 진해지고 몸길이가 짧아져서 붕장어다운 모습으로 변합니다.

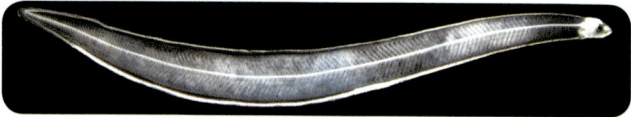
▲1 납작하고 투명한 렙토세팔루스 유생.

▲2 몸길이가 조금씩 줄어들고 뼈 주변부터 색이 진해집니다.

▲3 몸이 가늘어지고 가죽의 색이 거무스름해집니다.

▲4 성어와 거의 비슷한 모습으로 변합니다.

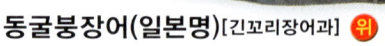
▲ 정원장어의 몸

정원장어 [붕장어과]
개의 품종인 재패니즈 친과 닮았다고 하여 일본에서는 '친아나고'로 불립니다. 평소에는 모래에서 몸을 반쯤 내놓은 채로 바닷속을 표류하는 플랑크톤을 먹습니다. 겁이 매우 많아서 적이 다가오면 모래 속으로 파고듭니다.
🟥 36cm (전장) 🟧 일본, 서·중앙태평양, 인도양 🟩 산호초의 모랫바닥 🟦 플랑크톤 🟪 가든일

줄무늬정원장어 [붕장어과]
🟥 38cm (전장) 🟧 일본, 필리핀, 뉴기니 동부 등 🟩 산호초의 모랫바닥 🟦 플랑크톤 🟪 스플렌디드가든일

▲ 정원장어(왼쪽)와 친(오른쪽)

크기 체크
정원장어 36cm
줄무늬바다뱀 90cm
붕장어 100cm

🟥 몸길이 🟧 분포 🟩 서식 장소 🟦 먹이 🟪 별명 🟥 위험한 부위 위 위험한 물고기 식 식용 물고기 멸 멸종 위기종

갯장어 [갯장어과] 위 식
주둥이가 튀어나오고 끝이 약간 구부러져 있습니다. 이빨이 날카롭습니다. 🟥 2.2m (전장) 🟧 일본, 서태평양, 인도양 🟩 수심 120m까지의 모래 진흙 바닥, 암초 🟦 작은 물고기, 문어, 갑각류 🟥 이빨

도요새장어(일본명) [도요새장어과]
긴 양턱이 바깥쪽으로 완만하게 구부러져 있으며 안에는 이빨이 많습니다. 이 턱과 이빨로 새우의 긴 다리나 더듬이를 읊아맵니다. 🟥 140cm (전장) 🟧 일본, 전 세계의 열대·온대역 등 🟩 수심 300~2,000m의 중심층, 심층 🟦 갑각류

오리주둥이장어 [오리주둥이장어과]
🟥 72cm (전장) 🟧 일본, 서·중앙태평양, 아프리카 남동부 등 🟩 대륙붕, 대륙 사면 🟦 물고기, 저생 소동물

바다뱀 무리

🐟 **물고기 이야기** 바다뱀은 파충류 바다뱀과 어류 바다뱀으로 나뉘는데, 이곳에서는 어류 바다뱀을 소개한다. 야행성이라 낮에는 산호초와 바위, 혹은 해저의 모래나 진흙 속에 숨어 얼굴만 내밀고 있을 때가 많다.

돛물뱀 [바다뱀과]
모래 속에 머리를 처박고 먹이를 찾습니다. 🟥 100cm (전장) 🟧 한국, 일본, 서태평양 등 🟩 연안의 모래 진흙 바닥 🟦 작은 물고기, 갑각류

줄무늬바다뱀(일본명) [바다뱀과]
파충류인 넓은띠큰바다뱀과 닮았지만, 콧구멍이 대롱 모양으로 튀어나와 있는 점이 다릅니다. 🟥 90cm (전장) 🟧 일본, 서·중앙태평양, 인도양 🟩 산호초의 모랫바닥 🟦 물고기, 저생 소동물 🟪 할리퀸스네이크일

▶ 모래에 숨어 얼굴만 내밀고 있는 돛물뱀.

바다뱀 [바다뱀과] 위
입이 커서 눈 뒤까지 벌어집니다. 🟥 140cm (전장) 🟧 한국, 일본, 동중국해 등 🟩 연안의 얕은 물~대륙 사면 🟦 저생 소동물 🟥 이빨

▶ 파충류인 넓은띠큰바다뱀. 물고기가 아니므로 공기를 들이마시기 위해 해수면으로 올라와 숨을 쉽니다.

펠리컨장어 무리

🐟 **물고기 이야기** 끈처럼 긴 꼬리가 달린 심해어. 큰 입으로 물고기나 갑각류, 플랑크톤을 잡아먹는다.

— 아래턱을 매우 크게 벌릴 수 있는 구조입니다.
— 꼬리 끝에 발광기가 있습니다.

펠리컨장어 [펠리컨장어과]
머리의 대부분을 차지하는 큰 입이 주머니처럼 되어 있어 자유롭게 늘었다 줄었다 합니다. 이 입으로 먹이를 통째로 삼킵니다. 🟥 75cm (전장) 🟧 일본, 전 세계의 열대·온대역 등 🟩 수심 1,500~3,000m의 심층 🟦 물고기, 갑각류, 플랑크톤

토막상식 파충류 바다뱀은 독이 있어서 사람이 물리면 죽을 수 있습니다. 어류 바다뱀에게는 독이 없습니다.

당멸치 무리

물고기 이야기 입이 크고 이빨은 날카로운 바늘 같다. 자어는 붕장어 등과 같은 렙토세팔루스 유생(→44쪽)으로, 유어가 되면 기수역에도 들어간다. 전 세계 바다에 8종이 있다.

당멸치 [당멸치과]
- 75cm
- 한국, 일본, 서태평양, 인도양 등
- 연안의 표층
- 물고기, 갑각류

풀잉어 [풀잉어과]
- 80cm
- 한국, 일본, 서태평양, 인도양
- 연안의 표층, 하구의 기수역에도 들어감(유어)
- 작은 물고기

대서양타폰 [풀잉어과]
고대로부터 몸 구조가 거의 변하지 않은 원시적인 물고기입니다. 낚시용 어류로 인기가 많습니다.
- 2.5m (전장)
- 대서양 등
- 연안, 하구의 기수역에도 들어감
- 물고기, 저생 소동물
- 실버킹

밑보리멸, 여을멸 무리

물고기 이야기 밑보리멸류는 몸이 길쭉하고 뒷지느러미와 꼬리지느러미가 이어져 있다. 여을멸류는 등지느러미가 하나밖에 없으며 입이 얼굴 아래쪽에 붙어 있다. 치어는 둘 다 렙토세팔루스 유생이다.

발광멸 [발광멸과]
주걱 같은 주둥이로 해저의 진흙을 파헤쳐 먹이를 잡아먹습니다.
- 55cm (전장)
- 한국, 일본, 서·중앙태평양·인도양·대서양
- 대륙 사면의 저층
- 저생 소동물

여우밑보리멸(일본명) [밑보리멸과]
- 20cm (전장)
- 일본, 서·중앙태평양
- 대륙 사면의 저층
- 저생 소동물

기스(일본명) [여을멸과] 식
- 60cm
- 일본, 동중국해
- 대륙 사면의 암초
- 저생 소동물

여을멸 [여을멸과]
연안의 얕은 물에 살며 기수역에도 들어갑니다.
- 80cm
- 한국, 일본
- 연안의 얕은 물, 하구의 기수역에도 들어감
- 저생 소동물

크기 체크
- 쏠종개 18cm
- 대서양타폰 2.5m
- 여을멸 80cm
- 갯농어 150cm

■몸길이 ■분포 ■서식 장소 ■먹이 ■별명 ■위험한 부위 위위험한 물고기 식식용 물고기 멸멸종 위기종

메기 무리

🐟 **물고기 이야기** 등지느러미와 가슴지느러미에 큰 가시가 있고, 입가에 2~4쌍의 수염이 있다. 전 세계의 바다와 호수, 늪 등에 약 2,900종이 있다.

바다동자개 [바다동자개과] 위
- 🟥 40cm 🟧 한국, 동중국해 등 🟩 하구, 연안 🟦 작은 물고기, 소동물 🟥 등지느러미와 가슴지느러미의 가시

쏠종개 [쏠종개과] 위 식
- 🟥 18cm 🟧 한국, 일본 등 🟩 연안의 암초 🟦 저생 소동물 🟥 등지느러미와 가슴지느러미의 가시에 독

물고기 씨의 물고기 이야기

쏠종개의 수비 기술!

쏠종개는 바다에 사는 몇 안 되는 메기류 중 하나입니다. 아름다운 줄무늬와 수염 8개가 달린 귀여운 얼굴, 한들한들 수영하는 모습을 보고 있으면 기분이 좋아집니다. 쏠종개는 위험을 느끼면 강한 독이 들어 있는 가시 3개를 바짝 세웁니다. 밤에 활발하게 행동하므로 저녁부터 밤까지 방파제 같은 곳에서 잘 잡힙니다. 무심코 만졌다가 가시에 찔리지 않게 조심하세요!

수비 1 자신을 지키기 위한 독 가시

쏠종개의 등지느러미와 가슴지느러미에는 총 3개의 날카로운 가시가 있습니다. 가시에는 강한 독이 있으므로 찔리면 무척 아픕니다. 적이 잡아먹으려고 할 때 쏠종개가 독 가시를 재빨리 세우면 적이 아파서 토해 버립니다.

- 독 가시 (가슴지느러미)
- 독 가시 (등지느러미)
- 독 가시 (가슴지느러미)

수비 2 흩어지지 않는 쏠종개 구슬

쏠종개는 자신을 지키기 위해 무리를 짓고 바싹 붙어 행동합니다. 이것은 쏠종개의 몸에서 집합 페로몬(몸에서 나오는 물질로, 무리를 짓도록 하는 효과가 있음)이 나오기 때문인 것 같다고 여겨집니다. 이 무리는 마치 구슬처럼 보여서 '쏠종개 구슬'이라고도 불립니다.

▲ 정면에서 본 쏠종개 구슬.

압치 무리

🐟 **물고기 이야기** 입은 작고 이빨이 없다. 또 등뼈 일부가 변형되어 있으며 소리를 느끼는 기관이 있는데, 이것은 전부 잉어류(→185쪽)에 가까운 특징이다. 전 세계의 바다와 하천에 약 40종이 있다.

압치 [압치과]
- 🟥 27cm 🟧 한국, 일본, 동중국해, 남중국해 등
- 🟩 연안의 모래 진흙 바닥 🟦 갑각류

갯농어 [갯농어과] 식
- 🟥 150cm 🟧 한국, 일본, 서·중앙·동태평양, 인도양 등 🟩 연안의 얕은 물, 하구의 기수역에도 나타남 🟦 가라앉은 유기물 🟥 밀크피시

청어 무리

청어목·바다빙어목·샛멸목

물고기 이야기 식용으로 쓰이는 종이 많아서 전 세계에서 사랑받는 어류이다. 바다 위의 바닷새나 바닷속 대형 물고기의 표적이 되기 쉬우므로 위에서나 아래에서나 잘 보이지 않는 색(등은 파란색, 배는 흰색)을 띠어 자신을 보호한다. 또, 적의 입속에 들어가도 비늘이 금세 벗겨지므로 도망치기 쉽다. 기수역에 들어가는 종도 꽤 있다. 전 세계의 바다에 약 360종이 있다.

▲ 맷돌 모양의 큰 무리를 이룬 정어리.

정어리 [청어과] 식
- 25cm
- 한국, 일본, 동중국해~러시아 남동부, 쿠릴 열도 등
- 연안에서 앞바다까지의 표층
- 플랑크톤

▲ 입을 크게 벌려 플랑크톤을 빨아들이는 정어리.

청어 [청어과] 식
연안을 헤엄쳐 다니는 회유어입니다.
- 35cm
- 한국, 일본, 동중국해~북태평양, 동태평양(북부)
- 연안의 표층
- 플랑크톤

▼ 성어

전어 [청어과] 식
등지느러미의 맨 뒤 줄기(연조)가 실 모양으로 길게 뻗어 있습니다.
- 26cm
- 한국, 일본, 동중국해, 남중국해 등
- 만, 하구의 기수역에도 나타남
- 플랑크톤

▲ 약어. '전어사리'라고도 부르며 주로 초밥 재료로 씁니다.

눈퉁멸 [청어과] 식
눈이 크고 튀어나와서 이런 이름이 붙었습니다.
- 25cm
- 한국, 일본, 태평양(북부 제외), 서인도양, 서대서양 등
- 연안의 표층
- 플랑크톤

밴댕이 [청어과] 식
주로 회로 먹거나 젓갈로 만들어 먹습니다.
- 13cm
- 한국, 일본, 동중국해, 남중국해 등
- 연안 얕은 물의 진흙 바닥
- 플랑크톤

크기 체크
- 청어 35cm
- 정어리 25cm
- 열빙어 12cm
- 바다빙어 15cm
- 샛멸 20cm

샛줄멸 [청어과] 식
- 11cm
- 한국, 일본, 서태평양, 인도양 등
- 연안의 표층
- 플랑크톤

■몸길이 ■분포 ■서식 장소 ■먹이 ■별명 ■위험한 부위 위위험한 물고기 식식용 물고기 멸멸종 위기종

▲ 멸치의 자어.

멸치 [멸치과] 식
큰 무리를 지으며 입을 크게 벌린 채 헤엄쳐 다닙니다.
- 15cm ■ 한국, 일본, 동중국해, 남중국해, 캄차카반도 남부 등
- 연안의 표층 ■ 플랑크톤

웅어 [멸치과] 식 멸
아리아케해(규슈 북서부 바다)에서 살다가 산란기가 되면 강을 거슬러 올라가 산란합니다.
- 36cm ■ 한국, 일본 등 ■ 연안, 하구 기수역, 하천 중류의 담수역에도 나타남 ■ 플랑크톤

멸치 사이에 섞인 물고기들!
멸치 등의 자어를 소금물에 데쳐서 말린 것을 양념과 함께 볶으면 맛있는 볶음이 됩니다. 말린 멸치 속에는 다른 물고기가 종종 섞여 있습니다.

해마류 / 쥐치류 / 청베도라치류 / 갈치류

▲ 어떤 물고기가 섞여 있는지 확인해 보자!

섞인 물고기 발견!

바다빙어, 샛멸 등의 무리

🐟 물고기 이야기 바다빙어류는 연어(→200쪽)와 가까운 물고기로, 연안이나 하구의 기수역, 강 등에서 산다. 샛멸류는 대부분 심해어로, 눈이 특이하게 생긴 것이 많다.

바다빙어 [바다빙어과] 식
- 15cm ■ 한국~동태평양(북부), 일본 ■ 연안의 얕은 물
- 플랑크톤, 오징어

날빙어 [바다빙어과] 식
빙어(→199쪽)와 비슷해서 '빙어'로 팔릴 때도 많습니다.
- 15cm ■ 한국~캄차카반도, 일본, 사할린 등 ■ 만의 얕은 물 ■ 플랑크톤

▼ 암컷
▼ 수컷

열빙어 [바다빙어과] 식
'시샤모'라는 이름으로 시판되는 것 대부분이 이 열빙어 또는 바다빙어입니다.
- 12cm ■ 한국, 일본, 사할린, 태평양·대서양의 한대역, 북극해 등 ■ 연안의 얕은 물 ■ 플랑크톤

샛멸 [샛멸과] 식
- 20cm ■ 한국, 일본, 동중국해 등 ■ 수심 70~430m의 모래 진흙 바닥
- 갑각류

◀ 머리 위쪽에 쌍안경처럼 붙어 있는 대롱 모양의 눈(관상안)이 특징입니다. 어두운 심해에서 태양광을 최대한 받아들이기 위한 구조로 보입니다.

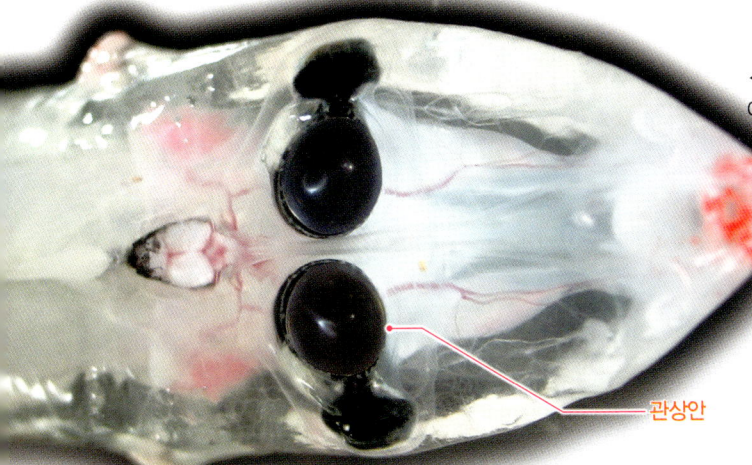

관상안

잇센히나데메니기스(일본명) [통안어과]
투명하고 길쭉한 몸에 긴 배지느러미가 달려 있습니다.
- 13cm ■ 서태평양 ■ 중심층 ■ 갑각류, 플랑크톤

와니토카게기스 무리

앨퉁이목 · 꼬리치목 · 샛비늘치목

🐟 **물고기 이야기** 입이 크고 날카로운 이빨이 밖으로 튀어나온 것이 많다. 아래턱에 수염이 달린 것도 있다. 복부에는 발광기가 늘어서 있다. 심해에서 살며 플랑크톤과 물고기 등을 먹는다. 전 세계의 바다에 약 400종이 있다.

바이퍼피시(Sloane's viperfish) [스토미아스과]
머리에 작고 둥근 발광기가 드문드문 있으며 배와 꼬리에도 발광기가 나란히 있습니다.
🔴 35cm 🟧 일본, 태평양·인도양·대서양의 열대·아열대역 등 🟩 수심 200~1,000m의 중심층

오오요코매퉁이(일본명) [솔니앨퉁이과]
🔴 28cm 🟧 일본, 태평양·인도양·대서양의 열대~아한대역
🟩 수심 250~1,200m의 중심층·심층

와니토카게기스(일본명) [스토미아스과]
아래턱에 긴 수염 하나가 있고 위턱 앞쪽에는 큰 엄니 모양의 이빨이 1쌍 있습니다. 🔴 20cm 🟧 일본, 태평양·인도양·대서양의 열대·아열대역 🟩 중심층

크기 체크

꼬리치 100cm
납작앨퉁이 7cm
바이퍼피시 35cm
하다카이와시 17cm

납작앨퉁이 [앨퉁이과]
🔴 7cm 🟧 일본, 타이완 남부
🟩 수심 100~350m의 대륙붕, 대륙 사면

🔴몸길이 🟧분포 🟩서식 장소 🟪먹이 🟥별명 🔴위험한 부위 🟠위험한 물고기 식용 물고기 멸멸종 위기종

심해어의 발광기

와니토카게기스류의 배 밑에는 발광기가 줄줄이 달려 있는 경우가 많습니다. 그 덕분에 빛으로 자신의 그림자를 없애 먹이에 쉽게 접근할 수 있는 것으로 여겨집니다. 그 외에 수염 끝에 달린 발광기도 있는데, 이것은 사냥감을 유인할 때 효과적이라고 합니다.

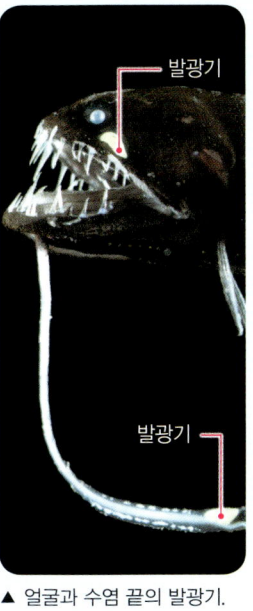

▲ 배에 나란히 달린 발광기(보라색 점). ▲ 얼굴과 수염 끝의 발광기.

◀ 성어

◀ 자어. 길게 튀어나온 돌기 끝에 눈이 달려 있다.

삼지창고기(일본명)[삼지창고기과(일)]
자어는 머리에서 몸길이의 3분의 1이나 되는 긴 돌기가 튀어나와 있고, 눈이 그 끝에 달려 있습니다. 🟥 50cm 🟧 일본, 태평양(북반구)의 온대역 🟩 수심 400~800cm의 중심층 🟪 퍼시픽블랙드래곤

꼬리치 무리

🐟 **물고기 이야기** 배지느러미가 특히 길고, 헤엄칠 때는 꼬리를 이리저리 구부리며 앞으로 나아간다. 골격은 연골성이며, 부드러운 주둥이 아래에 입이 달려 있다. 해저 가까이에서 저생 소동물 등을 먹고 산다. 전 세계의 바다에 13종이 있다.

꼬리치[꼬리치과]
위턱에 작은 이빨들이 있을 뿐, 아래턱에는 이빨이 없습니다.
🟥 100cm (전장) 🟧 한국, 일본 등 🟩 수심 150~500m의 모래 진흙 바닥

다나베꼬리치(일본명)[꼬리치과]
아래턱에 작은 이빨이 있습니다. 🟥 55cm (전장)
🟧 일본 🟩 수심 100~500m의 모래 진흙 바닥

하다카이와시 무리

🐟 **물고기 이야기** 심해에서 살며, 머리나 몸에 발광기가 있다. 밤이 되면 해수면 가까이 올라가서 플랑크톤 등을 먹고 새벽에 심해로 돌아가기도 한다. 전 세계의 바다에 약 250종이 있다.

하다카이와시(일본명)[샛비늘치과]
비늘이 잘 벗겨지며 몸 측면, 배, 눈의 앞쪽에 발광기가 있습니다. 🟥 17cm 🟧 일본, 서태평양, 인도양
🟩 수심 100~2,000m의 표층, 중심층, 심층
🟪 와타세스랜턴피시(Watases lanternfish)

얼비늘치[샛비늘치과]
하다카이와시와는 달리 비늘이 잘 벗겨지지 않습니다. 🟥 7cm 🟧 한국, 일본, 태평양·인도양·대서양 🟩 수심 430~750m의 중심층

미올비늘치[미올비늘치과]
배에서 뒷지느러미까지 발광기가 나란히 이어져 있습니다. 🟥 17cm 🟧 한국, 일본, 서태평양, 서인도양, 서대서양 등 🟩 수심 180~740m의 대륙붕, 대륙 사면

토막상식 하다카이와시는 잡혔을 때 비늘이 벗겨져 버려, 알몸(하다카)처럼 보이기 때문에 이런 일본명이 붙었습니다.

히메치 무리

홍메치목·턱수염금눈돔목

🐟 **물고기 이야기** 날카로운 이빨이 달린 큰 입으로 먹이를 꿀꺽 삼킨다. 기름지느러미(등지느러미와 꼬리지느러미 사이의 작은 지느러미)가 있는 것이 많다. 전 세계의 바다에 약 240종이 있다.

기름지느러미

매퉁이 [매퉁이과] 식
큰 입속에는 가늘고 날카로운 이빨이 줄지어 있습니다. 모래 속에 숨어 있다가 다가오는 사냥감을 통째로 삼킵니다. 🔴 35cm 🟠 한국, 일본, 서태평양, 인도양 🟢 수심 100m까지의 모래 진흙 바닥 🔵 물고기

히메치 [홍메치과] 식
배지느러미로 몸을 지탱합니다. 등지느러미에는 물방울무늬가 있습니다. 🔴 18cm 🟠 한국, 일본, 서·중앙태평양 🟢 수심 510m까지의 모래자갈 바닥 🔵 물고기

황매퉁이 [매퉁이과] 식
🔴 30cm 🟠 한국, 일본, 전 세계 열대·온대역(동태평양 제외) 🟢 얕은 물의 모랫바닥·모래 진흙 바닥 🔵 물고기

가리비매퉁이(일본명) [매퉁이과]
배지느러미 일부가 실 모양으로 길게 뻗어 있습니다. 🔴 9cm 🟠 일본, 동중국해 🟢 수심 30~50m의 암초의 모랫바닥 🔵 물고기

붉은매퉁이(일본명) [매퉁이과] 식
🔴 30cm 🟠 일본, 타이완, 하와이제도 🟢 얕은 물의 암초 및 산호초의 모랫바닥 🔵 물고기, 갑각류

▶ 자리돔을 잡아 먹는 붉은매퉁이.

매퉁이의 영리한 사냥법
매퉁이류는 매우 영리해서, 작은 물고기는 물론이고 자신보다 큰 물고기에게도 달려듭니다. 사냥 방식은 매복입니다. 평소에는 모래 속에 몸을 숨기고 있다가 먹이가 다가오면 모래에서 튀어나와 공격합니다.

▶ 모래에 숨어 먹이를 기다리는 매퉁이류.

◀ 망둑어를 통째로 삼키는 매퉁이류.

크기 체크

히메치 18cm
등점은눈돔 20cm
세발치 37cm
돛란도어 130cm

🔴몸길이 🟠분포 🟢서식 장소 🔵먹이 🟣별명 🔴위험한 부위 위험한 물고기 식식용 물고기 멸멸종 위기종

◀ 물고기가 해저에서 가만히 있는 것은, 사냥감이 적은 심해에서 체력을 아끼며 먹이를 기다리려는 행동으로 보입니다.

긴촉수매퉁이
[긴촉수매퉁이과]
자웅동체. 🟥 26cm 🟧 한국, 일본, 동중국해, 남중국해, 인도양 🟩 수심 550~1,200m의 모래 진흙 바닥 🟦 소동물

세발치
[긴촉수매퉁이과]
해저에서 배지느러미, 꼬리지느러미 줄기(연조)의 3점으로 몸을 지탱하며 가만히 있어서 '세발치'로 불립니다. 자웅동체. 🟥 37cm 🟧 일본, 중앙태평양·인도양·대서양 등 🟩 수심 900~4,700m의 모래 진흙 바닥 🟦 소동물

배지느러미의 줄기

꼬리지느러미의 줄기

수컷 + 암컷 = 자웅동체?
심해에서 사는 히메치류에는 하나의 몸에 수컷의 정소와 암컷의 난소가 둘 다 있는 '자웅동체'인 개체가 있습니다. 따라서 성별과는 상관없이 두 마리만 있으면 알을 수정할 수 있습니다. 이것은 이성을 만날 기회가 적은 심해에서도 최대한의 자손을 남기기 위한 특징으로 보입니다.

둥근파랑눈매퉁이(일본명) 식
[파랑눈매퉁이과]
항문 주변에 발광기가 있습니다. 자웅동체. 🟥 15cm 🟧 일본 🟩 수심 50~600m의 대륙붕, 대륙 사면 🟦 물고기 🟪 메히카리

화살치 [화살치과]
몸은 반투명하고 피부가 얇으며, 측선 이외에는 비늘이 없습니다. 자웅동체. 🟥 27cm 🟧 일본 🟩 수심 200~620m의 중심층

가짜돛란도어(일본명) [화살치과]
돛란도어와는 달리 등지느러미가 없습니다. 🟥 100cm 🟧 일본, 동중국해, 북태평양 🟩 표층~심층 🟦 물고기, 오징어

돛란도어 [란도어과]
근육에 수분과 지방이 많습니다. 지느러미가 크고, 아래턱에 날카롭고 뾰족하고 커다란 이빨이 있습니다. 자웅동체. 🟥 130cm 🟧 한국, 일본, 태평양·인도양·대서양 등 🟩 표층~수심 1,830m까지의 심층 🟦 물고기, 오징어

등점은눈돔 무리

🐟 물고기 이야기 아래턱에 육질 수염이 1쌍 있다. 큰 눈은 빛을 받으면 푸른색으로 빛난다. 전 세계의 바다에 10종이 있다.

관상안
▲ 쌍안경 같은 대롱 모양의 눈(관상안)이 앞쪽을 향해 달려 있습니다.

기간투라인디카 [기간투라과]
일본 근해에서는 거의 볼 수 없는 매우 귀한 물고기입니다. 🟥 22cm 🟧 일본, 태평양·인도양·대서양 🟩 중심층, 심층

등점은눈돔 [턱수염금눈돔과] 식
🟥 20cm 🟧 한국, 일본, 타이완, 하와이제도 등 🟩 수심 150~650m의 모래자갈 바닥 🟦 작은 물고기, 오징어, 갑각류

붉평치 무리

이악어목

🐟 물고기 이야기 🐟 대부분 심해에서 살기 때문에 생태와 행동이 아직 수수께끼에 싸여 있다. 납작한 원반처럼 생긴 것에서부터 길쭉한 리본처럼 생긴 것까지, 형태는 다양하다. 전 세계의 바다에 약 20종이 있다.

가슴지느러미

붉평치
[붉평치과] 식

가슴지느러미가 참치처럼 수평으로 길게 발달해 있습니다. 아가미 주변에 몸 전체를 덥히는 특수한 혈관이 있습니다.
- 180cm ■ 일본, 전 세계의 따뜻한 해역 ■ 먼바다의 표층
- 물고기, 오징어, 갑각류 ■ 빨간개복치

꼬리투라치 [투라치과]
- 160cm ■ 일본, 서·중앙태평양, 남아프리카, 지중해 ■ 앞바다

유니콘피시 [뿔고기과]
공격당하면 항문에서 오징어 먹물 같은 검은 액체를 내뿜어 상대를 놀라게 한 다음에 도망칩니다. ■ 2m ■ 일본, 북태평양 등 ■ 앞바다
- 물고기, 오징어 ■ 북태평양뿔고기

크기 체크
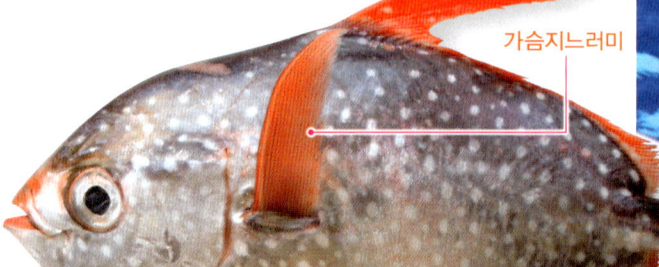
- 점매가리 40cm
- 홍투라치 100cm
- 붉평치 180cm
- 대왕산갈치 5.5m

중심층은 어떤 곳일까?
붉평치류 대부분이 살고 있는 중심층은 수심이 200~1,000m입니다. 태양광이 200m까지 닿는다고 하니, 그보다 깊은 중심층은 빛이 거의 없는 암흑세계라고 할 수 있습니다.

줄기(연조)

▲약어

홍투라치 [투라치과]
긴 등지느러미에서 따로 떨어진 줄기(연조)가 있습니다.
- 100cm ■ 한국, 일본, 전 세계의 따뜻한 해역 ■ 앞바다
- 작은 물고기, 갯가재

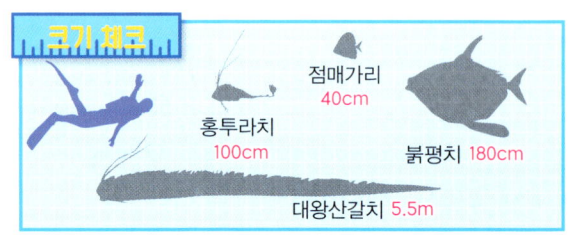

■몸길이 ■분포 ■서식 장소 ■먹이 ■별명 ■위험한 부위 ㉴위험한 물고기 ㉠식용 물고기 ㉵멸종 위기종

줄기(연조)

배지느러미

대왕산갈치[산갈치과]
등지느러미가 머리에서 꼬리지느러미의 뿌리까지 이어져 있으며, 뒷지느러미는 없습니다. 등지느러미 앞쪽의 줄기(연조)가 길게 뻗어 있습니다. 배지느러미는 실 모양인데, 끝부분이 주걱 모양입니다. 🟥 5.5m 🟧 한국, 일본, 서·중앙태평양, 인도양, 남아프리카 등 🟩 앞바다의 중심층 🟦 플랑크톤

▲ 얕은 물에 나타난 대왕산갈치. 이처럼 살아 있는 개체가 발견되는 일은 매우 드뭅니다.

세계를 주도하는 일본의 심해 탐사

우리는 지구의 약 70%를 차지하는 바다의 극히 일부만을 봅니다. 특히 수심 200m를 넘는 해역을 '심해'라 하는데, 그곳에는 우리는 상상도 하지 못할 신기한 생물들이 살고 있습니다. 일본에서는 뛰어난 기술력으로 매일 심해의 수수께끼에 도전하고 있습니다.

점매가리[점매가리과]
등지느러미와 뒷지느러미가 크게 펼쳐집니다. 이빨이 없고 주둥이가 아래쪽으로 비스듬히 늘어납니다. 🟥 40cm 🟧 한국, 일본, 동중국해, 인도양 등 🟩 대륙붕

▲ '신카이 6500'은 사람이 탈 수 있는 조사용 잠수함으로, 수심 6,500m까지 내려갈 수 있습니다.

◀ 최신 무인 탐사기 '가이코 MK-4'는 현재 수심 7,000m까지 내려갈 수 있습니다. 장래에는 수심 1만 미터까지 내려가는 것이 목표입니다. 250kg 이하의 물체를 들 수 있는 강력한 기계 팔로 심해의 물체를 가져옵니다.

어류는 대개 변온 동물입니다. 그러나 붉평치는 예외적으로 주변 수온보다 5도 정도 높은 체온을 유지하는 항온 동물이라는 사실이 최근 연구로 밝혀졌습니다.

첨치 무리

첨치목 · 대구목

물고기 이야기 목 밑에 수염처럼 가는 배지느러미가 나 있다. 등지느러미와 뒷지느러미는 꼬리 근처까지 뻗어 있고, 꼬리지느러미와 이어진 것도 많다. 얕은 물에서 심해까지 다양한 해역에서 살며 기수역이나 담수역에 들어가기도 한다. 전 세계의 바다나 강 등에 약 390종이 있다.

← 배지느러미

수염첨치[첨치과] 식
입 주변에 12개의 수염이 있습니다. ■60cm ■한국, 일본, 서·중앙태평양, 인도양 ■수심 650m까지의 산호초나 조장(藻場) ■물고기, 저생 소동물

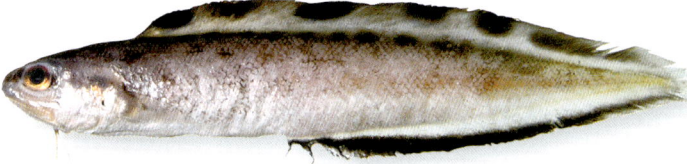

동갈메기[첨치과]
■20cm ■한국, 일본, 서태평양 등 ■수심 100~200m의 모래 진흙 바닥 ■저생 소동물

숨이고기[숨이고기과]
위험을 느끼면 해삼의 항문으로 들어가 숨습니다. 가슴지느러미가 작아 해삼의 몸속에 숨을 때도 걸리지 않습니다. 한국은 농어목으로 분류하기도 합니다. ■19cm (전장) ■한국, 일본 ■수심 30~100m의 모래자갈 바닥 ■갑각류

붉은메기[첨치과] 식
아감딱지에 날카로운 가시가 있습니다. ■70cm ■한국, 일본, 서태평양 등 ■수심 70~440m의 진흙 바닥·모래 진흙 바닥 ■물고기, 저생 소동물 ■대구아재비

→ 숨이고기

술수염첨치(일본명)[곱등양메기과]
거의 모든 첨치류가 난생이지만 술수염첨치는 태생입니다.
■13cm ■일본, 필리핀 ■수심 100~400m의 저층

물고기 씨의 물고기 이야기

놀라워라! 숨이고기와의 만남

물고기 씨가 숨이고기와 처음으로 만난 건 예전에 수족관에서 일을 배울 때였습니다. 불가사리와 해삼을 만질 수 있는 체험관에서 한 남자아이가 해삼을 휘두르고 있었는데, 해삼 속에서 길쭉하고 긴 물체가 뿅, 하고 튀어나왔습니다. 그것이 바로 해삼의 몸속에 숨어 있던 숨이고기였죠! 어찌나 놀랐던지! 어쩔 수 없이 밖으로 나오게 된 숨이고기였지만, 해삼을 발견하자마자 눈 깜짝할 사이에 도로 원래 있던 곳으로 돌아가 버렸어요. 정말 놀라운 만남이었답니다!

크기 체크
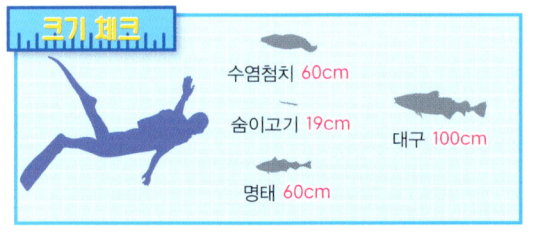
수염첨치 60cm
숨이고기 19cm
대구 100cm
명태 60cm

▶ 해삼 속에서 뿅♪

■몸길이 ■분포 ■서식 장소 ■먹이 ■별명 ■위험한 부위 ⓦ위험한 물고기 ⓢ식용 물고기 ⓔ멸종 위기종

대구 무리

🐟 **물고기 이야기** 등지느러미가 3개 있고 아래턱 앞에 수염이 있는 것이 많다. 대부분 심해의 해저에서 산다. 대구나 명태 등은 식용으로도 매우 중요하다. 전 세계의 바다와 하천에 약 530종이 있다.

돌대구 [돌대구과] 식
배에 발광기가 있습니다. 🔴 35cm 🟠 일본, 동중국해 등 🟢 수심 75~1,000m의 모래 진흙 바닥 🔵 물고기, 저생 소동물
▶ 치어

명란은 누구의 알일까?
시판되는 명란은 대부분 명태의 난소로 만들어집니다. 일본어로는 '타라코'여서 대구(타라)의 알이라고 생각하기 쉽지만, 대구 알은 거의 쓰이지 않습니다.

▼ 착색되기 전의 명태 난소.

은민대구 [민대구과] 식
날카로운 이빨로 사냥감을 뭅니다. 🔴 71cm 🟠 일본, 뉴질랜드, 아르헨티나, 칠레 등 🟢 수심 120~960m의 대륙붕, 대륙 사면 🔵 물고기, 오징어

대구 [대구과] 식
대구 한 마리가 400만 개 이상의 알을 낳기도 합니다.
🔴 100cm (전장) 🟠 한국, 일본, 동중국해(북부)~북태평양, 동태평양(북부) 🟢 수심 1,280m까지의 대륙붕, 대륙 사면 🔵 물고기, 갑각류, 문어

날개멸 [날개멸과]
머리에 제1등지느러미가 있습니다.
🔴 13cm 🟠 한국, 일본, 동중국해 🟢 수심 600~1,000m의 중심층 🔵 플랑크톤

↳ 제1등지느러미

명태 [대구과] 식
🔴 60cm (전장) 🟠 한국 동부~북태평양, 일본, 동태평양(북부) 🟢 표층~수심 2,000m까지의 심층 🔵 물고기, 갑각류 🟣 동태(얼린 것), 황태(얼려서 말린 것), 북어(말린 것), 노가리(새끼)

바케다라(일본명) [바케다라과(일)]
머리는 풍선처럼 부풀어 있으며 부드럽습니다.
🔴 36cm (전장) 🟠 일본, 서태평양, 멕시코만 등 🟢 수심 700~2,100m의 대륙 사면

꼬리민태 [민태과] 식
비늘 표면에 작은 가시가 있습니다. 🔴 67cm (전장) 🟠 한국, 일본, 동중국해 등 🟢 수심 240~1,000m의 모래 진흙 바닥 🔵 저생 소동물, 갑각류

토막상식 대구류는 기본적으로 바닷물고기지만, 그중 모오캐(→199쪽)만이 민물에서 삽니다.

두꺼비고기 무리

🐟 **물고기 이야기** 입이 크며 머리는 폭이 넓고 납작하다. 배지느러미는 목 아래에 있다. 부레를 활용하여 큰 소리를 내기도 한다. 대부분은 연안의 해저에서 살지만, 기수역이나 담수역에서 사는 것도 있다. 전 세계의 바다와 강 등에 약 80종이 있다.

두꺼비고기(일본명)[두꺼비고기과]
- 🟥 57cm (전장) 🟧 온두라스~브라질 북동부
- 🟩 하구 부근 기수역의 모래 진흙 바닥 🟦 물고기, 갑각류

아귀 무리

🐟 **물고기 이야기** 등지느러미 일부가 낚싯대처럼 변한 것이 많다. 그 낚시 기관 끝에는 다른 물고기가 좋아하는 소동물을 닮은 꼬임미끼가 달려 있으므로, 그것을 활용하여 작은 물고기를 유인한다. 몸은 짓눌린 것처럼 납작하거나 계란형이다. 전 세계의 바다에 약 320종이 있다.

꼬임미끼(에스카) — 갯지렁이 등 작은 물고기의 먹이와 비슷한 모습을 지닙니다.

낚시 기관 — 길이는 종마다 제각각입니다.

▶ 모랫바닥에 가만히 엎드려 작은 물고기가 다가오기를 기다리는 아귀. 주변 환경에 따라 색깔이 바뀝니다.

▼ 헤엄치는 아귀.

배지느러미

▼ 황아귀의 치어. 생김새가 아귀의 치어와 비슷합니다.

가슴지느러미

아귀[아귀과] 식
낚시 기관으로 물고기를 유인하여 통째로 삼킵니다.
- 🟥 70cm 🟧 한국, 일본, 서태평양, 인도양 등 🟩 수심 30~510m의 대륙붕, 대륙 사면의 모래 진흙 바닥
- 🟦 물고기, 저생 소동물

황아귀[아귀과] 식
- 🟥 100cm 🟧 한국, 일본, 동중국해, 남중국해 등
- 🟩 수심 30~560m의 대륙붕, 대륙 사면의 모래 진흙 바닥
- 🟦 물고기, 저생 소동물

▶ 정어리(→48쪽)를 잡은 황아귀 성어.

▲ 치어. 지느러미가 크며, 바닷속을 떠다니면서 삽니다.

크기 체크

아귀 70cm · 두꺼비고기 57cm · 빨강부치 30cm

도롱이아귀(일본명) [아귀과]

유어는 피부가 변해서 된, 매우 긴 돌기(피판)가 온몸을 뒤덮고 있습니다. 비 올 때 쓰는 도롱이처럼 보이기에 '도롱이아귀'라고 불립니다.
- 🔴 15cm 🟠 일본, 동중국해 🟢 수심 90m까지의 저층

▶ 유어. 도롱이아귀는 매우 희귀한 물고기라서 기록이 거의 없습니다.

큰점씬벵이 박제 만들기

아래 사진의 큰점씬벵이는 사실 물고기 씨가 만든 박제(표본)입니다! 입을 크게 벌려 뼈와 살, 내장을 꺼집어내고 질긴 가죽 속에 탈지면을 넣어 형태를 잘 만들어 줍니다. 바싹 말린 후 니스를 바르고 눈을 달면 완성! 꺼집어낸 살과 내장은 감사한 마음으로 냄비 요리에 넣어 먹었습니다. 너무너무 맛있어서 감동했어요!

물고기 씨의 물고기 이야기

◀ 박제는 시간이 지남에 따라 아름다운 색이 바래 버리고, 하얗게 변해 갑니다. 갓 잡았을 때는 아름다운 오렌지색이었어요.

빨강부치 [부치과]

원반을 닮은 몸의 표면에 수많은 가시가 있습니다. 배지느러미와 가슴지느러미를 활용하여 걷듯이 해저를 이동합니다.
- 🔴 30cm 🟠 한국, 일본, 서태평양, 인도양 🟢 수심 50~400m의 모랫바닥 🔵 저생 소동물

가슴지느러미

배지느러미 / 가슴지느러미

◀ 빨강부치의 옆태. 배지느러미와 가슴지느러미로 몸을 지탱합니다.

큰점씬벵이 [점씬벵이과]

전신에 수염 같은 돌기(피판)가 있습니다. 낚시 기관도 짧고 끝에 달린 꼬임미끼(에스카)도 작습니다.
- 🔴 23cm 🟠 일본, 동중국해, 남중국해 등 🟢 수심 30~590m의 모래 진흙 바닥 🔵 물고기

점씬벵이 [점씬벵이과] 식

적을 위협하기 위해 물과 공기를 들이마셔 몸을 부풀립니다.
- 🔴 30cm 🟠 한국, 일본, 동중국해 등 🟢 수심 80~510m의 모래 진흙 바닥 🔵 저생 소동물

▼ 선상에서 공기를 들이마셔 부풀어 오른 점씬벵이.

원꼭갈치 [부치과]

🔴 9cm 🟠 한국, 일본, 서태평양 등 🟢 수심 90~740m의 모래 진흙 바닥 🔵 갑각류, 조개

◀ 배면   ▶ 복면

배지느러미 / 가슴지느러미

▶ 정면에서 본 원꼭갈치. 빨강부치처럼 배지느러미와 가슴지느러미로 몸을 지탱합니다.

붉은입술부치 [부치과]

입 주변이 빨개서 립스틱을 바른 것처럼 보입니다.
- 🔴 20cm 🟠 갈라파고스 제도~페루 🟢 산호초의 모랫바닥 🔵 저생 소동물 갈라파고스부치

아귀목

아귀 무리

초롱아귀 [초롱아귀과]
낚시 기관의 둥글게 부푼 부분, 그리고 줄기가 나뉜 돌기 끝에 발광기가 있습니다. 수컷 성어는 몸길이가 4cm 정도이며 암컷에게 기생합니다. 🟥 30cm (암컷) 🟧 일본, 서·중앙·동태평양 등 🟩 수심 600~1,200m의 중심층, 심층 🟦 물고기

▶ 발광기

▲ 얕은 물에 등장한 초롱아귀. 평소에는 심해에 머무르므로 살아 있는 모습을 보기가 어렵습니다.

▲ 암컷

비파아귀 (일본명) [케라티아스과]
수컷 성어는 몸길이가 8~16cm이며 암컷에게 기생합니다. 🟥 120cm (암컷) 🟧 일본, 태평양·인도양·대서양 🟩 수심 120~4,400m의 표층, 중심층 🟦 물고기

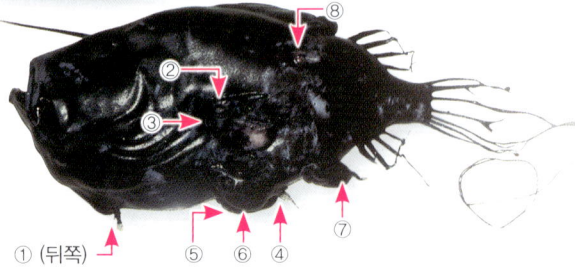

▶ 암컷. 이 한 마리에 8마리의 수컷이 기생하고 있습니다. ※화살표는 수컷이 기생하는 곳을 가리킵니다.

① (뒤쪽) ⑤ ⑥ ④ ⑦ ② ③ ⑧

미쓰쿠리오목눈초롱아귀 (일본명) [케라티아스과]
수컷 성어는 몸길이가 8cm 정도이며 암컷에게 기생합니다.
🟥 30cm (암컷) 🟧 일본, 태평양·인도양·대서양
🟩 수심 80~4,000m의 표층, 중심층, 심층 🟦 물고기 🟪 트리플워트 씨데빌

심해 아귀의 신비한 생태
심해에서 사는 아귀류 일부의 수컷은 암컷을 발견하면 그 암컷의 몸에 들러붙어 기생하기 시작합니다. 그러면 입이 암컷의 몸에 동화되고 지느러미와 눈, 소화 기관도 퇴화하여 결국 몸 전체가 암컷의 일부가 됩니다. 수컷의 몸은 정자를 내보내 생식 활동을 할 뿐입니다. 이것은 같은 종을 만날 기회가 적은 심해에서 번식기가 될 때까지 암컷에게서 떨어지지 않기 위한 행동으로 보입니다.

▶ 암컷에게 기생하는 수컷 아귀. 암컷의 몸과 동화되어 있습니다.

◀ 수컷 아귀. 암컷보다 몸이 훨씬 작습니다.

크기 체크
초롱아귀 30cm　　비파아귀 120cm

심해어들의 재미있는 얼굴

심해어로 불리는 물고기는 우리가 평소에 보는 물고기와 전혀 다른 기묘한 모습을 하고 있을 때가 많습니다. 여기서는 얼굴이 특히 재미있는 심해어들을 소개하겠습니다.

헤비토카게기스 (일본명) [스토미아스과]
수염을 움직일 수 있어서 수염 끝의 꼬임미끼 (에스카)로 먹이를 유인합니다.

긴코키메라 [코은상어과]
긴 주둥이가 코처럼 보입니다.

코엘로프리스속의 일종 [부치과]
치어의 작은 몸 주변을 젤라틴 비슷한 물질이 풍선처럼 뒤덮고 있습니다.

▲치어

펠리컨아귀모도키 (일본명) [멜라노케투스과]
날카롭고 긴 이빨을 사냥감의 몸에 찔러 넣어, 한번 문 먹이는 놓치지 않습니다.

오니황성대 (일본명) [황성대과]
매우 딱딱한 비늘이 전신을 갑옷처럼 감싸고 있습니다.

바라트로누스속의 일종 [아피오누스과]
몸이 젤라틴처럼 말랑말랑하며 눈이 거의 발달하지 않았습니다.

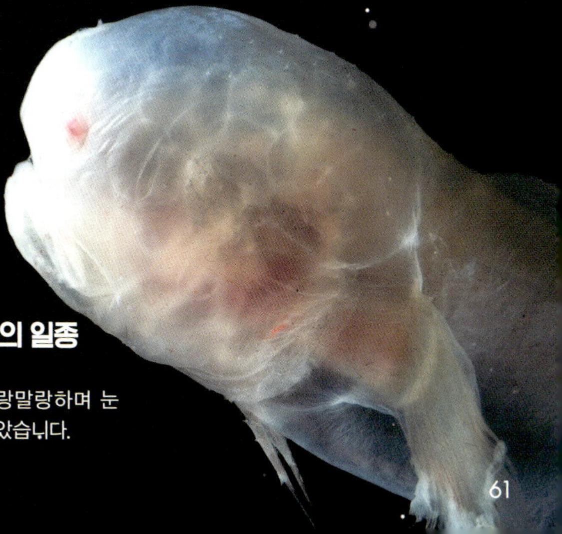

빨간씬벵이 무리

아귀목

🐟 **물고기 이야기** 🐟 헤엄을 잘 못 쳐서 바위나 해면체 사이에 가만히 있을 때가 많다. 이동할 때는 가슴지느러미와 배지느러미를 손발처럼 써서 바닷속 땅 위를 걷는다. 아귀처럼 낚시 기관으로 물고기를 유인하여 잡아먹는다.

▼ 낚시 기관을 흔들어 작은 물고기를 유인하는 빨간씬벵이.

빨간씬벵이
- 🟥 16cm 🟧 한국, 일본, 서·중앙태평양·인도양·대서양 등 🟩 연안의 모랫바닥, 모래 진흙 바닥
- 🟦 물고기

빨간씬벵이는 낚시의 명수
수영에 서투른 빨간씬벵이는 돌아다니며 먹이를 찾지 않습니다. 대신 낚시 기관을 흔들며 작은 물고기가 다가오기를 기다렸다가 재빠른 동작으로 잡아먹습니다.

▲ 성어 ▼ 유어

무당씬벵이
몸에 있는 모양이 눈까지 닿아 있습니다. 각각의 지느러미에는 테두리 무늬가 있습니다.
- 🟥 9cm 🟧 일본, 서·중앙태평양, 인도양
- 🟩 연안의 암초, 산호초 🟦 물고기

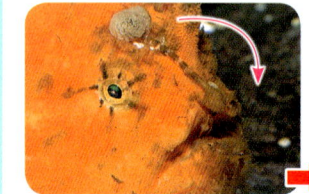
주홍씬벵이(일본명)
낚시 기관이 짧으며, 몸 측면에 눈처럼 보이는 반점이 있습니다. 🟥 9cm 🟧 일본, 서·중앙태평양, 인도양 등 🟩 연안의 암초 🟦 물고기

씬벵이모도키(일본명)
낚시 기관 끝에 꼬임미끼(에스카)가 없습니다.
- 🟥 5cm 🟧 일본, 필리핀 🟩 산호초 🟦 물고기

크기 체크

빨간씬벵이 16cm 큰씬벵이 29cm

🟥몸길이 🟧분포 🟩서식 장소 🟦먹이 🟥별명 🟥위험한 부위 위험한 물고기 식용 물고기 멸종 위기종

영지씬벵이

- 16cm
- 한국, 일본, 서·중앙태평양, 인도양 등
- 연안의 암초, 산호초
- 물고기

▲ 크기가 약 5mm인 영지씬벵이의 유어.

▼ 성어

큰씬벵이

매우 큰 씬벵이입니다.
- 29cm
- 일본, 서·중앙·동태평양, 인도양
- 연안의 암초, 산호초
- 물고기

※ 여기서 소개하는 물고기는 전부 씬벵이과입니다.

낚시 기관

▲ 입을 크게 벌리는 큰씬벵이의 유어.

▲ 성어

노랑씬벵이

씬벵이류로서는 드물게 해수면에 떠다니는 조류 속에서 삽니다.
- 14cm
- 한국, 일본, 서태평양, 인도양, 서대서양 등
- 연안에서부터 앞바다의 표층
- 작은 물고기, 갑각류

카스리씬벵이(일본명)

크기가 작고 낚시 기관이 짧습니다.
- 5cm
- 일본, 서태평양, 인도양
- 얕은 물속 산호초의 조수 웅덩이
- 물고기

낚시 기관

다양한 씬벵이류를 살펴보자!

씬벵이류는 개체마다 색깔과 무늬가 달라서 관상어로도 인기가 많습니다.

◀ 얼룩말 무늬를 가진 빨간씬벵이.

▶ 얼굴이 밋밋한 크립틱앵글러피시 (Cryptic anglerfish).

◀ 기수역에서 살며 등지느러미 모양이 독특한 블래키시워터씬벵이 (Brackishwater frogfish).

▶ 전신에 미로 무늬가 있는 사이키델릭씬벵이 (Psychedelic frogfish).

동갈치 무리

동갈치목 · 숭어목 · 색줄멸목

🐟 **물고기 이야기** 동갈치 무리는 바다의 표층에서 무리 지어 다니는 동갈치와 학공치, 꽁치, 날치 등의 집단과 하천에서 사는 송사리류(→208쪽) 집단으로 나뉜다. 몸은 대개 가늘고 길다. 전 세계의 바다와 강 등에 약 300종이 있다.

동갈치 [동갈치과] 위 식
입속에 날카로운 이빨이 늘어서 있고, 주둥이가 약간 구부러져 있으므로 입이 완전히 닫히지 않습니다. 작은 물고기의 비늘에 빛이 반사되는 것을 보고 공격하므로 사람이 쓰는 빛을 향해 달려들기도 합니다.
- 🟥 100cm (전장) 🟧 한국, 일본 🟩 연안의 표층
- 🟦 물고기 🟥 주둥이

물동갈치 [동갈치과] 위 식
주둥이
- 🟥 120cm (전장) 🟧 한국, 일본, 태평양 · 인도양 · 대서양의 열대 · 온대역
- 🟩 연안의 표층 🟦 물고기 🟥 주둥이

▲ 성어
▲ 치어

학공치 [학공치과] 식
아래턱이 앞으로 길게 뻗어 있습니다. 🟥 30cm 🟧 한국, 일본 등
🟩 연안의 표층 🟦 플랑크톤, 낙하 곤충 🟪 공미리, 학꽁치

꽁치 [꽁치과] 식
철새처럼 계절을 따라 회유합니다. 여름에는 북으로, 겨울에는 남으로 이동합니다. 🟥 35cm 🟧 한국 동부~북태평양, 일본, 동태평양(북부)
🟩 먼바다의 표층 🟦 플랑크톤

학공치의 산란
봄부터 여름 사이에 연안의 조장에서 산란합니다. 동갈치류의 알은 표면에 가는 실이 있어서 조류 등에 쉽게 엉겨 붙습니다.

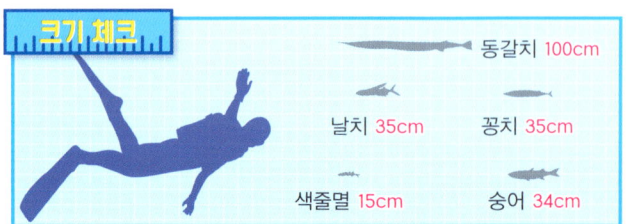

크기 체크
- 동갈치 100cm
- 날치 35cm
- 꽁치 35cm
- 색줄멸 15cm
- 숭어 34cm

▲ 조장에서 산란하는 학공치.

▲ 조장에 엉겨 붙은 학공치의 알.

🟥 몸길이 🟧 분포 🟩 서식 장소 🟦 먹이 🟪 별명 🟥 위험한 부위 **위** 위험한 물고기 **식** 식용 물고기 **멸** 멸종 위기종

▲ 활공하는 날치류. 1회의 활공으로 300m나 날 때도 있습니다.

▼ 성어

날치 [날치과] 식
발달한 가슴지느러미와 배지느러미를 날개처럼 펼치고 물 위로 날아올라 활공합니다.
- 35cm (전장)
- 한국, 일본, 동중국해 등
- 연안의 표층
- 플랑크톤

전력날치 [날치과] 식
- 35cm (전장)
- 한국 남부, 일본 등
- 먼바다의 표층
- 플랑크톤

▲ 치어

숭어 무리

🐟 물고기 이야기 무리 지어 연안에서부터 기수역, 담수역까지 헤엄쳐 다닌다. 비늘에 물의 흐름 등을 느낄 수 있는 구멍(감각공)이 있다. 전 세계의 바다와 강 등에 약 70종이 있다.

▼ 성어

숭어 [숭어과] 식
- 34cm
- 한국, 일본, 전 세계의 열대·온대역(아프리카의 대서양측 제외)
- 연안의 얕은 물, 하천의 기수역, 담수역에도 들어감
- 해저 유기물, 조류
- 모치(새끼)

▲ 유어. 하천에 들어가기도 합니다.

후우라이숭어(일본명) [숭어과] 식
- 34cm
- 일본, 서·중앙태평양, 인도양 등
- 얕은 물의 산호초
- 해저의 유기물, 조류

가숭어 [숭어과] 식
- 38cm
- 한국, 일본, 동중국해~러시아 남동부, 쿠릴 열도 남부 등
- 만의 얕은 물, 하천의 기수역에도 들어감
- 해저의 유기물, 조류

색줄멸 무리

🐟 물고기 이야기 연안의 암초나 제방의 해수면 가까이에서 큰 무리를 짓는다. 대부분 담수역과 기수역에서 산다. 전 세계의 바다와 강 등에 약 310종이 있다.

색줄멸 [색줄멸과]
- 15cm
- 한국, 일본, 서태평양, 인도양 등
- 연안의 얕은 물
- 플랑크톤

◀ 모래톱에 숨은 암컷과 그 암컷을 둘러싼 수컷.

캘리포니아색줄멸 [색줄멸과]
산란기를 맞으면 몇천 마리나 되는 무리가 한꺼번에 모래톱으로 올라옵니다. 암컷은 모래 속으로 파고 들어가 산란하고, 수컷은 암컷의 몸을 둘러싼 뒤 정자를 내보냅니다. 알은 그대로 모래톱에 남아 밀물 때쯤 부화하며, 그때 태어난 자어는 파도를 타고 바다로 돌아갑니다.
- 19cm (전장)
- 캘리포니아주 남부, 멕시코 북서부 등
- 연안
- 플랑크톤
- 캘리포니아그루니온

빛금눈돔 무리

금눈돔목 · 스테파노베리스목 · 달고기목

물고기 이야기 눈과 머리가 크고 비늘은 가시가 있어 꺼끌꺼끌하다. 연안의 얕은 물에서부터 심해까지 다양한 영역에서 살며 몸에 발광기가 있다. 빛이 비치면 눈이 금색으로 빛나는 종도 있다. 전 세계의 바다에 약 140종이 있다.

빛금눈돔 [금눈돔과] 식
연안에서 자라지만, 성장하면 깊은 물로 이동합니다.
- 50cm ■ 일본, 태평양 · 인도양 · 대서양
- 수심 100~800m의 암초 ■ 물고기, 오징어, 문어, 갑각류

얼게돔 [얼게돔과] 식
- 17cm ■ 한국, 일본, 서 · 중앙태평양 ■ 암초 ■ 저생 소동물

블로치아이솔저피시 [얼게돔과]
- 24cm ■ 일본, 서 · 중앙태평양, 인도양 등 ■ 산호초 ■ 물고기, 갑각류

사브르스쿼럴피시 [얼게돔과]
대형이며 아감딱지에 날카로운 가시가 있습니다. ■ 36cm
- 일본, 서 · 중앙태평양, 인도양 ■ 암초, 산호초 ■ 소동물

납작금눈돔 [납작금눈돔과] 식
- 20cm ■ 한국, 일본, 동중국해, 남중국해 ■ 수심 150~700m의 저층 ■ 소동물

철갑둥어 [철갑둥어과]
가시 달린 크고 질긴 비늘로 전신을 감싼 모습이 철갑을 두른 듯하다는 뜻에서 이런 이름이 붙었습니다. ■ 14cm
- 한국, 일본, 서태평양, 인도양 등 ■ 얕은 물의 암초 ■ 갑각류

철갑둥어의 발광기는 왜 빛날까?
철갑둥어와 발광금눈돔의 발광기는 어떻게 빛을 낼까요? 발광기 자체가 아니라, 발광기 안의 발광 박테리아가 빛을 발합니다 (박테리아와 공생). 태어날 때는 박테리아가 없지만, 성장하면서 박테리아와 공생하게 됩니다.

└ 발광기

▲ 푸르게 빛나는 철갑둥어의 발광기.

발광금눈돔 [아노말롭스과]
- 17cm ■ 일본, 서 · 중앙태평양 ■ 심해의 암초 ■ 소동물

└ 발광기

귀신고기 [귀신고기과]
위아래 턱에 날카로운 이빨이 있으며, 입이 닫히지 않습니다.
- 9cm ■ 일본, 태평양 · 인도양 · 대서양의 온대역
- 심해의 중층, 저층 ■ 물고기, 갑각류

크기 체크
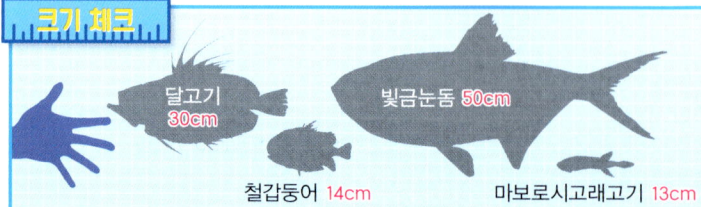

달고기 30cm · 빛금눈돔 50cm · 철갑둥어 14cm · 마보로시고래고기 13cm

■몸길이 ■분포 ■서식 장소 ■먹이 ■별명 ■위험한 부위 위 위험한 물고기 식 식용 물고기 멸 멸종 위기종

스테파노베리스 무리

🐟 물고기 이야기 주로 뭍에서 멀리 떨어진 먼바다의 심해에서 살며, 눈이 퇴화하여 없어진 것도 있다.

측선
▲ 암컷

마보로시고래고기(일본명)[케토미무스과]
심해의 중층을 헤엄쳐 다닙니다. 머리와 몸을 관통하는 측선은 굵은 관 모양으로, 큰 구멍이 뚫려 있습니다. 퇴화한 눈 대신, 이 구멍으로 물의 흐름을 느끼고 다른 생물의 움직임을 감지하는 듯합니다. 🟥 13cm 🟧 일본, 태즈먼해, 남모잠비크 해팽(인도양), 케이브 해저 분지(대서양) 🟩 먼바다 🟦 갑각류

3가지 과는 사실 한 가족이었다?
케토미무스과의 세토미미데 웨일피시와 각각 다른 과의 빅노우즈피시, 테이프테일피시는 이전에는 전부 별종으로 여겨졌습니다. 그러나 세토미미데 웨일피시는 암컷, 빅노우즈피시는 수컷, 테이프테일피시는 자어만이 발견되었습니다. 조사해 보니 생김새는 다르지만 세 가지 과가 전부 '케토미무스과'라는 사실이 밝혀졌습니다.

▲ 케토미무스과의 수컷
(이전의 빅노우즈피시).

▲ 케토미무스과의 자어
(이전의 테이프테일피시).

비늘투구고기(일본명)[멜람파이스과]
중층을 헤엄치며 삽니다. 🟥 7cm 🟧 일본, 태평양·인도양·대서양의 열대·아열대역 🟩 수심 400~1,500m의 중심층·심층 🟦 플랑크톤

달고기 무리

🐟 물고기 이야기 몸이 위아래로 길고 납작하다. 위턱을 길게 늘일 수 있다. 세계의 바다에 32종이 있다.

▼ 성어

◀ 유어. 생후 한동안은 얕은 물에서 살다가 성장하면 깊은 물로 이동합니다.

달고기[달고기과] 식
몸의 검은 반점이 달처럼 보여서 이런 이름이 붙었습니다. 🟥 30cm 🟧 한국, 일본, 서태평양, 인도양, 동대서양 등 🟩 수심 30~400m의 대륙붕·대륙 사면 🟦 물고기, 갑각류, 오징어

▲ 대롱처럼 늘린 입으로 물고기와 새우를 빨아들여 꿀꺽 삼킵니다.

▶ 유어
▼ 성어
▲ 유어

빨간달고기(일본명)[파라젠과]
🟥 25cm 🟧 일본, 서·중앙태평양, 서인도양 등
🟩 수심 140~510m의 표층·중심층
🟦 물고기 🟪 파라젠(Parazen)

큰마름모달고기(일본명)[그람미콜렙피스과]
🟥 32cm 🟧 일본, 서·중앙태평양, 대서양 등
🟩 수심 400~1,000m의 중심층

민달고기[달고기과] 식
🟥 50cm 🟧 한국, 일본, 서·중앙태평양 등
🟩 수심 40~800m의 모래자갈 바닥
🟦 물고기, 갑각류

큰가시고기 무리

물고기 이야기 몸 형태는 다양하여 전혀 물고기처럼 보이지 않는 종도 있다. 대부분이 주둥이가 길고, 주둥이 끝의 작은 입을 스포이트처럼 써서 플랑크톤을 먹는다. 바다와 민물을 오가기도 한다. 세계의 바다와 강 등에 약 280종이 있다.

해마 (멸)
조류가 우거진 조장 등에서 삽니다. 흘러 다니는 조류에 달라붙기도 합니다. 🔴 10cm (높이) 🟠 한국 남부, 일본 등 🟢 연안의 얕은 물의 조장 🔵 플랑크톤

◀ 유어

▲ 성어

◀ 옆모습

해마 무리

물고기 이야기 몸은 딱딱한 판 모양의 뼈(골판)로 뒤덮여 있다. 꼬리가 채찍처럼 길고 꼬리지느러미는 없다. 꼬리를 조류 등에 휘감을 수 있고 선 채로 헤엄친다. 사람들이 한방약 재료(→72쪽)로 마구 잡아들여 멸종 위기에 놓여 있다.

히포캄푸스 켈로기 (멸)
🔴 25cm (높이) 🟠 한국, 일본, 서태평양, 인도양 등 🟢 수심 40m까지의 암초 🔵 작은 물고기, 소형 갑각류

가시해마 (멸)
온몸에 가시 같은 돌기가 있습니다. 🔴 13cm (높이) 🟠 한국, 일본, 서·중앙태평양, 인도양 🟢 수심 40m까지의 암초 🔵 플랑크톤

▶ 정면

신도해마 (멸)
온몸에 나뭇가지처럼 갈라져 나온 돌기(피판)가 있습니다. 🔴 8cm (높이) 🟠 한국, 일본 🟢 수심 30m까지의 암초 🔵 플랑크톤

크기 체크
피그미해마 2cm
해마 10cm
히포캄푸스 켈로기 25cm

🔴 몸길이 🟠 분포 🟢 서식 장소 🔵 먹이 🟣 별명 🟥 위험한 부위 (위)위험한 물고기 (식)식용 물고기 (멸)멸종 위기종

※ 여기서 소개하는 물고기는 전부 실고기과입니다.

▶ 암컷   ◀ 수컷

쇼트헤드해마 멸
- 15cm (전장)
- 호주 남부·서부
- 암초 조장
- 플랑크톤

빅벨리해마 멸
큰 배가 특징입니다.
- 35cm (전장)
- 호주(북부 제외), 뉴질랜드
- 암초가 있는 얕은 물의 조장
- 플랑크톤

◀ 몸에 촉수류와 비슷한 돌기가 있어서 자신을 감출 수 있습니다(의태, →163쪽).

피그미해마 멸
성장해도 2cm 정도밖에 되지 않는 작은 해마입니다. 해류가 원활한 암초나 산호초에 돋아난 촉수류(산호의 일종)에 붙어서 삽니다. ■ 2cm (전장) ■ 일본, 서태평양, 인도양 ■ 수심 16~40m의 암초·산호초 ■ 플랑크톤

해마의 출산
해마 수컷의 배에는 '육아낭'이라는 주머니가 있습니다. 암컷이 육아낭에 알을 낳으면 수컷이 부화할 때까지 돌봅니다.

쇼트헤드해마의 출산

▼ 수컷   ▼ 암컷

육아낭

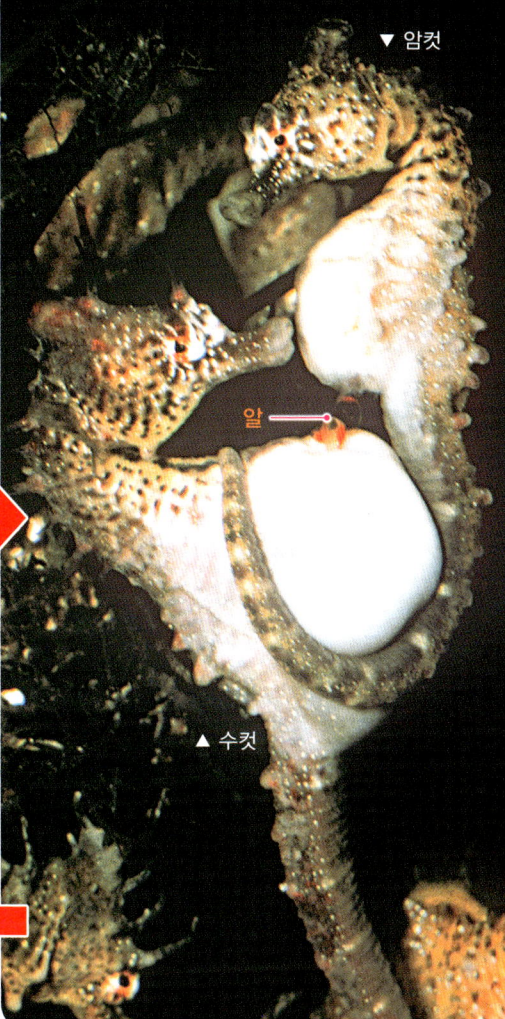

▼ 수컷의 육아낭에 암컷이 알을 낳습니다.

▼ 암컷

알

▲ 수컷

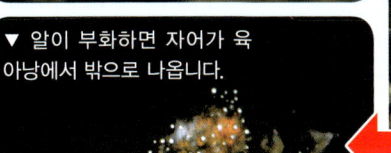

▼ 알이 부화하면 자어가 육아낭에서 밖으로 나옵니다.

자어

▲ 갓 태어난 자어.

토막상식 해마는 머리가 말처럼 생겨서 '바다의 말'이라는 이름을 얻었습니다. 영어로도 '시 호스(sea horse)'라고 부릅니다.

실고기 무리

물고기 이야기 몸은 가늘고 길며 딱딱한 판 모양의 뼈(골판)로 뒤덮여 있다. 암컷이 수컷의 육아낭이나 배에 알을 낳으면, 부화할 때까지 수컷이 알을 돌본다.

큰가시고기목

▼ 성어

나뭇잎해룡
몸에 피부가 변해서 조류처럼 된 돌기(피판)가 있습니다. 🟥 35cm (전장) 🟧 호주 남부
🟩 연안의 조장 🟦 소형 갑각류

▼ 유어

◀ 나뭇잎해룡은 사는 환경에 따라 몸 색깔이 달라집니다.

▲ 유어

풀잎해룡
🟥 46cm (전장)
🟧 호주 남부, 태즈메이니아섬
🟩 연안의 조장·산호초
🟦 소형 갑각류

풀잎해룡의 산란과 육아
수컷 풀잎해룡은 꼬리, 배 쪽에 수백 개의 알을 달고 다니며, 2개월 동안이나 보호합니다.

◀ 알을 보호하는 수컷.

▲ 부화하기 시작한 알.

▲ 갓 태어난 자어.

🟥몸길이 🟧분포 🟩서식 장소 🟪먹이 🟨별명 🔴위험한 부위 ⓦ위험한 물고기 🔷식용 물고기 ● 멸종 위기종

유령실고기 무리

◀ 수컷
◀ 암컷

할리퀸유령실고기
[유령실고기과]
머리를 아래로 두고 바다나리류나 바다맨드라미류 등의 조류를 흉내 냅니다(의태→163쪽). 🟥 12cm (전장)
🟧 일본, 서태평양, 인도양 등
🟩 연안의 암초 🟦 플랑크톤

🐟 **물고기 이야기** 쌍으로 있을 때가 많고 암컷은 수컷보다 몸이 크다. 해마와는 달리 암컷이 큰 배지느러미를 육아낭(→69쪽)으로 삼아 알을 보호한다.

▲ 몸이 투명한 유어.

▲ 알이 가득 찬 암컷의 육아낭.

유령실고기[유령실고기과]
조류나 마른 잎을 흉내 냅니다(의태).
🟥 11cm (전장) 🟧 한국, 일본, 서태평양, 인도양 등
🟩 연안의 암초·모랫바닥, 산호초의 모랫바닥·조장
🟦 플랑크톤

▼ 수컷
▲ 암컷

작은해룡 무리

주둥이

작은해룡
[용고기과]
🟥 8cm 🟧 일본, 서·중앙태평양, 인도양 등 🟩 연안 얕은 물의 모랫바닥
🟦 소동물

🐟 **물고기 이야기** 몸은 딱딱한 판 모양의 뼈(골판)로 뒤덮여 있으며 탈피하는 것처럼 피부가 벗겨지기도 한다. 주둥이는 납작하고 길다. 가는 배지느러미를 발처럼 이용하여 해저를 기듯이 이동한다.

▲ 쌍으로 있을 때가 많은 작은해룡.

▲ 유어. 태어난 직후에는 주둥이가 짧다.

크기 체크
작은해룡 8cm
유령실고기 11cm
등꼬리치 15cm
주벅대치 80cm

약으로도 쓰이는 큰가시고기류
중국에서는 해마와 실고기, 작은해룡 등을 바싹 말려 가루로 만든 것을 한방약 재료로 씁니다. 이 재료에는 피로를 해소하거나 신장 기능을 향상하는 등의 다양한 효과가 있다고 합니다.

등꼬리치, 대주둥치 무리

🐟 **물고기 이야기** 몸은 납작하며 작은 비늘이나 판 모양 뼈(골판)로 뒤덮여 있다. 평소에는 물구나무를 서거나 머리를 아래로 향한 자세로 느긋하게 헤엄치지만, 위험을 느끼면 몸을 가로 방향으로 바꾸어 빠르게 헤엄친다.

◀ 성어

등꼬리치는 무리 지어 물구나무를 선 채로 헤엄칩니다.

▲ 치어

등꼬리치 [새우고기과]
- 15cm (전장)
- 일본, 서·중앙태평양, 인도양
- 산호초의 모랫바닥
- 플랑크톤
- 쉬림프피시, 면도날고기

대주둥치 [대주둥치과]
몸을 비스듬히 기울이고 천천히 헤엄칩니다.
- 15cm
- 일본, 동중국해 등
- 수심 500m까지의 모랫바닥
- 저생 소동물

홍대치 등의 무리

🐟 **물고기 이야기** 대치류 대부분은 몸이 길며, 대롱 모양의 주둥이로 물고기를 통째로 삼킨다. 실비늘치는 산란기가 되면 멍게의 몸속에 산란한다. 양미리는 연안의 조류에 산란하고 수컷이 알을 보호한다.

주벅대치 [주벅대치과]
조류 사이나 바위 그늘에 물구나무 자세로 멈춰 서 있거나, 다른 큰 물고기에 바싹 붙어 헤엄치는 습성이 있습니다.
- 80cm
- 일본, 태평양, 인도양
- 산호초
- 작은 물고기, 갑각류

▲ 주둥이를 트럼펫처럼 벌리고 물고기를 통째로 삼킵니다.

▲ 황색 개체

▲ 사냥감에 몰래 접근하기 위해 다른 물고기 위에 바싹 붙습니다.

청대치 [대치과]
- 100cm
- 한국, 일본, 태평양, 인도양 등
- 연안의 얕은 물
- 작은 물고기

양미리 [양미리과]
- 9cm
- 한국 동부~러시아 남동부, 일본 등
- 연안 얕은 물의 조장
- 갑각류

실비늘치 [실비늘치과]
- 13cm
- 한국 남부, 일본 등
- 연안 얕은 물의 조장
- 갑각류

클로즈업! 경골어류 — 물고기의 주역인 농어목의 몸

경골어류는 뛰어난 운동 능력으로 바다와 하천의 곳곳에 진출하여 어류의 대부분을 차지하게 되었습니다. 농어목을 중심으로, 경골어류의 몸 구조를 살펴봅시다.

뛰어난 운동 능력을 실현하는 몸

농어목 물고기는 튼튼한 골격, 추진력의 원천인 지느러미, 가볍고 얇은 비늘을 갖추었습니다. 이들이 합쳐진 덕분에 물속을 빨리 헤엄칠 수 있고, 효율적으로 먹이를 잡을 수 있습니다.

골격
딱딱한 등뼈와 갈비뼈를 비롯한 많은 뼈로 이루어진 골격 덕분에 강력한 운동이 가능해졌습니다.

부레

간

위

심장

입
저마다 주로 먹는 먹이를 효율적으로 받아들이기 위해 입이 다양한 형태로 발달했습니다.

아가미·아감딱지
몸 한가운데의 아가미는 판형의 뼈로 이루어진 아감딱지로 덮여 있습니다.

유문수
경골어류에게만 있는 소화 기관으로, 위와 장 사이에 있습니다.

가시복
(→166쪽)

◀ 농어목 중에도 빗비늘이나 둥근비늘 외의 다른 비늘을 가진 것이 있습니다. 복어목인 가시복의 가시는 비늘이 뾰족하게 변한 것(가시 비늘)입니다.

비늘
몸 표면의 손상을 방지하고 기생충으로부터 몸을 보호하는 역할을 합니다. 농어목의 가볍고 얇은 비늘(빗비늘 또는 둥근비늘)은 물의 저항을 줄여 운동 능력을 높이는 데 도움이 됩니다.

빗비늘 일부분에 가는 가시가 있는 비늘.

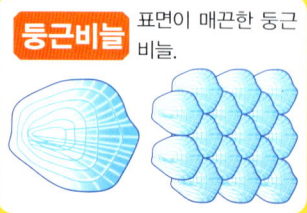

둥근비늘 표면이 매끈한 둥근 비늘.

태평양참다랑어
(→156쪽)

측선
몸 옆에 선처럼 줄지어 있는 작은 관의 집합입니다. 이 관 속에 신경과 이어진 젤리 형태의 기관이 있는데 그것으로 물의 움직임과 수압의 변화를 감지합니다. 덕분에 적과 사냥감의 위치를 파악하거나 몸의 균형을 유지할 수 있습니다.

장
먹은 것을 소화하고 흡수합니다. 무엇을 주로 먹느냐에 따라 장의 길이가 달라집니다.

지느러미가 많은 이유는 무엇일까?

물고기는 몸 이곳저곳에 지느러미가 달려 있습니다. 각각의 지느러미가 다른 역할을 하므로 물고기는 그것들을 잘 조합하여 움직임으로써 빨리 헤엄치는 것입니다. 종에 따라 약간 달라지지만, 농어목 물고기의 지느러미 대부분은 아래와 같이 역할이 나뉘어 있습니다.

지느러미의 이름과 역할

제1등지느러미, 제2등지느러미, 꼬리지느러미, 가슴지느러미, 배지느러미, 뒷지느러미

농어 (→81쪽)

등지느러미·뒷지느러미
헤엄칠 방향을 정하는 키의 역할.

가슴지느러미·배지느러미
몸의 균형을 잡고 평형을 유지하는 역할.

꼬리지느러미
추진력을 만들어 내는 역할.

쏨뱅이 무리

물고기 이야기 원래 쏨뱅이목이라는 분류군이었지만 분류가 바뀌어 농어목으로 편입되었다(한국은 여전히 쏨뱅이목으로 분류하기도 함). 머리를 뒤덮은 판 모양의 뼈(골판), 지느러미의 날카로운 가시(극조)가 특징이다.

볼락, 홍살치 무리

물고기 이야기 볼락류는 상어나 가오리 외의 물고기 중엔 드물게 몸속에서 알을 부화시켜 치어를 낳는 태생이다. 식용으로 이용될 때가 많다.

볼락 [양볼락과] 식
- 조장에서 무리 지어 삽니다. ■ 18cm ■ 한국 남동부, 일본 등 ■ 연안의 조장 ■ 작은 물고기, 갑각류 ■ 뽈락, 금볼락

3색 볼락
일본에서는 옛날부터 친숙한 식용 물고기였던 볼락. 주변 환경에 따라 색깔이 달라진다는 사실이 전부터 유명했습니다. 그러나 최근 색뿐만 아니라 몸 구조도 다르다는 사실이 밝혀졌고 분류도 볼락(금볼락), 검은볼락(청볼락), 흰볼락(갈볼락)의 3가지로 바뀌었습니다.

▲ 검은볼락

▲ 흰볼락

황점볼락 [양볼락과] 식
- ■ 35cm ■ 한국 남부·동부, 일본 등 ■ 얕은 물의 암초 ■ 물고기, 소동물

조피볼락 [양볼락과] 식
- ■ 40cm ■ 한국, 일본, 동중국해~러시아 남동부, 사할린 등 ■ 암초 ■ 물고기, 갑각류, 오징어 ■ 우럭

아코우다이(일본명) [양볼락과] 식
- ■ 51cm ■ 일본, 쿠릴 열도 등 ■ 대륙 사면 상부의 암초 ■ 조개, 갑각류

도화볼락 [양볼락과] 식
- ■ 15cm ■ 한국, 일본, 남중국해 등 ■ 암초 ■ 플랑크톤, 작은 물고기

잡혀 올라오면서 튀어나온 눈

오오사가(일본명) [양볼락과] 식
- ■ 60cm ■ 일본, 쿠릴 열도 등 ■ 수심 200~1,300m의 대륙 사면의 암초 ■ 물고기, 오징어

왜 눈이 튀어나올까?
아코우다이나 오오사가 등의 심해에서 사는 물고기는 깊은 물에서 갑자기 끌어 올리면 수압 변화를 견디지 못하여 눈이 튀어나오기 쉽습니다.

쏨뱅이 [양볼락과] 식
깊은 물에서 살수록 몸이 더 빨갛습니다. ■ 25cm ■ 한국, 일본, 동중국해, 남중국해 등 ■ 암초, 산호초, 모래 진흙 바닥 ■ 작은 물고기, 갑각류

홍살치 [양볼락과] 식
볼락류와 비슷하지만 다른 집단(속)에 속한 물고기입니다. 난생. ■ 30cm ■ 한국, 일본, 북태평양(서부) 등 ■ 수심 100~1,500m의 대륙붕·대륙 사면 ■ 작은 물고기, 갑각류

점감펭 무리

🐟 물고기 이야기 🐟 대개 지느러미의 가시(극조)에 독이 있다. 지느러미를 크게 펼치고 헤엄치는 쏠배감펭류, 해저에서 사냥감을 기다리는 쑥감펭류가 있다.

쏠배감펭 [양볼락과] 위
지역에 따라 식용으로도 쓰인다. ■ 20cm ■ 한국, 일본, 서태평양 등 ■ 암초, 모랫바닥, 모래 진흙 바닥 ■ 작은 물고기 ■ 지느러미의 독 가시

▶ 유어

긴수염쏠배감펭 [양볼락과] 위
가슴지느러미의 가시가 실 모양으로 길게 뻗어 있습니다. ■ 15cm ■ 일본, 서·중앙태평양, 인도양 등 ■ 암초, 산호초 ■ 작은 물고기 ■ 지느러미의 독 가시

비상쏠배감펭 [양볼락과] 위
눈 위에 피부가 변해서 생긴 돌기(피판)가 뿔처럼 달려 있습니다. ■ 29cm ■ 일본, 서·중앙태평양, 동인도양 등 ■ 암초, 산호초 ■ 작은 물고기 ■ 지느러미의 독 가시

크기 체크
쏠배감펭 20cm | 아코우다이 51cm | 조피볼락 40cm | 볼락 18cm

점감펭 무리

농어목 외

쑥감펭 [양볼락과] 위 식
색깔과 무늬가 보호색이어서, 가만히 있으면 바위와 구분하기 어렵습니다. ■ 22cm ■ 한국, 일본, 동중국해, 남중국해 ■ 암초, 산호초 ■ 물고기, 갑각류 ■ 지느러미의 독 가시

쏠치우럭 [양볼락과] 위
색깔은 바위, 자갈과 비슷한 보호색입니다. ■ 18cm ■ 일본, 서태평양, 동인도양 ■ 암초, 모랫바닥 ■ 작은 물고기, 소동물 ■ 지느러미의 독 가시

풀잎쏨뱅이 [양볼락과]
피부가 변해서 생긴 돌기(피판)의 수와 형태가 개체마다 다르며 색깔도 크게 다릅니다. 탈피하듯 피부가 벗겨지기도 합니다.
■ 18cm ■ 일본, 서태평양, 인도양 등 ■ 암초, 산호초 ■ 소동물

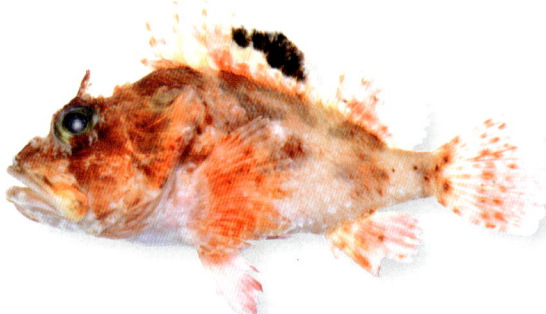

점감펭 [양볼락과]
■ 27cm ■ 한국, 일본, 서태평양 등 ■ 수심 30~1,000m의 암초·모랫바닥 ■ 작은 물고기, 갑각류

경단쑤기미 [양볼락과]
산호 가지 사이에서 삽니다. 몸에 털 같은 돌기가 있습니다. ■ 4cm ■ 일본, 서·중앙태평양 등 ■ 산호초 ■ 소동물

독 있는 물고기들
몸 일부에 독이 있는 물고기가 많습니다. 이것은 큰 물고기에게 먹히지 않기 위한 자기방어 수단으로 보입니다.

🐟 **독 가시**
쏨뱅이나 쑤기미 외에도 쏠종개, 독가시치, 가오리 등의 지느러미 또는 꼬리의 가시에 독이 있습니다. 독이 가장 강한 스톤피시의 가시에 사람이 찔리면 엄청나게 아픈 데다, 찔린 곳이 부어올라 호흡 곤란과 경련을 일으키므로 사망할 수도 있습니다.

쑥감펭의 독 가시가 있는 부위

등지느러미 / 배지느러미 / 뒷지느러미

※ 얼굴의 가시에 독이 있는 종도 있습니다.

🐟 **몸속의 독**
복어의 독(테트로도톡신)은 강력하여 사람이 먹으면 몸이 마비되고 의식을 잃어 사망할 수 있습니다. 이 외에도 열대역의 물고기가 가진 시가테라 독(→96쪽) 등이 있습니다.

🐟 **몸을 뒤덮은 점액의 독**
물고기의 몸 표면을 감싼 점액에 독이 있을 때도 있습니다. 이 경우, 천적이 잡아먹으려다가도 입 밖으로 뱉어내므로 목숨을 지킬 수 있습니다. 이 독이 인체에 들어가면 식중독을 일으킬 위험이 있습니다. 이런 독을 가진 물고기는 거북복과 납서대과, 참서대과(가자미류) 등입니다.

크기 체크

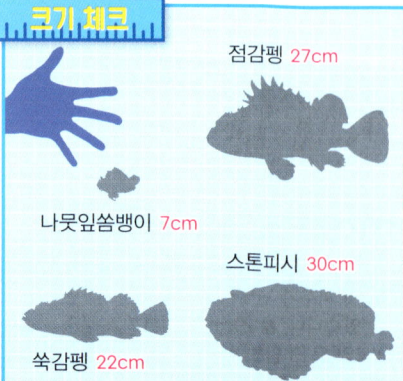

점감펭 27cm
나뭇잎쏨뱅이 7cm
스톤피시 30cm
쑥감펭 22cm

나뭇잎쏨뱅이 [양볼락과] 위

개체마다 색깔이 다양합니다. 탈피하듯 피부가 벗겨질 수 있습니다.
■ 7cm ■ 일본, 서·중앙태평양, 인도양 등 ■ 암초, 산호초, 모랫바닥 ■ 소동물 ■ 리프스콜피온피시 ■ 비늘의 독 가시

쑤기미 무리

🗨 물고기 이야기 몸에는 비늘이 없고 등지느러미의 가시(극조)에 맹독이 있다. 생김새와 행동을 통해 마른 잎이나 바위로 변신하는 의태(→163쪽)의 명수다.

쓰마지로쑤기미(일본명) 위
[미역치과]

파도에 맞춰 몸을 좌우로 흔들며 마른 잎 또는 조류를 흉내 냅니다(의태). ■ 8cm ■ 일본, 서태평양, 인도양 ■ 암초, 산호초 ■ 저생 소동물 ■ 지느러미의 독 가시

미역치 위
[양볼락과]

개체마다 색깔이 다릅니다. ■ 9cm ■ 한국, 일본, 동중국해 등 ■ 얕은 물의 조장·암초 ■ 저생 소동물 ■ 지느러미의 독 가시

스톤피시 [쑤기미과] 위

모래에 숨어 밖으로 눈과 입만 내밀고 사냥감을 기다립니다. ■ 30cm ■ 일본, 서·중앙태평양, 인도양 등 ■ 얕은 물의 암초·산호초 ■ 물고기, 소동물 ■ 쑥치, 독전갈물고기 ■ 등지느러미의 독 가시(맹독)

마귀가시고기 [쑤기미과] 위 식

손가락처럼 생긴 가슴지느러미 일부와 꼬리지느러미를 활용하여 해저를 기듯 이동합니다. 조류가 붙은 돌 흉내를 내면서(의태) 사냥감을 기다립니다. ■ 15cm ■ 일본, 서태평양 등 ■ 연안의 모랫바닥·모래 진흙 바닥·암초 ■ 물고기, 소동물 ■ 등지느러미의 독 가시

농어목 외

성대, 쭉지성대 무리

🐟 **물고기 이야기** 머리가 판 모양의 뼈(골판)로 덮여 있고 가슴지느러미가 크다. 성대류는 가슴지느러미 일부의 줄기(연조)가 분리되어 손가락처럼 변해 있다. 쭉지성대류는 큰 가슴지느러미를 망토처럼 펼치고 해저를 미끄러지듯 헤엄친다.

▶ 치어

▲ 위에서 본 성대. 가슴지느러미가 산뜻한 파란색과 녹색이다.

◀ 성어

성대 [성대과] 식

가슴지느러미에서 분리된 줄기(연조)에 감각 기관이 있는데, 이것을 활용하여 모래 속의 소동물을 찾아 먹습니다. 몸속의 부레로 '보, 보' 하는 소리를 낼 수 있습니다.
- 🟥 40cm 🟧 한국, 일본, 동중국해, 남중국해 등
- 🟩 모래 진흙 바닥 🟦 저생 소동물

연조

쭉지성대 [쭉지성대과]

이름에 '성대'가 들어가 있지만, 성대와는 다른 집단의 물고기입니다.
- 🟥 35cm 🟧 한국, 일본, 서·중앙태평양, 인도양 등 🟩 모래 진흙 바닥
- 🟦 저생 소동물

양태 무리

🐟 **물고기 이야기** 머리와 몸은 눌린 듯이 납작하고 꼬리가 길다. 아래턱이 위턱보다 앞으로 나와 있다. 성장하고 나면 수컷에서 암컷으로 성전환(→85쪽)하기도 한다.

양태 [양태과] 식

몸에 자잘한 얼룩무늬가 있습니다. 모래에 숨어서 다가온 물고기를 잡습니다.
- 🟥 35cm 🟧 한국, 일본 🟩 수심 30m까지의 모랫바닥 🟦 물고기

악어양태(일본명) [양태과] 식

- 🟥 50cm 🟧 한국, 일본, 동중국해, 남중국해 🟩 수심 35m 까지의 모래 진흙 바닥
- 🟦 저생 소동물

엔마양태(일본명) [양태과]

- 🟥 50cm 🟧 일본, 남중국해 등 🟩 얕은 물의 조장, 산호초의 모랫바닥, 기수역에도 나타남
- 🟦 물고기, 저생 소동물

크기 체크
- 반딧불게르치 14cm
- 양태 35cm
- 성대 40cm
- 돗돔 2m
- 농어 80cm

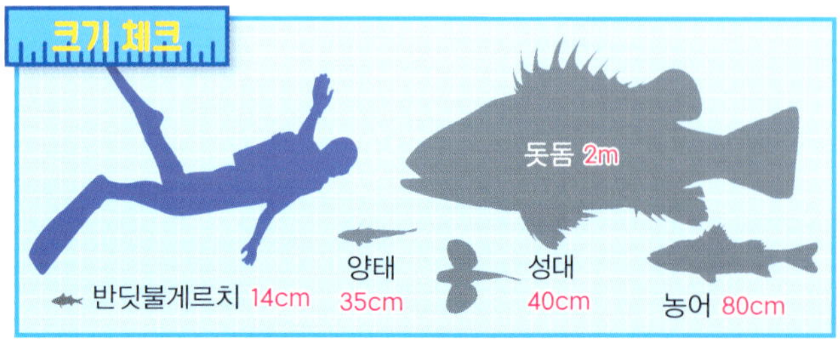

🟥 몸길이 🟧 분포 🟩 서식 장소 🟦 먹이 🟪 별명 🟥 위험한 부위 위 위험한 물고기 식 식용 물고기 멸 멸종 위기종

농어, 반딧불게르치 무리

🐟 **물고기 이야기** 농어류는 딱딱하고 튼튼한 골격을 지녔으며, 몸은 살짝 날씬하고 등지느러미가 2개 있다. 또 위턱은 튀어나와 잘 늘어난다. 이것은 다른 농어목 물고기 대부분의 공통된 특징이기도 하다.

농어 [농어과] 식
약어는 기수역과 하천에도 들어갑니다.
- 80cm ■ 한국 남부, 일본
- 연안의 암초, 만 ■ 물고기, 갑각류

▼ 농어(성어)

위턱이 튀어나오듯 늘어나 사냥감을 먹기 편리합니다.

제1등지느러미 — 제1등지느러미는 단단한 가시(극조), 제2등지느러미는 부드러운 줄기(연조)로 이루어져 있습니다.

제2등지느러미 **꼬리지느러미** 부드러운 줄기(연조)로 이루어졌습니다.

농어는 출세어
성장 단계에 따라 이름이 달라지는 물고기를 '출세어'라고 합니다. 농어는 대표적인 출세어입니다. 농어 새끼는 일반적으로 깔따구라고 하며 보통 30cm 이하인 개체는 방생하는 것이 낚시 예절로 여겨집니다.

◀ 약어(35cm 전후)

넙치농어 [농어과] 식
- 80cm ■ 한국, 일본 ■ 연안의 암초
- 물고기, 갑각류

점농어 [농어과] 식
몸에는 비늘보다 큰 검은 반점이 있습니다. 일본에서는 식용으로 양식됩니다. ■ 80cm ■ 한국, 동중국해, 남중국해 등 ■ 연안의 얕은 물, 기수역과 하천에도 들어감 ■ 물고기, 갑각류

반딧불게르치 [반딧불게르치과] 식
배에 발광기가 있습니다.
- 14cm ■ 한국, 일본, 서태평양, 인도양 등
- 대륙붕 ■ 작은 물고기, 새우, 오징어

눈볼대 [반딧불게르치과] 식
잘 벗겨지는 큰 비늘이 특징입니다. 입속이 검어서 영어로는 '목이 검은 농어(Blackthroat seaperch)'라고 불립니다.
- 20cm ■ 한국, 일본, 서태평양 등
- 수심 60~600m의 대륙붕·대륙 사면
- 물고기, 새우

돗돔 [반딧불게르치과] 위 식
성장하면 깊은 물로 이동했다가 산란기 때 얕은 물로 다시 올라옵니다.
- 2m ■ 한국 남부·동부, 일본 등 ■ 수심 400~600m의 암초 ■ 물고기, 오징어
- 간에 비타민 A가 많음(먹으면 중독의 위험 있음)

능성어 무리

능성어 무리

🐟 **물고기 이야기** 육식. 수명이 길어서 거대한 노성어가 자주 발견된다. 거의 다 식용으로 이용할 수 있다.

🐟 **물고기 이야기** 전장 2m를 넘는 거대한 종이 있는가 하면 성장해도 약 3cm 정도인 작은 종도 있다. 대부분이 암컷에서 수컷으로 성전환(→85쪽)을 한다. 세계의 바다에 약 480종이 있다.

능성어 식
- 🟥 90cm 🟧 한국, 일본, 동중국해, 남중국해
- 🟩 연안의 암초
- 🟦 물고기, 갑각류, 오징어

감자바리 식
몸에 검은색의 큰 반점이 있습니다. 호주에는 인간과 친숙하게 교류하는 개체가 많습니다. 🟥 120cm 🟧 일본, 서태평양, 인도양
🟩 연안의 암초·산호초 🟦 물고기, 갑각류 🟪 포테이토그루퍼

흉기흑점바리 식
유어는 기수역에도 들어갑니다. 🟥 82cm
🟧 일본, 서태평양, 인도양 🟩 연안의 암초 🟦 물고기, 갑각류

자바리 식
고급 생선으로, 일본에서는 냄비 요리의 재료로 잘 알려져 있습니다.
🟥 80cm 🟧 일본, 동중국해, 남중국해 🟩 연안의 암초·조장·모랫바닥
🟦 물고기, 갑각류 🟪 다금바리(제주도 방언)

대왕바리 식
가장 크게 자라는 능성어류입니다. 체중이 400kg이나 되는 것도 있습니다. 🟥 2m 🟧 일본, 서·중앙태평양, 인도양 등
🟩 연안의 암초·산호초 🟦 물고기, 갑각류, 오징어, 문어
🟪 자이언트그루퍼

다금바리 식
🟥 80cm 🟧 한국, 일본, 동중국해, 남중국해 등
🟩 연안의 암초·모래자갈 바닥 🟦 물고기, 갑각류

크기 체크
- 대왕바리 2m
- 두줄벤자리 20cm
- 자바리 80cm
- 통의바리 31cm

🟥 몸길이 🟧 분포 🟩 서식 장소 🟦 먹이 🟪 별명 🟥 위험한 부위 위 위험한 물고기 식 식용 물고기 멸 멸종 위기종

※ 여기서 소개하는 물고기는 전부 바리과입니다.

통의바리 [식]
성장할수록 몸의 파란 반점이 많아집니다.
- 31cm ■ 일본, 서·중앙태평양, 인도양 ■ 연안의 암초·산호초
- 물고기, 소동물

토마토바리(Tomato hind) [식]
색깔이 주황색, 빨강, 적자색 등 개체마다 다릅니다.
- 41cm ■ 일본, 서·중앙태평양, 인도양
- 연안의 암초·산호초 ■ 물고기, 소동물

팬더그루퍼 [식]
- 47m ■ 일본, 서태평양, 동인도양
- 산호초 ■ 물고기, 소동물

▼ 유어

아고바리(일본명)
아래턱에 피부가 변해서 생긴 돌기(피판)가 있습니다.
- 30cm ■ 일본, 서·중앙태평양, 동인도양 ■ 연안의 암초·산호초
- 물고기, 소동물

▼ 골든트레발리(→97쪽)를 몰고 다니는 대왕바리.

황줄바리
- 25cm ■ 한국, 일본, 서·중앙태평양, 인도양 ■ 연안의 암초 ■ 물고기, 소동물

갈점바리
- 25cm ■ 일본, 서·중앙태평양, 인도양 ■ 산호초 ■ 물고기, 소동물

▼ 유어

금줄무늬소프피시
- 25cm ■ 일본, 서·중앙태평양, 인도양 ■ 연안의 암초·산호초
- 물고기, 소동물
- Goldenstriped soapfish

두줄벤자리
- 20cm ■ 한국, 일본, 서태평양, 동인도양 ■ 연안의 암초·산호초
- 물고기, 소동물

토막상식 금줄무늬소프피시와 두줄벤자리 등은 피부에서 독이 든 점액을 내뿜어 자신을 보호합니다.

농어목

안티아스 무리

물고기 이야기 보석 같은 선명한 색이 아름답다. 수컷과 암컷은 색깔과 무늬가 다르다. 산호초 근처에서 화려한 무리를 만든다.

금강바리 [바리과]
수컷은 등지느러미 일부가 길게 뻗어 있고 가슴지느러미에 분홍색 물방울무늬가 있습니다. ■ 11cm ■ 일본, 서태평양, 인도양 ■ 연안의 암초, 산호초 ■ 플랑크톤

디스파안티아스 [바리과]
수컷은 선명한 빨간색의 등지느러미와 긴 배지느러미가 있다.
■ 7cm ■ 일본, 서태평양, 중앙태평양 등 ■ 산호초 ■ 플랑크톤

▲ 수컷  ▶ 암컷
◀ 수컷

스퀘어스팟안티아스 [바리과]
수컷은 몸 한가운데에 네모 무늬가 있고 암컷은 온몸이 노랗다.
■ 9cm ■ 일본, 서태평양, 중앙태평양 ■ 연안의 암초, 산호초 ■ 플랑크톤

◀ 수컷

퍼플퀸안티아스 [바리과]
수컷은 주둥이가 뾰족하고 등지느러미에 붉은 무늬가 있다.
■ 12cm ■ 일본, 서태평양, 중앙태평양 ■ 연안의 암초, 산호초 ■ 플랑크톤

▲ 수컷
▲ 암컷

레드벨트안티아스 [바리과]
수컷의 몸통에는 두껍고 붉은 띠무늬가 있다. ■ 7cm ■ 일본, 서태평양 ■ 연안의 암초, 산호초 ■ 플랑크톤

▲ 수컷

◀ 비스듬한 암벽 근처에서 배영을 하는 모습을 자주 볼 수 있습니다.

썬버스트안티아스 [바리과]
■ 8cm ■ 일본, 서태평양 ■ 연안의 암초, 산호초 ■ 플랑크톤

크기 체크
금강바리 11cm  각시돔 20cm
스퀘어스팟안티아스 9cm 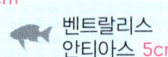 벤트랄리스안티아스 5cm

■몸길이 ■분포 ■서식 장소 ■먹이 ■별명 ■위험한 부위 위험한 물고기 식용 물고기 멸종 위기종

벤트랄리스안티아스 [바리과]
수컷은 몸 윗부분에 적자색 반점이 있고 꼬리 가운데가 빨갛습니다. 🟥 5cm
🟧 일본, 서태평양, 중앙태평양 🟩 연안의 암초, 산호초 🟦 플랑크톤 🟪 롱핀안티아스

▲ 수컷

꽃돔 [바리과]
수컷은 이름처럼 붉은 몸에 벚꽃 무늬가 있습니다. 암컷은 몸이 주황색이고 등지느러미 한가운데에 검은 반점이 있습니다.
🟥 14cm 🟧 한국 남부, 일본, 대만 남부 등 🟩 연안의 암초 🟦 플랑크톤

◀ 암컷

▲ 수컷

각시돔 [바리과] 식
🟥 20cm 🟧 한국, 일본, 동중국해, 남중국해 🟩 연안에서 앞바다의 모랫바닥·모래 진흙 바닥 🟦 물고기, 갑각류

노랑벤자리 [노랑벤자리과] 식
얕은 물에서 깊은 물까지, 다양한 해역에 서식합니다.
🟥 20cm 🟧 한국, 일본, 동중국해 등 🟩 수심 45~320m의 암초 🟦 갑각류

성전환이 뭘까?

성전환은 수컷에서 암컷으로, 혹은 암컷에서 수컷으로 성별이 바뀌는 것을 말합니다. 갑자기 바뀌는 것이 아니라 긴 시간에 걸쳐 몸이 서서히 변해 갑니다. 이것은 물고기들에게는 결코 드문 일이 아닙니다. 이처럼 물고기가 성을 전환하는 이유는 무리 중에서 가장 크고 강한 개체가 자손을 남기기 위해서라고 합니다. 그래서 성전환한 개체가 죽으면 그다음으로 큰 개체가 성을 전환합니다.

🐟 암컷에서 수컷으로의 성전환
태어났을 때는 전부 암컷이며, 그중 일부가 수컷으로 바뀝니다. 바리나 안티아스류 외에 놀래기류(→124쪽), 비늘돔류(→128쪽) 일부도 성을 전환합니다.

🐟 수컷에서 암컷으로의 성전환
수컷으로 자란 개체 중 몸이 큰 개체가 암컷이 되어 산란합니다. 흰동가리류(→118쪽)나 양태류(→80쪽), 리본장어류(→43쪽) 등이 여기에 해당합니다.

🐟 수컷, 암컷으로의 자유로운 성전환
망둑어류(→144쪽) 일부는 수컷에서 암컷, 암컷에서 수컷으로 성을 전환할 수 있습니다.

▲ 성전환 중인 스퀘어스팟안티아스. 암컷의 몸에 수컷의 특징이 나타나기 시작합니다.

▲ 같은 말미잘을 거처로 하는 흰동가리 무리 중 가장 큰 개체가 암컷이 됩니다.

▲ 수컷이나 암컷으로 자유롭게 변하는 오키나와홍 망둑(일본명).

토막상식 안티아스류는 한 마리 또는 소수의 수컷과 많은 암컷이 모여 무리를 이룹니다. 이런 무리를 '하렘(harem)'이라고 합니다.

메기스, 육돈바리 등의 무리

🐟 **물고기 이야기** 산호초의 산호 밑이나 얕은 물의 돌 밑, 바위 그늘에 숨어 산다. 메기스류와 육돈바리류를 헛갈리기 쉽지만, 육돈바리는 등지느러미의 가시(극조) 수가 더 많다.

농어목 외

▶ 수컷

메기스(일본명) [프세우도크로미스과]
- 🟥 12cm 🟧 일본, 서태평양
- 🟩 얕은 물의 산호초
- 🟦 물고기, 저생 소동물

마젠타도티백 [프세우도크로미스과]
- 🟥 5cm 🟧 일본, 서·중앙태평양
- 🟩 얕은 물의 산호초 🟦 플랑크톤

육돈바리 [육돈바리과]
- 🟥 7cm 🟧 한국, 일본, 서·중앙태평양, 인도양 등
- 🟩 산호초, 조수 웅덩이 🟦 소형 갑각류

로열도티백 [프세우도크로미스과]
- 🟥 7cm (전장) 🟧 서태평양
- 🟩 산호초, 암초 🟦 플랑크톤

제비육돈바리(일본명) [육돈바리과]
암벽 밑이나 바위틈, 동굴 안에서 배영을 하는 모습을 자주 볼 수 있습니다. 🟥 5cm
🟧 일본, 타이완 남부 🟩 산호초 🟦 플랑크톤

독돔 [독돔과]
해저 근처에서 삽니다. 부레를 떨어 소리를 낼 수 있습니다. 🟥 20cm 🟧 한국, 일본, 서태평양 등 🟩 수심 30~400m의 모래 진흙 바닥 🟦 저생 소동물

강한 곰치로 변신?
코멧은 머리를 바위틈 쪽으로 향하고 꼬리를 살랑살랑 흔들 때가 있습니다. 자신과 외모가 비슷한 꽃잎곰치(→43쪽)로 의태(→163쪽)하는 것입니다. 코멧은 이처럼 자신보다 강하고 큰 어류를 흉내 내어 적의 공격을 피하려 합니다.

▲ 코멧   ▲ 꽃잎곰치

▲ 유어

코멧 [육돈바리과]
- 🟥 14cm 🟧 일본, 서·중앙태평양, 인도양 등
- 🟩 산호초 🟦 작은 물고기, 갑각류

🟥 몸길이 🟧 분포 🟩 서식 장소 🟦 먹이 🟪 별명 🟥 위험한 부위 위험한 물고기 식용 물고기 멸종 위기종

▲ 흥분하거나 하면 몸이 은색에서 빨강으로, 빨강에서 은색으로 바뀝니다.

홍치 무리

🐟 **물고기 이야기** 몸은 계란형으로 납작하고, 큰 눈은 빛이 닿는 각도에 따라 금색 또는 빨간색으로 빛난다. 빛금눈돔(→65쪽)과 헛갈릴 때가 있는데, 홍치류의 등지느러미가 조금 더 길다. 세계의 바다에 약 20종이 있다.

홍치 [뿔돔과] 식
- 🟥 25cm 🟧 한국, 일본, 서태평양, 동인도양
- 🟩 수심 30~370m의 저층 🟦 갑각류

홍옥치 [뿔돔과] 식
산호초에서 큰 무리를 짓기도 합니다. 🟥 25cm 🟧 한국, 일본, 서·중앙태평양, 인도양 등 🟩 암초, 산호초 🟦 물고기, 소동물

뿔돔 [뿔돔과] 식
- 🟥 25cm 🟧 한국, 일본, 서태평양, 인도양 🟩 수심 80~340m의 저층 🟦 물고기, 갑각류, 오징어, 문어 🟪 깍다구

▼ 약어

둥글돔 [뿔돔과] 식
- 🟥 18cm 🟧 한국, 일본, 서·중앙태평양 등
- 🟩 수심 80~230m의 모랫바닥
- 🟦 작은 물고기, 갑각류

게르치, 야세무쓰 등의 무리

🐟 **물고기 이야기** 몸은 긴 편이고, 큰 입에 송곳니 모양의 이빨이 있다. 유어일 때는 얕은 물에 있다가 성장하면 깊은 물로 이동한다.

게르치 [게르치과] 식
- 🟥 50cm 🟧 한국, 일본, 동중국해, 남아프리카 등
- 🟩 연안의 얕은 물, 대륙 사면 상부의 암초
- 🟦 물고기, 갑각류, 오징어

야세무쓰(일본명) [에피고누스과]
비늘이 아주 잘 벗겨집니다. 🟥 12cm 🟧 일본, 태즈메이니아해, 카리브해 등 🟩 수심 100~750m의 저층 🟦 플랑크톤

야에기스(일본명) [카리스티우스과]
심해의 중층을 헤엄쳐 다닙니다. 🟥 30cm 🟧 일본, 북태평양, 동태평양(북부) 🟩 바다의 수심 500~1,420m

▼ 유어. 간혹 얕은 물에 나타납니다. 성어는 심해에 있으므로 거의 보이지 않습니다.

크기 체크

게르치 50cm   홍치 25cm
메기스 12cm   코멧 14cm

옥돔, 파랑옥돔 무리

🐟 **물고기 이야기** 🐟 옥돔류는 몸이 납작하고 길쭉하며 이마가 튀어나와 있다. 또 해저에 굴을 파고 살 때가 많다. 파랑옥돔류는 길쭉한 원통형이며, 바위 밑에 굴을 파고 그 속에 숨어 산다.

입속 보육 : 알을 지키기 위한 비밀 기술

물고기의 알은 처음부터 수많은 적의 표적이 됩니다. 그래서 물고기들은 알을 보호하기 위한 저마다의 방책을 씁니다. 후악치류는 입속 보육(구강포란)을 합니다. 암컷이 알을 낳으면 수컷이 순식간에 알을 입에 넣습니다. 그리고 부화할 때까지, 그 상태 그대로 입속에서 알을 보호합니다.

🐟 **골드스펙죠피시의 구강포란**

후악치류가 만든 굴은 입구가 좁고 내부가 넓습니다. 암컷이 이 굴속에서 산란하면 수컷은 알에 정자를 뿌리고 입에 넣습니다. 입속 사육을 하는 물고기 대부분은 알이 부화할 때까지 아무것도 먹지 않습니다. 그러나 후악치류에게는 안전한 굴이 있으므로 가끔 굴에 알을 두고 플랑크톤을 먹기도 합니다.

▶ 알을 입에 넣은 수컷. 플랑크톤을 먹을 때나 굴을 고칠 때는 알을 굴속에 둡니다.

▶ 입속에서 성장하는 알. 눈이 보입니다.

▶ 부화하면 입속에서 자어가 일제히 나옵니다.

옥돔[옥돔과] 식
- 35cm
- 한국, 일본, 동중국해
- 대륙붕의 모래 진흙 바닥
- 저생 소동물, 오징어

옥두어[옥돔과] 식
- 40cm
- 한국, 일본, 동중국해, 남중국해 등
- 대륙붕의 모래 진흙 바닥
- 저생 소동물, 오징어

▶ 성어
▼ 유어

파랑옥돔[옥돔과]
위턱에 송곳니처럼 뾰족한 이빨이 있습니다.
- 35cm
- 일본, 서·중앙태평양, 인도양
- 산호초의 모래자갈 바닥
- 저생 소동물

오키나와산호옥돔(일본명)
[옥돔과]
- 13cm
- 일본, 서·중앙태평양, 서인도양
- 수심 30~55m의 산호초의 모래자갈 바닥
- 저생 소동물

붉은띠산호옥돔(일본명)
[옥돔과]
- 10cm
- 일본, 서태평양
- 수심 50~70m의 산호초·암초의 모래 진흙 바닥
- 플랑크톤

토막상식 후악치류는 그 특징적인 모습 때문에 영어로 '죠피시(턱 물고기)'라고 불립니다.

열동가리돔 무리

물고기 이야기 몸이 작아 육식 어류에게 잡아먹히기 쉽다. 대부분이 산호초나 암초에서 큰 무리를 짓고, 산란기가 다가오면 짝을 이룬다. 수컷은 암컷이 낳은 알을 입속에서 보육(→89쪽)한다. 세계의 바다에 약 270종이 있다.

농어목

▼ 수컷
▲ 암컷

루미너스카디널피시
몸이 투명하여 몸속이 비쳐 보입니다. 루미너스카디널피시는 '빛나는 동갈돔'이라는 의미입니다.
- 5cm ■ 일본, 서·중앙태평양, 인도양
- 산호초, 만의 암초 ■ 플랑크톤

열동가리돔 〔식〕
몸의 검은 가로띠는 지역에 따라 그 수와 굵기가 달라집니다. ■ 8cm ■ 한국, 일본, 서태평양
■ 수심 100m까지의 모래 진흙 바닥 ■ 소형 갑각류

줄도화돔
- 11cm ■ 한국, 일본, 서태평양 등 ■ 만의 암초
- 소형 갑각류

다섯줄동갈돔
양턱에 송곳니 모양의 날카로운 이빨이 있습니다. ■ 9cm ■ 일본, 서·중앙태평양, 인도양 등
■ 산호초, 암초 ■ 소형 갑각류

세줄얼게비늘
큰 무리를 짓습니다.
야행성. ■ 11cm
■ 한국, 일본, 서태평양 등
■ 연안의 암초
■ 소형 갑각류

블랙벨티드카디널피시
산호 가지 사이에서 큰 무리를 짓습니다.
■ 6cm ■ 일본, 서태평양 등
■ 산호초 ■ 플랑크톤

크기 체크

- 열동가리돔 8cm
- 루미너스카디널피시 5cm
- 남방주황줄동갈돔 6cm
- 뱅가이카디널피시 9cm

■몸길이 ■분포 ■서식 장소 ■먹이 ■별명 ■위험한 부위 ㉻위험한 물고기 〔식〕식용 물고기 〔멸〕멸종 위기종

※ 여기서 소개하는 물고기는 전부 동갈돔과입니다.

남방주황줄동갈돔의 구강포란

동갈돔류 대부분은 구강포란을 합니다. 수컷은 입속에서 1주일 정도 알을 지킵니다. 부화할 때가 가까워질수록 얼굴 형태가 바뀔 정도로 알이 커집니다.

▲암컷의 산란이 다가오면 수컷은 입을 연거푸 크게 벌려 가며 알을 넣을 준비를 합니다.

▲구강포란 중에는 아무것도 먹지 않습니다. 가끔 입을 벌려 알에 신선한 산소를 공급합니다.

남방주황줄동갈돔
- 6cm
- 일본, 서·중앙태평양, 인도양
- 연안의 암초·산호초
- 소형 갑각류

▼ 입속의 알이 비쳐 보이는 수컷 네온동갈돔.
▼ 수컷
▼ 암컷

네온동갈돔(일본명)
- 4cm
- 일본, 서태평양
- 만의 암초
- 플랑크톤

파자마카디널피시
산호 가지 사이에서 무리를 짓습니다.
- 6cm
- 일본, 서태평양, 동인도양
- 산호초
- 플랑크톤

▲ 유어. 동갈돔류의 유어는 육식 물고기에게 잡아먹히지 않으려고 가시가 있는 긴가시성게, 독 있는 말미잘 가까이에서 성장하는 경우가 많습니다.

◀ 성어

뱅가이카디널피시
산호 가지 사이, 긴가시성게와 말미잘 주변에서 무리를 짓습니다.
- 9cm (전장)
- 뱅가이 제도(인도네시아) 등
- 산호초, 모랫바닥의 조장
- 플랑크톤

▼ 성어

빛동갈돔(일본명)
말미잘 가시 사이에 숨어 삽니다. 배에는 발광기가 있습니다.
- 4cm
- 일본, 서·중앙태평양, 인도양
- 산호초, 암초
- 플랑크톤

▼ 유어

실동갈돔(일본명)
산호 가지 사이에서 큰 무리를 짓습니다. 등지느러미의 가시(극조) 일부가 실 모양으로 길게 뻗어 있습니다.
- 5cm
- 일본, 서·중앙태평양, 인도양 등
- 산호초
- 플랑크톤

바닷물고기는 무엇을 먹을까?

넓은 바다에서 사는 물고기들은 살기 위해 다양한 먹이를 먹습니다.
물고기들이 무엇을 먹는지 살펴봅시다.

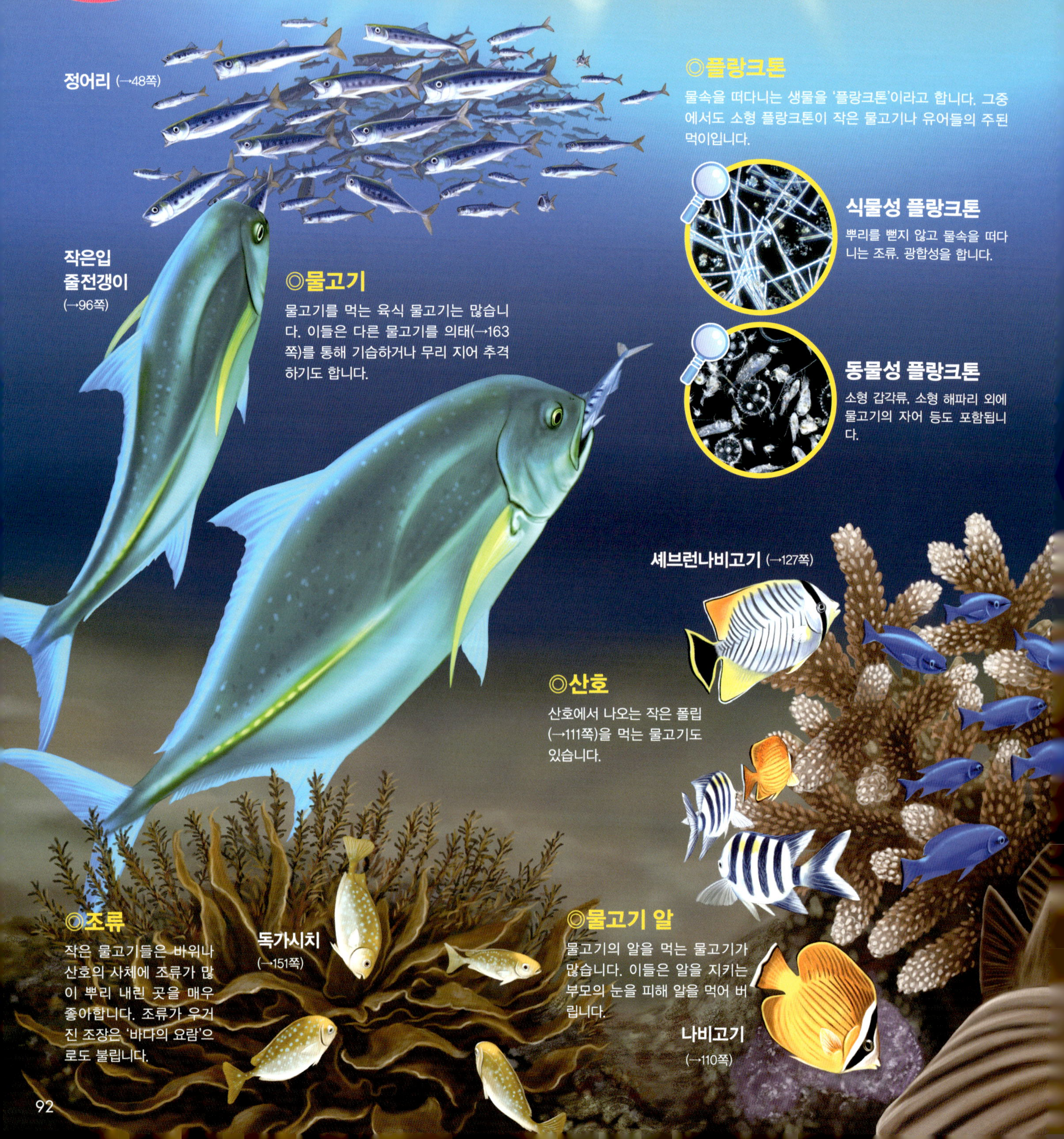

정어리 (→48쪽)

작은입 줄전갱이 (→96쪽)

◎ 플랑크톤
물속을 떠다니는 생물을 '플랑크톤'이라고 합니다. 그중에서도 소형 플랑크톤이 작은 물고기나 유어들의 주된 먹이입니다.

식물성 플랑크톤
뿌리를 뻗지 않고 물속을 떠다니는 조류. 광합성을 합니다.

동물성 플랑크톤
소형 갑각류, 소형 해파리 외에 물고기의 자어 등도 포함됩니다.

◎ 물고기
물고기를 먹는 육식 물고기는 많습니다. 이들은 다른 물고기를 의태(→163쪽)를 통해 기습하거나 무리 지어 추격하기도 합니다.

셰브런나비고기 (→127쪽)

◎ 산호
산호에서 나오는 작은 폴립(→111쪽)을 먹는 물고기도 있습니다.

◎ 조류
작은 물고기들은 바위나 산호의 사체에 조류가 많이 뿌리 내린 곳을 매우 좋아합니다. 조류가 우거진 조장은 '바다의 요람'으로도 불립니다.

독가시치 (→151쪽)

◎ 물고기 알
물고기의 알을 먹는 물고기가 많습니다. 이들은 알을 지키는 부모의 눈을 피해 알을 먹어 버립니다.

나비고기 (→110쪽)

물고기들은 생물이라면 무엇이든 먹는다

물고기는 바닷속의 모든 생물을 먹고, 그들 또한 다른 물고기의 먹이가 되고 있습니다. 먹고 먹히는 과정을 통해 바다의 생태계를 성립시키는 것입니다.

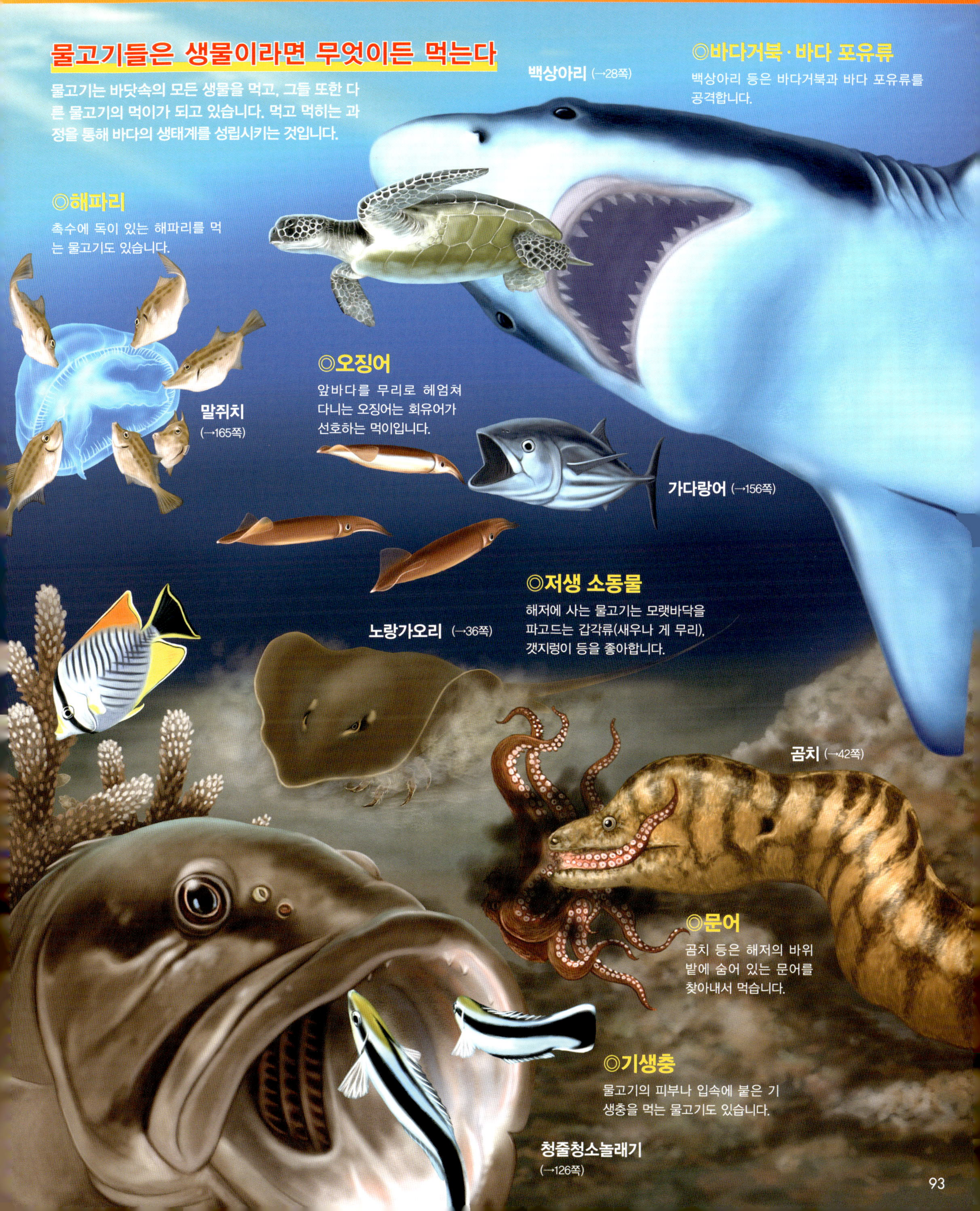

◎해파리
촉수에 독이 있는 해파리를 먹는 물고기도 있습니다.

백상아리 (→28쪽)

◎바다거북·바다 포유류
백상아리 등은 바다거북과 바다 포유류를 공격합니다.

말쥐치 (→165쪽)

◎오징어
앞바다를 무리로 헤엄쳐 다니는 오징어는 회유어가 선호하는 먹이입니다.

가다랑어 (→156쪽)

노랑가오리 (→36쪽)

◎저생 소동물
해저에 사는 물고기는 모랫바닥을 파고드는 갑각류(새우나 게 무리), 갯지렁이 등을 좋아합니다.

곰치 (→42쪽)

◎문어
곰치 등은 해저의 바위 밑에 숨어 있는 문어를 찾아내서 먹습니다.

◎기생충
물고기의 피부나 입속에 붙은 기생충을 먹는 물고기도 있습니다.

청줄청소놀래기 (→126쪽)

전갱이 무리

방어, 빨판매가리 등의 무리

🐟 **물고기 이야기** 방어류는 무리를 짓고 계절에 따라 서식 장소를 바꾸는 회유어다. 빨판매가리류는 파도치는 물가에서 자주 볼 수 있다.

🐟 **물고기 이야기** 육식성이 많으며, 무리를 짓지 않은 채 작은 물고기 무리에 맹렬한 속도로 달려드는 모습이 자주 보인다. 생김새는 납작한 것과 둥그스름한 유선형을 띠는 것이 있다. 중요한 식용어로, 양식되는 것도 많다. 세계에 약 140종이 있다.

방어 식
가슴지느러미 / 배지느러미
계절에 따라 남북으로 연안을 회유합니다. 위턱 끝이 각져 있고 가슴지느러미와 배지느러미의 길이가 같습니다.
■ 100cm ■ 한국, 일본 등 ■ 연안의 중층·저층 ■ 물고기

부시리 식
방어와 헷갈리기 쉽지만, 위턱 끝이 둥그스름하고 배지느러미가 가슴지느러미보다 깁니다. ■ 100cm ■ 한국, 일본, 태평양, 인도양, 대서양(남부)
■ 연안의 중층·저층 ■ 물고기, 오징어

지역마다 다른 일본 방어의 이름!

일본에서는 방어도 농어(→81쪽)와 같은 출세어입니다. 일반적으로 방어의 일본명은 '부리'이지만, 지역명은 다르기도 합니다. 떠다니는 조류에 붙은 방어의 치어(모쟈코)를 모아서 양식하는 곳도 있습니다. 양식된 방어는 간사이 지방에서 '하마치'라 부르는 개체와 같은 크기로 출하되므로, 양식 방어가 아예 하마치로 불리게 되었습니다.

◀ 10cm 미만 모쟈코(간사이)

◀ 20cm 미만 와카시(간토), 쓰바스(간사이)

◀ 30cm 미만 이나다(간토), 하마치(간사이)

◀ 60cm 미만 와라사(간토), 메지로(간사이)

◀ 70cm 이상 부리(방어, 공통)

※ 대표적인 명칭과 크기입니다. 같은 지역에서도 다르게 부를 수 있습니다.

참치방어 식
■ 100cm ■ 한국, 일본, 전 세계의 열대·온대역 등
■ 연안에서 먼바다까지의 표층
■ 물고기, 갑각류

※ 여기서 소개하는 물고기는 전부 전갱이과입니다.

▼ 성어

◀ 유어. 방어류의 유어 대부분은 떠다니는 조류를 거처 삼아 자라납니다.

잿방어 식
양 눈 위의 비스듬한 무늬를 위에서 보면 여덟 팔(八)자처럼 보입니다. 🟥150cm 🟧한국, 일본, 전 세계의 열대·온대역(동태평양 제외) 등 🟩연안의 중층·저층 🟦물고기

▶ 잿방어의 머리 무늬.

난잿방어 식
제2등지느러미
뒷지느러미
잿방어보다 체고가 높고 제 2등 지느러미와 뒷지느러미 끝이 낫 모양으로 길게 자랍니다. 🟥100cm 🟧한국, 일본, 전 세계의 열대·온대역 🟩연안의 중층·저층 🟦물고기

매지방어
유어는 6개의 검은 줄무늬가 있지만, 성장할수록 무늬가 흐려집니다. 무리를 짓지 않습니다. 🟥40cm 🟧일본, 서태평양, 인도양 🟩앞바다의 암초 🟦물고기, 새우

라운드폼파노 식
배지느러미
병어(→123쪽)와 헷갈리기 쉽지만, 병어와는 달리 배지느러미가 있습니다. 🟥50cm 🟧일본, 서·중앙태평양, 인도양 🟩연안 얕은 물의 저층 🟦물고기, 갑각류

▼ 상어와 가오리류 등, 대형 어류에 딱 붙어 헤엄치는 습성이 있습니다.

동갈방어
🟥50cm 🟧한국, 일본, 전 세계의 열대·온대역 등 🟩연안에서 앞바다까지의 표층 🟦대형 어류가 먹고 남긴 것

두점줄가시전갱이 식
피부 아래에 창 같은 비늘이 붙어 있습니다. 유어는 기수역에도 들어갑니다. 🟥50cm 🟧일본, 서·중앙태평양, 인도양 🟩연안에서 앞바다까지의 표층 🟦물고기

빨판매가리 식
🟥30cm 🟧한국, 일본, 서·중앙태평양, 인도양 🟩연안의 얕은 물의 모랫바닥 🟦물고기, 갑각류

크기 체크
빨판매가리 30cm
방어 100cm
두점줄가시전갱이 50cm
잿방어 150cm

토막상식 두점줄가시전갱이는 다른 물고기의 비늘을 벗겨서 먹는 습성이 있습니다.

전갱이 무리

농어목

🐟 **물고기 이야기** 측선 위의 비늘 일부, 또는 전부가 '모비늘'로 불리는 가시형 비늘(능린)이다. 대형 전갱이는 육식이고 몸이 납작하며 체고가 높다. 남쪽 해역에서 사는 종에는 시가테라 독이 있을 가능성이 있다. 소형 전갱이는 몸이 날씬하며 매우 큰 무리를 짓는다.

▲ 노성한 대형 전갱이는 검은색입니다.

무명갈전갱이 식

▼ 치어

전갱이류 중에서 가장 크게 자랍니다. 유어는 만이나 하구에서 무리를 짓지만, 성어가 되면 산호초로 옮겨 단독으로 지냅니다. ■ 100cm ■ 일본, 서·중앙태평양, 인도양 ■ 연안의 산호초, 만 ■ 물고기, 갑각류 ■ 자이언트트레발리(GT)

▲ 성어   모비늘

시가테라 독에 주의!

시가테라 독은 독성 조류를 계속 먹었을 때 몸에 쌓이는 독입니다. 열대역에 사는 일부 육식어는 조류를 먹는 작은 물고기를 먹이로 삼으므로, 몸속에 독소가 쌓여 강한 시가테라 독을 보유할 수 있습니다. 시가테라 독은 인체에 들어가면 격렬한 중독 증상을 일으키므로 주의할 필요가 있습니다.

작은입줄전갱이 위 식
■ 50cm ■ 일본, 태평양, 인도양 ■ 연안의 산호초, 만 ■ 물고기
■ 시가테라 독이 있을 수 있음 ■ 블루핀트레발리

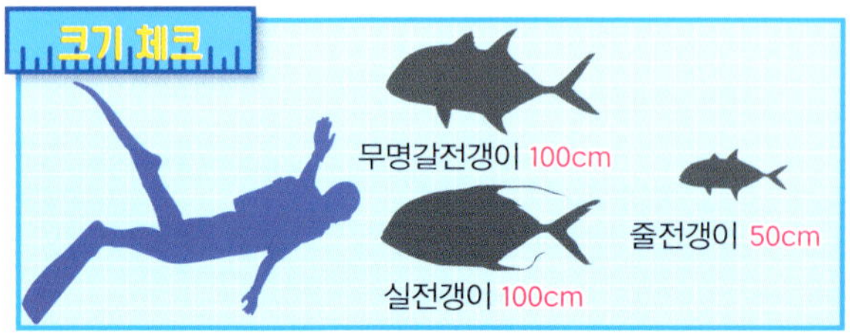

블랙잭 식
■ 50cm ■ 일본, 전 세계의 열대역
■ 산호초 ■ 작은 물고기 ■ 블랙트레발리

▲▶ 몸 색깔이 어두운 것과 밝은 것이 있습니다.

크기 체크

무명갈전갱이 100cm
줄전갱이 50cm
실전갱이 100cm

■몸길이 ■분포 ■서식 장소 ■먹이 ■별명 ■위험한 부위 ㊋위험한 물고기 ㊛식용 물고기 ㊔멸종 위기종

※ 여기서 소개하는 물고기는 전부 전갱이과입니다.

◀ 연안의 표층에서 매우 거대한 무리를 짓습니다.

▶ 암컷

▶ 수컷

▲ 줄전갱이 한 쌍. 번식기가 되면 혼인색(→127쪽)이 나타나 검게 변합니다.

▶ 유어

줄전갱이 식
유어는 만이나 기수역에서 살지만, 가끔 하천에도 나타납니다. 🟥 50cm 🟧 한국, 일본, 태평양, 인도양 🟩 연안의 산호초, 만 🟦 물고기, 갑각류 🟪 각재기

▼약어

갈전갱이 식
🟥 25cm 🟧 한국, 일본, 서·중앙태평양, 인도양 등 🟩 연안의 저층 🟦 갑각류, 물고기

▲ 약어일 때는 다른 물고기에게 붙어 헤엄치는 습성이 있습니다.

◀ 성어

골든트레발리
검은 가로줄 무늬가 있으나 성장하면서 무늬가 흐려집니다. 🟥 100cm 🟧 일본, 태평양, 인도양 🟩 연안의 산호초, 만 🟦 물고기, 소동물

▲ 유어. 금색이며 대형 물고기에 붙어 헤엄치는 습성이 있습니다.

실전갱이 식
유어일 때 등지느러미와 뒷지느러미가 실처럼 길어서 이런 이름이 붙었습니다. 🟥 100cm 🟧 한국, 일본, 전 세계의 열대역 등 🟩 연안, 만 🟦 물고기, 오징어, 갑각류

▲ 성어

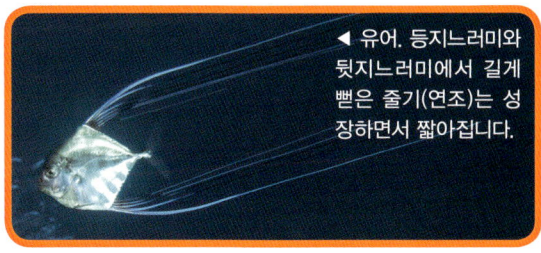

◀ 유어. 등지느러미와 뒷지느러미에서 길게 뻗은 줄기(연조)는 성장하면서 짧아집니다.

97

전갱이 무리

농어목

전갱이 [전갱이과] 식
연안에 사는 것(노르스름하고 체고가 높음)과 앞바다를 회유하는 것(거무스름하고 날씬함)으로 나뉩니다. ■ 30cm ■ 한국, 일본, 동중국해, 남중국해 등 ■ 연안에서 앞바다까지의 중층·저층 ■ 작은 물고기, 갑각류, 오징어

물고기 씨의 물고기 이야기
전갱이를 여러 각도에서 봅시다!
보통 물고기를 볼 때는 옆에서 보게 되지요? 생선 가게에서 전갱이를 사 오면 맛있게 먹기 전에 여러 각도에서 살펴봐요! 큰 눈이 주변을 잘 볼 수 있는 위치에 달려 있다는 것을 알 수 있습니다. 입과 지느러미도 잡아당기면서 잘 관찰해 보세요!

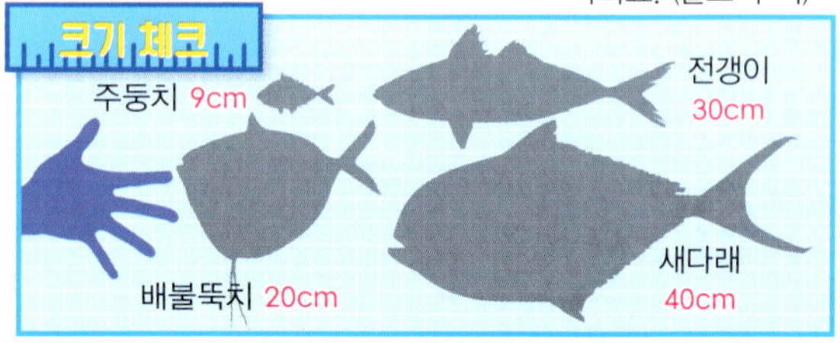

흑점줄전갱이 [전갱이과] 식
해저의 모래를 입으로 퍼내며 갯지렁이류와 갑각류를 잡아먹습니다. ■ 60cm ■ 일본, 전 세계의 온대역(동태평양 제외) ■ 연안의 중층·저층 ■ 저생 소동물, 갑각류

갈고등어 [전갱이과] 식
등지느러미와 뒷지느러미 뒤에 따로 분리된 작은 지느러미(Finlets)가 있습니다. ■ 40cm ■ 한국, 일본, 태평양(북부 제외), 동인도양 등 ■ 연안 ■ 플랑크톤

전갱이를 움직여 보자
위에서 / 밑에서 / 옆에서 / 정면에서 / 뒤에서 / 얼굴 확대
▲ 입이 앞으로 뿅 튀어 나와요. (물고기 씨)

홍기가라지 [전갱이과] 식
작은 지느러미가 있습니다. ■ 35cm ■ 한국, 일본, 서·중앙태평양, 인도양, 서대서양 등 ■ 연안에서부터 먼바다까지 ■ 갑각류, 물고기

작은 지느러미

크기 체크
주둥치 9cm / 전갱이 30cm / 배불뚝치 20cm / 새다래 40cm

고등가라지 [전갱이과] 식
작은 지느러미가 많습니다. ■ 30cm ■ 한국, 일본, 서태평양, 인도양 ■ 연안의 표층 ■ 작은 물고기

새가라지 [전갱이과] 식
■ 25cm ■ 한국, 일본, 전 세계의 열대·아열대역 ■ 연안의 중층·저층 ■ 플랑크톤

■몸길이 ■분포 ■서식 장소 ■먹이 ■별명 ■위험한 부위 ■위험한 물고기 식식용 물고기 멸멸종 위기종

주둥치, 새다래 등의 무리

🐟 물고기 이야기 주둥치류는 얕은 물의 물고기로서는 드물게, 식도 주변에 발광기가 있다. 새다래류는 몸이 극단적으로 납작하며 먼바다의 표층에서 심해까지 폭넓은 수심에서 생활한다.

▲ 주둥이를 비스듬히 하고 아래로 대롱처럼 늘려 해저에 사는 생물을 잡아먹습니다.

주둥치 [주둥치과] 식
비늘이 매우 작고 몸은 점액으로 뒤덮여 있습니다.
- 9cm ■ 한국, 일본, 동중국해, 남중국해 등
- 연안의 얕은 물, 하천의 기수역에도 나타남 ■ 저생 소동물

점주둥치 [주둥치과] 식
- 7cm ■ 한국, 일본, 동중국해
- 연안의 얕은 물 ■ 저생 소동물

왜주둥치 [주둥치과]
볼에 비늘이 있습니다.
- 9cm ■ 한국, 일본, 서태평양, 인도양
- 연안의 얕은 물 ■ 저생 소동물

새다래 [새다래과] 식
비늘이 잘 벗겨지지 않으며 등지느러미와 뒷지느러미에도 비늘이 있습니다. 깊은 물에서 지내다가 밤이 되면 표층으로 올라옵니다.
- 40cm ■ 한국, 일본, 동중국해, 북·동태평양 등
- 앞바다에서 먼바다까지의 표층·중심층
- 물고기, 갑각류, 오징어

◀ 살아 있을 때는 은백색이지만, 낚여서 올라오면 검게 변합니다.

흰꼬리타락치 [새다래과]
- 60cm ■ 한국, 일본, 서·중앙·동태평양, 인도양
- 앞바다에서 먼바다까지의 표층·중심층
- 물고기, 오징어

꼬리지느러미의 테두리가 하얘서 이런 이름이 붙었습니다.

— 등지느러미

지느러미를 접은 상태. 등과 배에는 지느러미를 넣는 홈이 있습니다.

벤텐어 [새다래과]
거대하고 새까만 등지느러미와 뒷지느러미가 몸 전체를 감싸듯이 붙어 있습니다.
- 45cm ■ 한국, 일본, 중앙·동태평양 등
- 수심 100m까지의 표층

— 뒷지느러미

주둥이 앞쪽으로 늘릴 수 있습니다.

배불뚝치 [배불뚝과] 식
몸이 매우 얇고 비늘이 없습니다. 유어는 기수역에 들어가기도 합니다.
- 20m ■ 한국, 일본, 서태평양, 인도양 ■ 연안의 얕은 물, 만

99

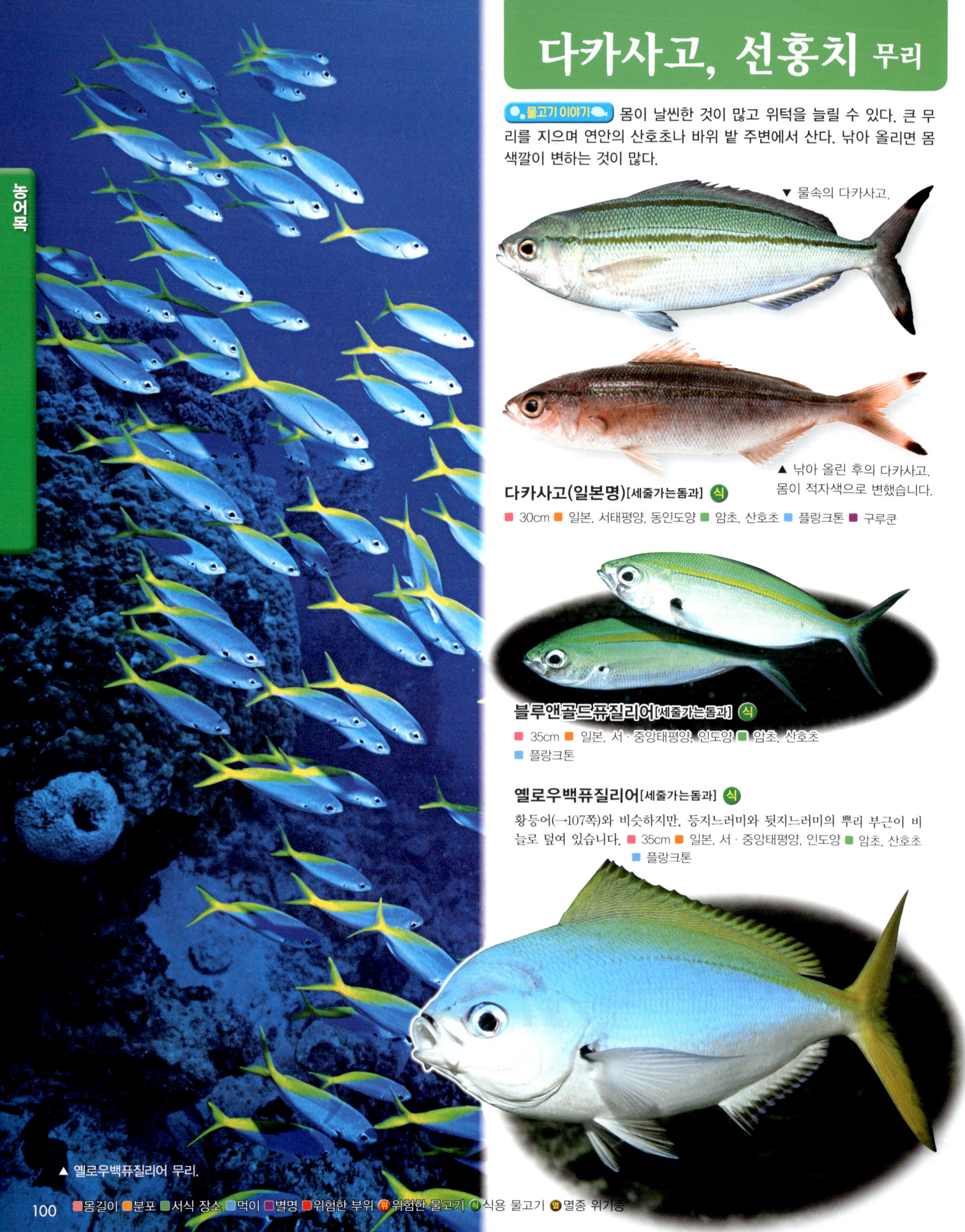

다카사고, 선홍치 무리

물고기 이야기 몸이 날씬한 것이 많고 위턱을 늘릴 수 있다. 큰 무리를 지으며 연안의 산호초나 바위 밭 주변에서 산다. 낚아 올리면 몸 색깔이 변하는 것이 많다.

▼ 물속의 다카사고.

▲ 낚아 올린 후의 다카사고. 몸이 적자색으로 변했습니다.

다카사고(일본명) [세줄가는돔과] 식
- 30cm ■ 일본, 서태평양, 동인도양 ■ 암초, 산호초 ■ 플랑크톤 ■ 구루쿤

블루앤골드퓨질리어 [세줄가는돔과] 식
- 35cm ■ 일본, 서·중앙태평양, 인도양 ■ 암초, 산호초
- 플랑크톤

옐로우백퓨질리어 [세줄가는돔과] 식
황등어(→107쪽)와 비슷하지만, 등지느러미와 뒷지느러미의 뿌리 부근이 비늘로 덮여 있습니다. ■ 35cm ■ 일본, 서·중앙태평양, 인도양 ■ 암초, 산호초
■ 플랑크톤

▲ 옐로우백퓨질리어 무리.

갈래세줄가는돔 [퉁돔과] 식
- 25cm ■ 일본, 서·중앙태평양, 인도양 ■ 암초, 산호초 ■ 플랑크톤
- 다크밴디드퓨질리어

넓적퉁돔 [퉁돔과] 식
옐로우백퓨질리어와 헷갈리기 쉽지만, 체고가 높고 눈에 붉은색이 섞여 있습니다.
- 35cm ■ 일본, 서태평양, 동인도양 ■ 암초, 산호초 ■ 플랑크톤

▲ 낚여 올라온 후의 선홍치. 몸이 적자색으로 변해 있습니다(원래는 배 쪽이 흰색).

선홍치 [선홍치과] 식
다카사고류와 닮았지만 다른 집단의 어류입니다. 깊은 물에서 삽니다.
- 37cm ■ 한국, 일본, 동중국해, 남중국해, 서인도양 등
- 수심 100~350m의 암초 ■ 플랑크톤

▶ 갈래세줄가는돔 무리.

다카사고는 오키나와현의 물고기

일본에서는 각 현의 꽃과 새를 정하듯, 많은 지역에서 '현의 물고기'를 정해 놓았습니다. 다카사고는 오키나와현에서 '구루쿤'이라고 불리며 옛날부터 식용으로 많이 이용되었으므로 현 물고기로 정해졌습니다(일본 최초의 현 물고기). 이런 현 물고기 외에, 계절별로 맛있는 물고기인 '제철 물고기'를 정하는 지역도 있습니다.

▲ 일본 아오모리현, 이바라키현의 물고기인 '넙치'(→160쪽)

▲ 일본 고치현의 물고기인 '가다랑어'(→156쪽)

크기 체크
- 다카사고 30cm
- 옐로우백퓨질리어 35cm
- 선홍치 37cm

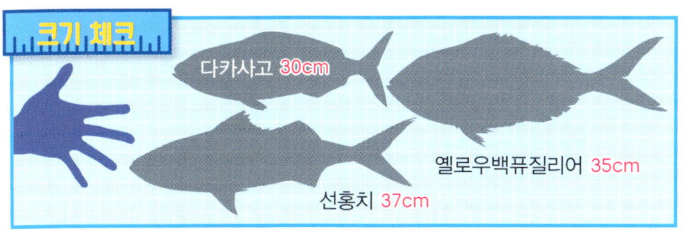

루나퓨질리어 [세줄가는돔과]
- 35cm ■ 일본, 서태평양, 인도양 ■ 암초 ■ 소동물, 플랑크톤

벤자리, 게레치 등의 무리

농어목

🐟 **물고기 이야기** 성장하면서 색과 무늬가 크게 달라지는 종이 많다. 이런 경우, 유어와 성어가 전혀 다른 물고기처럼 보인다. 벤자리류는 작은 가시가 붙은 비늘(즐린)이 있어 감촉이 꺼끌꺼끌하다. 세계에 약 150종이 있다.

▼ 성어

◀ 유어. 조장에서 많이 볼 수 있다.

벤자리[하스돔과] 식
조류가 풍부한 암초를 좋아하며 큰 무리를 지어 삽니다. ■ 40cm ■ 한국, 일본, 동중국해, 남중국해 ■ 얕은 물의 암초 ■ 작은 물고기, 플랑크톤 ■ 아롱이(30cm 이하), 돗벤자리(40cm 이상)

▲ 아래턱에 육질 수염이 있습니다.

수염돔(일본명)[하스돔과] 식
■ 40cm ■ 일본 ■ 대륙붕의 모래 진흙 바닥 ■ 저생 소동물

▶ 성어

청황돔[하스돔과] 식
성장하면서 체색이나 무늬가 크게 변합니다. ■ 60cm ■ 한국, 일본, 서태평양, 인도양 ■ 얕은 물의 암초, 산호초, 모랫바닥 ■ 갑각류

▲치어　▲유어

꿈틀꿈틀 춤추는 이유는?

청황돔이나 어름돔류의 유어는 언제나 몸을 비비 꼬며 헤엄칩니다. 이것은 바닷속 생물인 납작벌레를 흉내 내는 행동이라고 합니다.(→163쪽). 납작벌레는 복어류와 같은 테트로도톡신이라는 독을 갖고 있습니다. 공격당하기 쉬운 유어들이 독을 가진 생물을 흉내 내어 자신을 지키려 하는 것입니다.

▲ 납작벌레

▼ 유어

어름돔[하스돔과] 식
■ 50cm ■ 한국, 일본, 동중국해, 남중국해, 인도양 ■ 얕은 물의 암초·모랫바닥 ■ 저생 소동물

오리엔탈 스위트립스[하스돔과]
■ 40cm ■ 일본, 서·중앙태평양, 인도양 ■ 얕은 물의 암초·산호초 ■ 저생 소동물

▲ 유어. 머리를 아래로 향하고 몸을 비비 꼬며 헤엄칩니다.

할리퀸 스위트립스[하스돔과] 식
■ 35cm ■ 일본, 서태평양, 인도양 ■ 얕은 물의 암초·산호초 ■ 저생 소동물

크기 체크

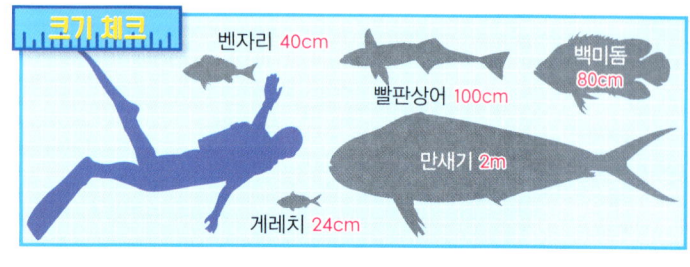

벤자리 40cm · 빨판상어 100cm · 백미돔 80cm · 만새기 2m · 게레치 24cm

■몸길이 ■분포 ■서식 장소 ■먹이 ■별명 ■위험한 부위 위험한 물고기 식식용 물고기 멸멸종 위기종

게레치[게레치과] 식
아래쪽으로 길게 늘어나는 주둥이로 모래 속의 소동물을 잡아먹습니다. 유어는 기수역에도 들어갑니다. 🔴 24cm 🟧 한국 남부, 일본 🟢 연안의 모랫바닥 🔵 저생 소동물

◀ 유어. 마른 나뭇잎 흉내(의태)를 내면서 표층을 떠다니듯 헤엄쳐 다닙니다.

백미돔[백미돔과] 식
표류하는 물체 곁에서 매복하다가 다가오는 작은 물고기를 잡아먹습니다. 🔴 80cm 🟧 한국, 일본, 태평양·인도양·대서양의 열대·온대역(동태평양 제외) 등 🟢 만, 먼바다의 표층, 기수역에도 나타남 🔵 작은 물고기

빨판상어 등의 무리

빨판상어[빨판상어과]
몸이 작을 때는 머리에 있는 흡반으로 대형 물고기에 찰싹 붙어서 지냅니다(편리 공생→148쪽). 성장하면 스스로 헤엄치기도 합니다. 🔴 100cm 🟧 한국, 일본, 전 세계의 난해역(동태평양 제외) 등 🟢 연안의 얕은 물 🔵 작은 물고기, 갑각류, 오징어

🐟 물고기 이야기 🐟 빨판상어류는 머리에 있는 타원 모양의 흡반으로 대형 물고기나 고래, 바다거북 등의 몸에 들러붙는다. 이것은 자신을 보호하는 동시에 대형 물고기가 먹고 남은 부스러기를 얻기 위한 행동이다. 날새기류는 흡반이 없는데도 대형 물고기 등에 딱 붙어 헤엄칠 때가 많다.

▲ 빨판상어의 흡반. 제1등지느러미가 변형된 것입니다.

▲ 푸른바다거북에게 들러붙은 빨판상어.

머리빨판어[빨판상어과]
🔴 26cm 🟧 일본, 전 세계의 난해역 등 🟢 먼바다 🔵 작은 물고기, 갑각류

▲ 대왕쥐가오리(→34쪽)의 배에 들러붙은 머리빨판어.

날새기[날새기과] 식
🔴 150cm 🟧 한국, 일본, 서태평양, 인도양, 대서양 등 🟢 연안에서 앞바다까지의 표층 🔵 작은 물고기, 갑각류

만새기 무리

🐟 물고기 이야기 🐟 몸이 판처럼 납작하고 길쭉하다. 등지느러미가 머리 위에서 꼬리지느러미 근처까지 이어져 있다. 유어는 떠다니는 조류 밑에, 성어는 유목 밑에 모이는 습성이 있다. 무리를 만들고 물고기를 잡아먹는다.

▼ 성어(암컷)

▼ 유어

만새기[만새기과] 식
수컷 성어는 머리가 앞으로 튀어나와 있습니다. 🔴 2m 🟧 한국, 일본, 태평양, 인도양, 대서양 🟢 연안에서 앞바다까지의 표층 🔵 물고기 🟣 만배기

▼ 점프하여 물 밖으로 나온 만새기(수컷).

도미 무리

🐟 **물고기 이야기** 🐟 잘생기고 맛도 좋아서 옛날부터 행운을 부른다고 여겨지는 물고기다. 양턱에 어금니(음식을 으깨는 납작한 이빨)가 있어, 조개나 새우 등의 껍질을 씹어 으깨고 살을 먹는다. 성전환(→85쪽)하는 물고기로, 수컷에서 암컷으로 바뀌는 경우가 많다(참돔 등 일부는 암컷에서 수컷으로 바뀜). 전 세계의 바다에 약 120종이 있다.

농어목

▼ 천연 참돔(암컷). 선명한 빨간색입니다.

▼ 유어

▼ 양식 참돔(수컷). 얕은 물에서 자라므로 햇볕에 그을려 약간 검어집니다.

▼ 노성어. 머리에 혹이 생기고 머리 부분이 검게 변합니다.

참돔 [도미과] 식
- 🔴 100cm
- 🟠 한국, 일본, 동중국해, 남중국해 등
- 🟢 수심 30~200m의 암초·모래자갈 바닥·모랫바닥
- 🔵 갑각류, 조개, 물고기, 오징어

아감딱지의 가장자리가 붉은 것이 특징입니다.

붉돔 [도미과] 식
등지느러미의 가시(극조) 2개가 길게 자랍니다.
- 🔴 40cm
- 🟠 한국, 일본
- 🟢 대륙붕의 암초·모래자갈 바닥·모랫바닥
- 🔵 갑각류, 조개, 물고기, 오징어

청돔 [도미과] 식
- 🔴 35cm
- 🟠 한국, 일본, 동중국해, 남중국해, 인도양 등
- 🟢 연안의 암초, 만
- 🔵 갑각류, 조개, 물고기, 오징어

◀ 유어. 6개의 가로띠가 있으며 등지느러미의 가시(극조) 1개가 길게 자랍니다.

실붉돔 [도미과] 식
살짝 깊은 물에서 삽니다. 등지느러미의 가시 5개(극조)가 부드러운 실 모양으로 길게 자랍니다.
- 🔴 40cm
- 🟠 한국, 일본, 서태평양 등
- 🟢 산호초, 앞바다 암초의 모래 진흙 바닥
- 🔵 갑각류, 소동물

▲ 성어

황돔 [도미과] 식
참돔과 붉돔보다 따뜻한 바다에서 삽니다. 어금니가 없습니다.
- 🔴 35cm
- 🟠 한국, 일본, 서태평양 등
- 🟢 대륙붕의 모랫바닥
- 🔵 갑각류, 조개, 물고기, 오징어

크기 체크
- 감성돔 50cm
- 참돔 100cm
- 네동가리 20cm
- 실꼬리돔 35cm

▼ 성어

▶ 유어

감성돔[도미과] 식
- 🟥 50cm 🟧 한국, 일본, 동중국해, 남중국해 등 🟩 연안의 암초, 만, 기수역에도 나타남 🟦 갑각류, 조개, 물고기, 오징어
- 🟪 남정바리, 비득(새끼), 감생이

부레가 튀어나오는 건 왜일까?

부레는 물고기가 물속에서 원활하게 활동하도록 돕는 기관으로, 안에 기체가 들어 있습니다. 물고기의 몸은 물보다 밀도가 높아서(무거워서), 물속에서 부레 안의 기체량을 조절하여 밀도를 물과 비슷하게 맞추어야 합니다. 그러나 부레의 조절은 즉시 이루어지지 않으므로, 깊은 곳에서 얕은 곳까지 갑자기 올라오게 되면 압력이 사라져 속에 있는 기체가 팽창합니다. 그래서 뭍으로 나오면서 부레가 입으로 튀어나오는 것입니다.

▶ 부레와 눈이 튀어나온 황돔(←왼쪽 페이지). 깊은 곳에 사는 물고기가 낚여 올라오면 눈알과 부레가 튀어나올 수 있습니다.

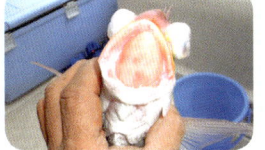

실꼬리돔 무리

🐟 물고기 이야기 🐟 실꼬리돔류는 헤엄치다가 잠시 멈추고 다시 헤엄치기를 반복하는 특이한 습성이 있다. 전 세계의 바다에 약 70종이 있다.

실꼬리돔[실꼬리돔과] 식
두 갈래로 나뉜 꼬리의 위쪽 끝이 실 모양으로 길게 자랍니다. 🟥 35cm 🟧 한국, 일본, 서태평양 🟩 수심 40~250m의 모래 진흙 바닥 🟦 저생 소동물

네동가리[실꼬리돔과] 식
4개의 붉은 가로띠가 있습니다. 🟥 20cm 🟧 한국, 일본, 서태평양, 동인도양 🟩 암초, 모래자갈 바닥 🟦 소동물

여우물고기(일본명)[실꼬리돔과] 식
- 🟥 18cm 🟧 일본, 서태평양 등 🟩 산호초
- 🟦 저생 소동물, 플랑크톤

▲ 성어

◀ 유어. 성장함에 따라 3개의 검은 세로줄 무늬가 비스듬한 줄무늬로 변합니다.

두줄네동가리(일본명)
[실꼬리돔과] 식
- 🟥 16cm 🟧 일본, 서태평양, 인도양 🟩 산호초의 모래자갈 바닥 🟦 작은 물고기, 저생 소동물

◀ 유어. 푸른 체색과 노란 줄무늬는 성장할수록 흐려집니다.

야쿠시마여우물고기
(일본명)[실꼬리돔과]
- 🟥 22cm 🟧 일본, 서태평양 등
- 🟩 산호초의 모랫바닥
- 🟦 저생 소동물, 플랑크톤

▲ 성어

가면네동가리(일본명)[실꼬리돔과]
- 🟥 17cm 🟧 일본, 서태평양, 인도양 🟩 산호초 🟦 갑각류

흰점퉁돔 무리

농어목

🐟 **물고기 이야기** 양턱에 날카로운 이빨이 있으며, 입에 들어온 소동물은 무엇이든 먹어치우는 육식성 어류다. 열대지방에서는 중요한 식용어지만, 시가테라 독(→96쪽)을 조심해야 한다. 전 세계의 바다에 약 100종이 있다.

흰점퉁돔[퉁돔과] 식
- 🟥 35cm 🟧 일본, 남중국해 등 🟩 암초, 산호초 🟦 물고기, 소동물

블루스트라이프스내퍼[퉁돔과] 식
산호초나 암초에서 큰 무리를 짓습니다. 🟥 30cm 🟧 일본, 서·중앙태평양, 인도양 🟩 암초, 산호초 🟦 물고기, 소동물

두점붉은돔[퉁돔과] 위 식
- 🟥 100cm 🟧 일본, 서·중앙태평양, 인도양
- 🟩 암초, 산호초 🟦 물고기, 소동물
- 🟥 시가테라 독이 있을지 모름

자신을 지키면서 배도 채운다?

두점붉은돔의 유어는 생김새가 비슷한 자리돔(→120쪽) 등의 무리에 섞여 삽니다(의태, →163쪽). 무리 안에 있으면 큰 물고기의 표적이 될 확률이 낮아지기 때문입니다. 또 무리에 들어가면 경계심을 불러일으키지 않고 자리돔을 습격할 수도 있습니다. 이런 약한 물고기를 의태하는 것은 육식 물고기의 유어에게서 자주 볼 수 있습니다.

▲ 두점붉은돔의 유어.

▲ 생김새가 비슷한 자리돔.

▼ 성어

◀ 유어. 등지느러미와 배지느러미가 길게 자랍니다. 흑백 무늬는 성장하면서 사라집니다.

미드나이트스내퍼[퉁돔과]
- 🟥 60cm 🟧 일본, 서·중앙태평양, 인도양 🟩 암초, 산호초 🟦 물고기, 소동물

▶ 약어. 흰 몸에 3개의 붉은 수평 띠가 있습니다. 성장할수록 몸 전체가 빨개지고 띠는 희미해집니다.

▼ 성어

황적퉁돔[퉁돔과] 식
- 🟥 70cm 🟧 일본, 서·중앙태평양, 인도양 등 🟩 암초, 산호초 🟦 물고기, 소동물

크기 체크
- 갈돔 65cm
- 세일핀스내퍼 50cm
- 흰점퉁돔 35cm
- 톱돔 20cm

🟥 몸길이 🟧 분포 🟩 서식 장소 🟦 먹이 🟪 별명 🟥 위험한 부위 위 위험한 물고기 식 식용 물고기 멸 멸종 위기종

◀ 성어

황등어[퉁돔과] 식
깊은 곳의 암초에서 큰 무리를 짓습니다.
- 40cm ■ 한국, 일본, 서·중앙태평양, 인도양
- 암초 ■ 물고기, 소동물

세일핀스내퍼[퉁돔과]
성장하면 몸에 파랑과 노랑 줄무늬, 얼굴에는 갈색 줄무늬가 나타납니다. ■ 50cm ■ 일본, 서태평양, 동인도양
- 암초, 산호초 ■ 물고기, 소동물

◀ 유어. 몸이 희고 얼굴에서 몸까지 이어지는 세로줄 무늬가 있습니다.

양초꼬리돔[퉁돔과] 식
- 70cm ■ 일본, 서·중앙태평양, 인도양
- 수심 200m보다 깊은 곳의 암초
- 물고기, 갑각류, 오징어, 문어

자붉돔[퉁돔과] 식
- 50cm ■ 일본, 서·중앙태평양, 인도양
- 수심 100m보다 깊은 곳의 암초
- 물고기, 갑각류, 오징어, 문어

구갈돔 무리

🐟 물고기 이야기 🐟 주둥이가 앞으로 길게 튀어나온 것이 많다. 흰점퉁돔과 비슷하지만, 입에 날카로운 이빨이 없고 볼에 비늘이 없다. 시가테라 독을 조심해야 한다. 전 세계의 바다에 약 40종이 있다.

▼ 성어

▲ 유어. 3개의 가로줄 무늬는 성장하면 사라집니다.

갈돔[갈돔과] 식
암컷에서 수컷으로 성전환(→85쪽)합니다. ■ 65cm ■ 한국, 일본, 서태평양, 인도양
- 암초, 산호초, 모래자갈 바닥 ■ 물고기, 갑각류, 오징어, 문어

큰눈갈돔[퉁돔과] 위 식
- 45cm ■ 일본, 서·중앙태평양, 인도양 ■ 얕은 물의 암초·산호초·모래자갈 바닥 ■ 성게, 조개, 갑각류, 물고기
- 시가테라 독이 있을지 모름

톱돔(일본명)[갈돔과] 식
- 20cm ■ 일본, 서·중앙태평양, 인도양 ■ 연안의 암초·산호초 ▫ 소동물

▲ 얼룩무늬가 생긴 여우갈돔.

여우갈돔(일본명)[갈돔과] 위 식
평소에는 회색이지만 흥분하면 갑자기 얼룩무늬가 나타납니다.
- 80cm ■ 일본, 서·중앙태평양, 인도양 ■ 암초, 산호초 ■ 물고기, 갑각류, 오징어, 문어
- 롱페이스 엠퍼러 ■ 시가테라 독이 있을지 모름

노랑촉수 무리

물고기 이야기 아래턱에 수염 1쌍이 있는 것이 특징인데, 이 수염에는 먹이의 맛 등을 느끼는 세포가 있다. 그래서 수염을 모래 속이나 바위틈에 찔러 넣고 숨어 있는 갑각류 등을 찾아 잡아먹는다. 전 세계의 바다에 약 60종이 있다.

노랑촉수[촉수과] 식
- 18cm ■ 한국, 일본, 동중국해, 남중국해 등
- 연안의 모래 진흙 바닥 ■ 저생 소동물

옐로우핀노랑촉수[촉수과] 식
낚아 올라온 후에는 몸이 빨갛게 변합니다. ■ 38cm ■ 일본, 서·중앙태평양, 인도양 ■ 산호초
■ 저생 소동물 ■ 옐로우핀 고트피시

수염 자유자재로 움직일 수 있습니다.

오점촉수[촉수과] 식
- 20cm ■ 한국, 일본, 서·중앙태평양, 동인도양 ■ 산호초
■ 저생 소동물

모래 속에 수염을 찔러 넣고 먹이를 찾습니다.

인도노랑촉수(일본명)[촉수과] 식
- 25cm ■ 일본, 서·중앙태평양
■ 산호초의 모래자갈 바닥, 조장
■ 저생 소동물 ■ 바이컬러 고트피시

노란안장촉수[촉수과] 식
전갱이류처럼 무리를 지어 작은 물고기 무리를 공격하기도 합니다.
- 50cm ■ 일본, 서·중앙태평양, 인도양 ■ 산호초 ■ 물고기

동갈민어, 보리멸 등의 무리

물고기 이야기 동갈민어류는 이석(머리뼈의 한 부분으로, 몸의 균형을 유지하는 역할을 함)이 크다. 보리멸류는 소리에 민감해서 위험을 느끼면 모래 속에 숨는다. 모노닥틸루스와 아오바다이류는 각각 일본에서 1종만 확인되었다.

보구치[민어과] 식
잘 발달한 부레를 활용하여 구, 구, 하는 큰 소리를 냅니다.
- 30cm ■ 한국, 일본, 동중국해, 남중국해 등 ■ 연안의 모래 진흙 바닥
■ 물고기, 갑각류 ■ 백조기

동갈민어[민어과] 식
- 40cm ■ 한국 남부, 일본 등 ■ 연안의 진흙 바닥
■ 갯지렁이류, 갑각류, 조개

큰민어[민어과] 식
- 150cm ■ 일본, 서태평양, 인도양 ■ 암초, 모랫바닥, 하구에도 나타남
■ 물고기, 갑각류

■ 몸길이 ■ 분포 ■ 서식 장소 ■ 먹이 ■ 별명 ■ 위험한 부위 위 위험한 물고기 식 식용 물고기 멸 멸종 위기종

청보리멸 [보리멸과] 식
- 27cm ■ 한국, 일본, 동중국해, 남중국해 등 ■ 연안의 모랫바닥 ■ 갯지렁이류, 갑각류

점보리멸 [보리멸과] 식 멸
예전에는 일본의 여러 지역에 서식했지만, 지금은 극히 일부 지역에서만 발견됩니다. ■ 30cm ■ 한국 남부, 일본, 타이완 ■ 만 ■ 갯지렁이, 갑각류

▼ 유어. 강을 거슬러 오르기도 합니다.

모노닥틸루스 [모노닥틸루스과]
학명을 따라 '모노닥'으로 불릴 때가 많습니다.
■ 14cm ■ 일본, 서·중앙태평양, 인도양 등 ■ 만의 모래 진흙 바닥, 하천의 기수역·담수역에도 나타남 ■ 플랑크톤

아오바다이(일본명) [글라우코소마과] 식
조금 깊은 곳의 암초에서 삽니다. ■ 37cm ■ 일본, 서태평양 등 ■ 앞바다의 암초 ■ 물고기, 갑각류, 오징어, 문어

🐟 물고기 이야기 야행성으로 낮에는 바위 그늘에 숨어 있다. 눈이 크고 등지느러미는 1개, 뒷지느러미는 길다. 부레를 써서 소리를 내는 종, 발광샘이 있는 종도 있다. 전 세계의 바다에 약 30종이 있다.

주걱치 무리

주걱치 [주걱치과]
그다지 큰 무리를 짓지 않습니다. 등지느러미, 뒷지느러미 끝이 검습니다. ■ 15cm ■ 한국, 일본, 동중국해 등 ■ 얕은 물의 암초 ■ 플랑크톤

황안어 [주걱치과]
바위나 산호 그늘에서 큰 무리를 지어 생활합니다. 가슴과 배에 작은 발광샘이 있습니다. ■ 6cm ■ 한국, 일본, 서·중앙태평양, 인도양 ■ 얕은 물의 암초·산호초 ■ 플랑크톤

남방주걱치 [주걱치과]
약어는 수천 마리나 되는 큰 무리를 만들기도 합니다. ■ 13cm ■ 일본, 서태평양, 인도양 ■ 연안의 암초 ■ 플랑크톤

크기 체크
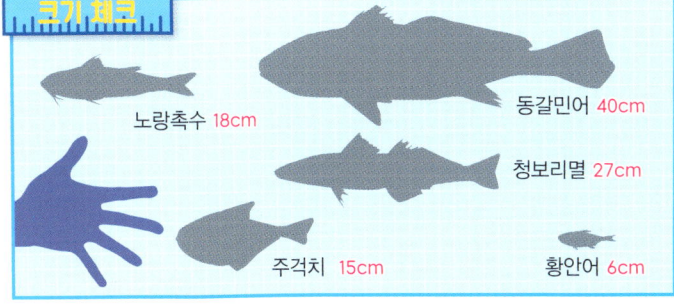

노랑촉수 18cm
동갈민어 40cm
청보리멸 27cm
주걱치 15cm
황안어 6cm

나비고기 무리

농어목

🐟 **물고기 이야기** 전 세계의 따뜻한 바다에 분포하며, 색상이 선명하고 무늬가 화려하여 관상어로 인기가 있다. 몸은 납작한 원형이며 융단 같은 짧은 털이 나 있다. 튀어나온 작은 입에는 이빨이 없다. 대부분 쌍, 혹은 무리로 생활한다. 전 세계의 바다에 약 120종이 있다.

로우트아이언나비고기
선명한 색상을 가지고 있습니다. ■ 15cm
■ 일본 ■ 암초, 산호초 ■ 저생 소동물

나비고기
▶ 성어
낮은 수온에서도 살 수 있으므로 거의 모든 지역에서 볼 수 있습니다. ■ 20cm
■ 한국, 일본, 동중국해, 남중국해 ■ 암초, 산호초 ■ 저생 소동물, 산호 폴립, 물고기 알

◀ 유어. 나비고기류의 유어에는 눈 모양의 검은 반점(안상반 →121쪽)이 있을 때가 많습니다.

가시나비고기

■ 23cm ■ 한국, 일본, 서·중앙태평양, 인도양 등 ■ 암초, 산호초 ■ 산호 폴립, 말미잘류, 갯지렁이류

배가본드나비고기
▼ 성어 ▶ 유어

■ 20cm ■ 일본, 서·중앙태평양, 인도양 ■ 암초, 산호초 ■ 산호 폴립, 저생 소동물

메일드나비고기
■ 16cm ■ 일본, 서·중앙태평양 ■ 암초, 산호초 ■ 산호 폴립

룰나비고기

■ 25cm ■ 한국, 일본, 서·중앙태평양, 인도양 등 ■ 암초, 산호초 ■ 저생 소동물

메이어나비고기

■ 18cm ■ 일본, 서·중앙태평양, 인도양 등 ■ 산호초 ■ 산호 폴립

에잇밴드나비고기
■ 12cm ■ 일본, 서태평양, 동인도양 ■ 만의 암초·산호초 ■ 산호 폴립

◀ 진노랑색 개체도 있습니다.

크기 체크

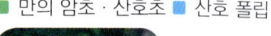
- 아톨나비고기 12cm
- 나비고기 20cm
- 새들버터플라이피시 30cm

■몸길이 ■분포 ■서식 장소 ■먹이 ■별명 ■위험한 부위 위험한 물고기 식용 물고기 멸종 위기종

※ 여기서 소개하는 물고기는 전부 나비고기과입니다.

베넷나비고기
- 18cm
- 일본, 서·중앙태평양, 인도양
- 암초, 산호초
- 산호 폴립, 저생 소동물

새들버터플라이피시
나비고기류 중에서는 대형입니다. 30cm
- 일본, 서·중앙태평양, 동인도양
- 암초, 산호초
- 산호 폴립, 조류, 저생 소동물

산호 폴립이란 무엇일까?

많은 물고기의 먹이가 되는 산호의 폴립은 한마디로 말해 산호 그 자체입니다. 산호의 골격은 딱딱한 석회질입니다. 그리고 거기에 수없이 난 구멍 속에서 말미잘을 작게 줄인 듯한 벌레(산호충)들이 살고 있습니다. 이것이 폴립입니다. 해변에서 우리가 흔히 보는 산호 조각은 폴립이 사라진 뒤의 빈 껍질입니다.

이스턴트라이앵귤러나비고기
- 15cm
- 일본, 서·중앙태평양, 동인도양
- 암초, 산호초

나비돔
낮은 수온에 강해서 폭넓은 지역에서 볼 수 있습니다.
- 13cm
- 한국, 일본, 동중국해, 남중국해
- 암초
- 저생 소동물, 플랑크톤

아톨나비고기
- 12cm
- 일본, 서·중앙태평양
- 산호초
- 산호 폴립, 저생 소동물

▲ 폴립의 형태는 산호의 종에 따라 달라집니다.

▲ 성어
▼ 유어

두동가리돔
등지느러미의 가시 일부가 길게 자라 있습니다. 열대역에서는 식용으로 쓰입니다.
- 20cm
- 한국, 일본, 서·중앙태평양, 인도양
- 암초, 산호초, 조류, 저생 소동물

주둥이

롱노우즈나비고기
길게 뻗은 주둥이로 산호의 틈이나 바위 구멍에 숨은 소동물을 잡아먹습니다.
- 18cm
- 일본, 서·중앙태평양, 인도양
- 암초, 산호초
- 갯지렁이류, 갑각류, 물고기 알

세동가리돔
- 17cm
- 한국, 일본, 동중국해, 남중국해
- 암초
- 저생 소동물

돛대돔
- 16cm
- 한국, 일본, 서·중앙태평양, 동인도양
- 암초, 산호초
- 산호 폴립

◀ 성어
◀ 유어

피라미드나비고기
- 16cm
- 일본, 서·중앙태평양, 동인도양
- 암초, 산호초
- 플랑크톤

◀ 파도가 많이 치는 암초에서 큰 무리를 짓습니다.

청줄돔 무리

물고기 이야기 몸이 납작하면서 약간 두껍고 아가미뚜껑 밑에 큰 가시가 있다. 성어와 유어, 수컷과 암컷의 모습이 전혀 다른 종이 많다. 태어났을 때는 전부 암컷이었다가 일부가 수컷으로 성전환(→85쪽)을 하는 종도 많다. 전 세계의 바다에 80종 이상이 있다.

농어목

코란에인절
단독 혹은 쌍으로 생활합니다. 열대역에서는 식용으로 쓰입니다. ■ 33cm ■ 일본, 서·중앙태평양, 인도양 ■ 산호초, 암초 ■ 조류, 해면류, 멍게류

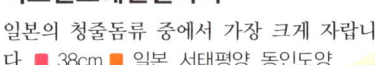
▶ 성어

▶ 유어. 몸에 가로줄 무늬가 있습니다.

식스밴드에인절피시
일본의 청줄돔류 중에서 가장 크게 자랍니다. ■ 38cm ■ 일본, 서태평양, 동인도양 ■ 산호초 ■ 조류, 해면류, 멍게류

블루페이스에인절피시
단독으로 생활합니다. ■ 35cm ■ 일본, 서태평양, 인도양 ■ 암초, 산호초 ■ 조류, 해면류, 멍게류

블루링에인절피시
쌍으로, 또는 작은 무리로 생활합니다. ■ 25cm ■ 서태평양, 인도양 ■ 산호초 ■ 조류, 해면류, 멍게류

가시

엠퍼러에인절피시
■ 31cm ■ 일본, 서·중앙태평양, 인도양 ■ 산호초, 암초 ■ 해면류, 멍게류

엠퍼러에인절피시의 성장

왜 유어와 성어의 모습이 다를까?
청줄돔류의 성어는 영역 의식이 강해서 같은 종을 발견하면 공격합니다. 그래서 유어가 성어에게 공격받지 않으려고 다른 모습을 띠게 되었다고 합니다.

▲ 1~2cm로 아주 작은 치어.

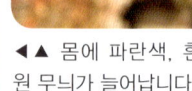

◀◀ 몸에 파란색, 흰색의 원 무늬가 늘어납니다.

▶ 원 무늬가 옅어지고 색깔이 노르스름해집니다.

◀ 원 무늬가 사라지고 세로줄 무늬가 나타나기 시작합니다.

▶ 예쁜 세로줄 무늬가 완성된 성어.

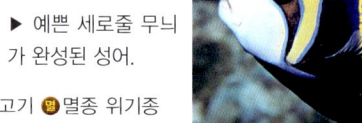

■몸길이 ■분포 ■서식 장소 ■먹이 ■별명 ■위험한 부위 ㉾위험한 물고기 ㉙식용 물고기 ㉡멸종 위기종

※ 여기서 소개하는 물고기는 전부 청줄돔과입니다.

◀ 수컷. 꼬리지느러미 양 끝이 실처럼 길게 자랍니다.

▶ 성어

▼ 유어

청줄돔
낮은 수온에 강하여 동해에서도 볼 수 있습니다. 쌍, 혹은 작은 무리로 생활합니다. ■ 19cm ■ 한국, 일본, 동중국해, 남중국해 ■ 암초 ■ 해면류, 멍게류

라마크에인절피시
■ 16cm ■ 일본, 서태평양, 인도양 ■ 산호초, 암초 ■ 플랑크톤

▲ 암컷

▶ 성어

▲ 유어. 검은 반점(안상반→121쪽)이 있습니다.

◀ 수컷

리걸에인절피시
■ 21cm ■ 일본, 서·중앙태평양, 인도양 ■ 산호초, 암초 ■ 해면류, 멍게류

재패니즈스왈로우
■ 15cm ■ 일본, 서태평양 ■ 산호초, 암초 ■ 플랑크톤 ■ 토사얏코(일본명)

◀ 암컷

▼ 주둥이가 파랗고 눈 위에 눈썹 같은 검은 점이 있습니다.

쓰리스팟에인절피시
■ 26cm ■ 일본, 서·중앙태평양, 인도양 ■ 산호초, 암초 ■ 해면류, 멍게류

키홀에인절피시
■ 15cm ■ 일본, 서태평양, 동인도양 ■ 산호초, 암초 ■ 조류, 물고기 배설물

바이컬러에인절피시
■ 12cm ■ 일본, 서·중앙태평양, 동인도양 ■ 산호초, 암초 ■ 조류

코랄뷰티에인절피시
지역과 개체에 따라 색깔이 다릅니다. ■ 8cm ■ 일본, 서·중앙태평양, 인도양 ■ 암초, 산호초 ■ 조류, 해면류, 멍게류

재패니즈에인절피시
잡식성으로, 다른 물고기의 배설물을 먹기도 합니다.
■ 13cm ■ 일본, 타이완, 하와이제도 ■ 산호초, 암초 ■ 조류

크기 체크
- 청줄돔 19cm
- 쓰리스팟에인절피시 26cm
- 엠퍼러에인절피시 31cm
- 코랄뷰티에인절피시 8cm

토막상식 일본에서는 청줄돔류의 이름에 '얏코'라는 단어를 많이 붙입니다. 이는 청줄돔류가 가진 아감딱지의 가시가 일본 연 등에 그려져 있는 '얏코(에도시대 무가의 하인)'의 수염과 비슷하게 생겼기 때문입니다.

황줄돔, 이노플로수스 무리

🐟 **물고기 이야기** 황줄돔류는 몸이 납작하며 체고가 높고, 머리에는 뼈가 노출된 부분이 있다. 올드와이프는 이노플로수스과의 유일한 종으로, 호주 남부의 해역에서 볼 수 있다.

농어목

올드와이프 [이노플로수스과] 위
등지느러미에 독 가시가 있습니다. ■ 50cm (전장) ■ 호주 남부 ■ 연안에서 앞바다까지의 암초, 조장 ■ 소동물
■ 이노플로수스 아르마투스
■ 등지느러미의 독 가시

▲ 유어. 칙칙한 노란색 바탕에 검고 가는 지렁이 무늬가 있습니다.

육동가리돔 [황줄돔과]
암초에서 무리 지어 생활합니다. 아래턱에 짧은 수염이 있습니다.
■ 50cm ■ 한국, 일본, 서·중앙태평양 ■ 수심 20~250m의 모랫바닥·암초 ■ 소동물

사자구 [황줄돔과] 식
■ 25cm ■ 한국, 일본, 서·중앙태평양 ■ 수심 100~950m의 저층 ■ 물고기

가시돔, 아홉동가리 무리

🐟 **물고기 이야기** 가슴지느러미의 길고 두꺼운 줄기(연조)로 해저에서 몸을 지탱한다. 가시돔류는 산호나 바위 위, 혹은 산호 가지 사이에서 생활한다. 아홉동가리류는 아래를 향해 달린 주둥이로 모래 속이나 조류 사이에 숨은 소동물을 잡아먹는다.

드워프호크피시 [가시돔과]
■ 7cm ■ 일본, 서·중앙태평양, 인도양 ■ 산호초, 암초 ■ 갑각류, 플랑크톤

플레임호크피시 [가시돔과]
■ 9cm ■ 일본, 서·중앙태평양 ■ 산호초 ■ 갑각류, 플랑크톤

롱노우즈호크피시 [가시돔과]
부채뿔산호나 해양류의 가지 사이에서 삽니다.
■ 13cm ■ 일본, 태평양, 인도양 ■ 암초 ■ 소동물, 플랑크톤

아크아이호크피시 [가시돔과]
■ 14cm ■ 일본, 서·중앙태평양, 인도양 ■ 산호초 ■ 갑각류, 플랑크톤

크기 체크

롱노우즈호크피시 13cm
아홉동가리 36cm
줄벤자리 30cm
육동가리돔 50cm
망상어 20cm

■ 몸길이 ■ 분포 ■ 서식 장소 ■ 먹이 ■ 별명 ■ 위험한 부위 위 위험한 물고기 식 식용 물고기 멸 멸종 위기종

▼ 성어

아홉동가리
[다동가리과] 식
유어는 꼬리지느러미에 물방울무늬가 없으며, 표류하는 조류 등에 붙어서 생활합니다. ■ 36cm ■ 한국, 일본, 동중국해, 남중국해 ■ 얕은 물의 암초 ■ 저생 소동물 ■ 논쟁이

▲ 유어

미기마키(일본명) [다동가리과]
■ 27cm ■ 일본, 타이완 ■ 얕은 물의 암초 ■ 저생 소동물

줄벤자리 등의 무리

🐟 물고기 이야기 🐟 아감딱지의 뼈에 날카로운 가시가 2개 있다. 부레를 써서 '구, 구'하는 소리를 내기도 한다.

망상어 무리

🐟 물고기 이야기 🐟 태생으로, 치어가 상당히 큰 몸으로 태어난다. 한꺼번에 10마리 이상을 낳기도 한다.

줄벤자리
[살벤자리과] 식
■ 30cm ■ 한국, 일본, 서태평양 ■ 연안의 얕은 물, 하구의 기수역에도 나타남 ■ 저생 소동물

살벤자리 [살벤자리과] 식
■ 30cm ■ 한국, 일본, 서·중앙태평양, 인도양
■ 연안의 얕은 물, 하구의 기수역에도 나타남
■ 저생 소동물, 물고기

먹점홍갈치 [홍갈치과] 식
평소에는 모래 진흙에 굴을 파고 숨어 있습니다. 굴 주변에 서서 헤엄치면서 먹이를 잡습니다. ■ 50cm (전장) ■ 한국, 일본, 동중국해, 남중국해 등 ■ 수심 80~100m의 모래 진흙 바닥 ■ 작은 물고기, 갑각류

└ 치어

망상어
[망상어과] 식
■ 20cm ■ 한국, 일본, 동중국해 등
■ 암초, 모랫바닥
■ 플랑크톤

◀ 망상어류의 출산. 꼬리부터 나옵니다.

3종으로 나뉜 망상어
예전에는 망상어와 참망상어, 홍망상어가 하나의 종으로 취급되었습니다. 그러나 2007년에 볼락(→76쪽)과 마찬가지로 3종으로 나뉘어, 망상어보다 몸 색깔이 푸르스름한 것이 참망상어, 붉그스름한 것이 홍망상어가 되었습니다.

▲ 참망상어　　　▲ 홍망상어

115

바다에서 점프!

바닷물고기들은 먹이를 공격할 때나 적에게서 도망칠 때 바다에서 뛰어올라 크게 점프하기도 합니다. 그 순간의 박력 있는 모습을 포착해 봅시다.

▲ 사냥감(물개를 닮은 인형)을 물고 점프하는 백상아리(→28쪽). 해수면의 먹이를 물 때는 몸을 회전시키며 덥석 문 다음 바다 위로 점프합니다.

▼ 지느러미 앞부분이 붙을 만큼 몸을 젖히고 점프하는 멍크쥐가오리(→35쪽).

▼ 바다에서 날아올라 글라이더처럼 활공하는 날치류(→65쪽).

▲ 고속으로 헤엄치다가 바다 위로 날아오르는 태평양참다랑어(→156쪽).

자리돔 무리

물고기 이야기 크기가 작고 색이 아름다운 것이 많으며 전 세계의 산호나 암초에서 서식한다. 몸은 계란형이고 납작하다. 작은 입으로 플랑크톤과 소동물, 조류를 먹는다. 전 세계의 바다에 약 350종이 있다.

농어목

클라운피시
자이언트카펫말미잘과 공생합니다.
- 8cm ■ 일본, 서태평양, 동인도양
- 얕은 물의 산호초 ■ 조류, 갑각류

▲ 클라운피시의 치어.

└ 자이언트카펫말미잘

흰동가리 무리

물고기 이야기 말미잘에서 살면서 위험을 느낄 때마다 촉수 사이에 숨어 자신을 지킨다. 어떤 말미잘에서 사는지는 종마다 다르다. 태어났을 때는 전부 수컷이지만, 무리 안에서 가장 큰 개체가 암컷으로 성전환(→85쪽)을 한다.

흰동가리
버블팁말미잘, 이보하타고말미잘(일본명) 등 대형 말미잘과 공생합니다.
- 10cm ■ 한국, 일본, 서·중앙태평양, 인도양 ■ 산호초 ■ 조류, 갑각류

말미잘과 사는 흰동가리류
말미잘은 촉수에서 독 가시(자포)를 발사하여 마비된 물고기 등을 잡아먹습니다. 그러나 흰동가리는 몸을 감싼 특수한 점액 덕분에 독 가시에 찔리지 않으므로 말미잘과 공생할 수 있습니다. 이들은 함께 살면서 서로에게 도움을 줍니다(상리 공생→148쪽).

흰동가리
- 말미잘에서 살면 적이 다가오지 못하므로 안전하다.

말미잘
- 촉수를 먹으려고 다가오는 물고기를 흰동가리가 쫓아낸다.
- 흰동가리가 촉수 사이를 헤엄쳐 다니며 말미잘의 성장을 촉진한다.

버블팁말미잘
▼ 유어

■몸길이 ■분포 ■서식 장소 ■먹이 ■별명 ■위험한 부위 ⊕위험한 물고기 ⊛식용 물고기 ⊜멸종 위기종

※ 여기서 소개하는 물고기는 전부 자리돔과입니다.

핑크스컹크클라운피시
세베말미잘과 공생합니다.
- 🟥 8cm 🟧 일본, 서·중앙태평양, 동인도양 🟩 산호초 🟦 조류, 플랑크톤

세베말미잘

타마이타다키말미잘

◀ 성어

토마토클라운피시
타마이타다키말미잘(일본명)과 공생합니다.
- 🟥 11cm 🟧 일본, 서태평양 등 🟩 얕은 물의 산호초 🟦 조류, 물고기 알, 플랑크톤

▲ 유어. 흰 가로띠가 3개 있지만, 성장하면 하나만 남습니다.

오렌지스컹크클라운피시
자이언트카펫말미잘 또는 세베말미잘과 공생합니다.
- 🟥 11cm 🟧 일본, 서태평양, 동인도양 🟩 산호초 🟦 조류, 플랑크톤

자이언트 카펫말미잘

세계의 흰동가리를 찾아보자!

흰동가리류는 전 세계에 28종이 있으며 어느 나라에서나 사랑받는 바다의 톱스타입니다. 일본에서는 그중 6종을 볼 수 있습니다.

마룬 클라운피시
서·중앙태평양, 인도양에서 볼 수 있습니다. 아감딱지에 작은 가시가 있습니다.

가시

이보하타고말미잘

새들백클라운피시
이보하타고말미잘과 공생합니다.
- 🟥 10cm 🟧 일본, 서태평양 등 🟩 만의 모랫바닥 🟦 조류

알

◀ 모랫바닥에서 살기 때문에 산란기에는 말미잘 옆에 작은 돌이나 조개껍질을 날라 와서 그 위에 알을 낳습니다.

화이트스나우트 아네모네피시
호주 일부 섬 주변에서 볼 수 있습니다. 검은 몸에 흰 가로띠가 있습니다.

새들 아네모네피시
서태평양, 동인도양에서 볼 수 있습니다. 완숙 토마토 같은 색깔입니다.

화이트보닛 아네모네피시
서·중앙태평양에서 볼 수 있습니다. 특이한 흰색 무늬가 있습니다.

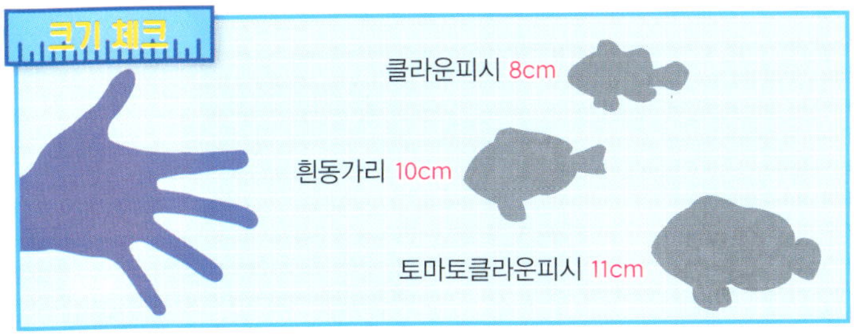

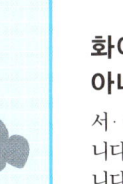

크기 체크
- 클라운피시 8cm
- 흰동가리 10cm
- 토마토클라운피시 11cm

토막 상식 흰동가리류는 말미잘 근처에서 무리 지어 살지만, 모두 우연히 거기에 모였을 뿐, 혈연관계는 없습니다.

자리돔 무리

🐟 **물고기 이야기** 산호나 바위 주변에서 큰 무리를 이루며 바닷속을 물들이는 물고기다. 수컷은 바위의 움푹 팬 곳 등 산란할 곳을 찾은 뒤 암컷에게 산란을 시켜 부화할 때까지 알을 지킨다.

농어목

투스트라이프담셀피시
산호 주변에서 무리를 짓습니다.
■ 7cm ■ 일본, 서·중앙태평양, 동인도양 ■ 산호초 ■ 플랑크톤, 물고기 알, 조류

스리스트라이프담셀피시
산호 주변에서 무리를 짓습니다.
■ 7cm ■ 일본, 서·중앙태평양, 인도양 ■ 산호초 ■ 플랑크톤, 물고기 알, 조류, 해면류, 저생 소동물

자리돔 식
낮은 수온에 강하여 동해에서도 볼 수 있습니다. ■ 10cm
■ 한국, 일본, 동중국해, 남중국해 등 ■ 연안의 암초·산호초 ■ 플랑크톤

▼ 성어

▼ 유어

▼ 성어

◀ 유어. 유어일 때는 흰동가리류(→118쪽)처럼 말미잘과 공생합니다.

샛별돔
■ 11cm ■ 일본, 서·중앙태평양, 인도양 ■ 산호초, 암초 ■ 플랑크톤, 조류

아마미자리돔(일본명)
유어와 성어의 색깔과 무늬가 전혀 다릅니다.
■ 14cm ■ 일본, 서·중앙태평양, 인도양 ■ 산호초, 암초 ■ 플랑크톤

◀ 입술이 두껍고 감겨 올라가 있습니다.

빅립담셀피시
■ 6cm ■ 일본, 서태평양, 동인도양 ■ 산호초 ■ 산호 폴립

▼ 성어 ▼ 유어

골든담셀피시
■ 17cm ■ 일본, 서·중앙태평양, 동인도양 ■ 산호초, 암초 ■ 플랑크톤

그린크로미스
산호 주변에서 큰 무리를 짓습니다.
■ 7cm ■ 일본, 서·중앙태평양, 인도양 ■ 산호초 ■ 플랑크톤

황줄깜정이, 돌돔 등의 무리

🐟 **물고기 이야기** 황줄깜정이와 뱅에돔류는 둘 다 몸이 아주 납작하고 체고가 높지만, 이빨 형태가 다르다. 돌돔은 작은 이빨이 모여 생긴 딱딱한 이빨(융합치)로 조개류와 성게, 게 등을 씹어 먹는다.

농어목

황줄깜정이 [황줄깜정이과] 식
유어일 때는 떠다니는 조류 등 표류하는 물체 밑에 모이는 습성이 있습니다. ■ 70cm (전장) ■ 한국, 일본, 서·중앙태평양, 인도양 ■ 얕은 물의 암초 ■ 저생 소동물, 조류

뱅에돔 [황줄깜정이과] 식
■ 41cm ■ 한국, 일본, 동중국해, 남중국해 ■ 연안의 암초 ■ 갑각류, 조류

황조어 [황줄깜정이과] 식
다카사고류(→100쪽)와 비슷하지만 다른 집단의 어류입니다. ■ 22cm ■ 한국 남부, 일본 등 ■ 연안의 암초 ■ 플랑크톤

범돔 [황줄깜정이과]
예전에는 나비고기류(→110쪽)로 여겨졌으나 분류가 바뀌었습니다. ■ 20cm ■ 한국, 일본, 서·중앙태평양, 동인도양 ■ 암초 ■ 소동물, 플랑크톤

▼ 성어

▶ 치어

돌돔 [돌돔과] 식
수컷이 노성하면 몸 무늬가 희미해지고 입 주변이 검게 변합니다. ■ 50cm ■ 한국, 일본, 동중국해, 남중국해 등 ■ 연안의 암초 ■ 갑각류, 조개, 성게

▶ 수컷 노성어(검은 입)

▲ 수컷 노성어(하얀 입)

▶ 유어

강담돔 [돌돔과] 식
수컷이 노성하면 몸 무늬가 희미해지고 입 주변이 하얗게 변합니다. ■ 60cm ■ 한국, 일본, 동중국해, 남중국해 등 ■ 연안의 암초 ■ 갑각류, 조개, 성게 ■ 깨돔

◀ 성어

은잉어 [알록잉어과]
■ 21cm ■ 한국, 일본, 태평양·인도양의 열대·아열대역 ■ 연안의 암초 ■ 플랑크톤

크기 체크
- 돌돔 50cm
- 황줄깜정이 70cm
- 병어 26cm
- 범돔 20cm
- 샛돔 17cm

■ 몸길이 ■ 분포 ■ 서식 장소 ■ 먹이 ■ 별명 ■ 위험한 부위 ⓦ 위험한 물고기 ⓢ 식용 물고기 ⓜ 멸종 위기종

샛돔, 노메치 등의 무리

🐟 **물고기 이야기** 샛돔과 노메치류는 유어일 때는 해수면을 흐르는 해조나 표류물, 해파리 등에 붙어 표층에서 살고, 성장하면 심층으로 이동한다.

샛돔 [샛돔과] 식
평소에는 심해의 저층에 있다가 밤이 되면 약간 얕은 곳으로 올라갑니다. 🔴 17cm ⬛ 한국, 일본, 남중국해 🟢 대륙붕 저층 🔵 해파리류, 갑각류, 플랑크톤

연어병치 [샛돔과] 식
🔴 72cm ⬛ 한국, 일본, 동중국해, 하와이제도 등 🟢 수심 100m 이상의 저층 🔵 대형 플랑크톤

▶ 눈이 아주 큽니다.

큰눈연어병치(일본명) [보라기름눈돔과]
🔴 35cm ⬛ 일본, 서·중앙태평양, 대서양의 열대역 등 🟢 수심 180~370m의 저층

비늘이 딱딱하고 잘 벗겨지지 않는 마름모꼴 비늘입니다.

독비늘샛돔(일본명) [독비늘샛돔과(일)]
🔴 36cm ⬛ 일본, 태평양·대서양의 열대·온대역 등 🟢 먼바다의 중심층·심층 🔵 해파리류

◀ 약어

비늘이 작고 잘 벗겨집니다.

병어 [병어과] 식
배지느러미가 없습니다. 🔴 26cm ⬛ 한국, 일본, 동중국해 등 🟢 대륙붕의 모래 진흙 바닥 🔵 갑각류, 해파리류 🟣 병치

동강연치 [노메치과]
🔴 21cm ⬛ 한국, 일본, 서태평양·인도양의 열대·아열대역 🟢 수심 150m보다 깊은 저층 🔵 해파리류, 갑각류

날가지숭어 [날가지숭어과] 식
🔴 45cm ⬛ 한국, 일본, 서·중앙태평양, 인도양 🟢 연안의 모랫바닥, 진흙 바닥, 하구에도 나타남 🔵 저생 소동물

▲ 아래턱이 짧고, 가슴지느러미의 가는 줄기(연조)가 뿔뿔이 흩어져 있습니다.

가슴지느러미

물릉돔 [노메치과]
유어일 때는 몸이 반투명하지만, 성어가 되면 거무스름해집니다.
🔴 47cm ⬛ 일본, 태평양·인도양·대서양의 열대·온대역 🔵 해파리류, 갑각류, 플랑크톤

◀ 유어. 해파리류에 붙어 표층을 떠다닙니다.

토막상식 샛돔과 노메치류의 유어는 해파리의 독 있는 촉수 사이에 숨어 자신을 보호하고, 해파리를 먹으며 성장합니다. (기생→148쪽)

※ 여기서 소개하는 물고기는 전부 놀래기과입니다.

▼ 수컷 **카펜터플레셔래스**
수컷은 암컷에게 구애할 때 선명한 색의 등지느러미를 확 펼쳤다 접었다 합니다.
- 8cm
- 일본, 서태평양
- 암초, 산호초
- 플랑크톤

▼ 수컷 **실용치**
수컷의 배지느러미가 실처럼 길게 자라나므로 이런 이름이 붙었습니다.
- 9cm
- 한국, 일본, 서태평양 등
- 암초, 산호초
- 플랑크톤

배지느러미

타키베라(일본명)
- 80cm
- 일본, 서·중앙태평양, 인도양
- 암초, 산호초
- 갑각류, 저생 소동물

사랑놀래기 식
- 35cm
- 한국, 일본, 동중국해, 남중국해
- 암초
- 저생 소동물

▼ 성어   ▼ 유어

먹물붙은놀래기(일본명)
- 20cm
- 일본, 서·중앙태평양, 인도양
- 암초, 산호초
- 물고기, 플랑크톤

할리퀸터스크피시 식
- 30cm
- 일본, 서태평양
- 암초, 산호초
- 저생 소동물

▼ 성어

라이어테일호그피시
- 21cm
- 일본, 서·중앙태평양, 인도양
- 암초, 산호초
- 물고기, 플랑크톤

▲ 유어

호박돔 식
- 40cm
- 한국, 일본, 동중국해, 남중국해 등
- 암초
- 저생 소동물

혹돔 식
성장한 수컷은 이마와 아래턱이 크게 튀어나와 혹이 난 듯 보입니다.
- 100cm
- 한국, 일본, 동중국해, 남중국해 등
- 암초
- 조개, 갑각류
- 엉이, 웽이

▲ 유어

놀래기 무리

※ 여기서 소개하는 물고기는 전부 놀래기과입니다.

▼ 성어　▶ 유어

농어목

클라운코리스
위험을 느낄 때 또는 밤에 쉴 때는 모래 속에 숨습니다. 노성한 수컷은 이마가 혹처럼 튀어나옵니다. ■ 100cm ■ 일본, 서·중앙태평양, 인도양 ■ 모래자갈 바닥, 암초, 산호초 ■ 갑각류, 조개

▼ 수컷
▼ 암컷

▼ 수컷
선셋래스
■ 20cm ■ 일본, 서·중앙태평양, 인도양 ■ 암초, 산호초 ■ 소동물
▶ 암컷

▲ 수온이 낮은 시기에는 모래 속에 숨어 동면합니다.

용치놀래기 식
■ 30cm ■ 한국, 일본, 동중국해, 남중국해 등 ■ 모래자갈 바닥, 산호초 ■ 갑각류, 갯지렁이류 ■ 술뱅이

▲ 유어
▲ 성어
청줄청소놀래기
다른 물고기에 붙은 기생충을 먹는 '청소 고기'로 유명합니다.
■ 10cm ■ 한국, 일본, 서·중앙태평양, 인도양 ■ 암초, 산호초 ■ 기생충 ■ 기생놀래기

▼ 수컷
버드래스
튀어나온 입으로 산호 사이에 숨은 소동물을 잡아먹습니다.
■ 20cm ■ 일본, 서·중앙태평양, 인도양 ■ 암초, 산호초 ■ 소동물

▼ 암컷

바다에서 인기 만점! 청소부 고기
큰 물고기가 기분이 좋은 듯 움직임을 멈출 때가 있습니다. 그럴 땐 대개 물고기에 붙은 기생충을 부지런히 먹어 청소하는 청줄청소놀래기가 있습니다. 큰 물고기는 몸을 깨끗이 만들어 주는 청줄청소놀래기를 공격하지 않습니다. 그리고 청줄청소놀래기는 좋아하는 기생충을 안전하게 먹을 수 있습니다(상리 공생→148쪽).

▲ 거대한 물고기의 입안을 청소하는 청줄청소놀래기.

▼ 유어. 바닷속을 떠다니는 해조류를 흉내(의태) 냅니다.

▼ 수컷
검은목놀래기(일본명)
■ 12cm ■ 일본, 서·중앙태평양, 동인도양 ■ 모래자갈 바닥, 암초, 산호초 ■ 저생 소동물
▲ 암컷

■몸길이 ■분포 ■서식 장소 ■먹이 ■별명 ■위험한 부위 위위험한 물고기 식식용 물고기 멸멸종 위기종

놀라운 물고기 칼럼
물고기 색깔의 변화

물고기의 색깔과 무늬는 다양한 계기로 변화합니다. 하루의 시간 흐름에 따라 일상적으로 변하기도 하고, 산란기에 일시적으로 변하기도 하며, 성장에 따라 긴 시간에 걸쳐 변하기도 합니다. 모든 변화가 물고기의 생태와 깊은 관련이 있습니다.

어른이 되면 차분해져요!

유어와 성어의 색깔이 크게 다른 물고기가 많습니다. 독이 있는 생물과 비슷한 색깔로 변해서 자신을 보호하는 종도 있고, 주변 환경과 비슷한 색으로 변해서 적에게 들키지 않으려 하는 종도 있으며, 같은 종의 성어에서 자신을 지키기 위해 성어와 전혀 다른 체색을 띠는 종도 있습니다.

▼ 유어 ▼ 약어

▼ 성어

놀래기류인 아프리칸코리스의 색깔 변화. 유어일 때는 산뜻한 색이었다가 성장할수록 차분한 색으로 바뀝니다.

낮과 밤의 얼굴이 다르다!

산호초에서 사는 산뜻한 색깔의 물고기들 대부분이 밤이 되면 수수한 색으로 변합니다. 야행성의 육식 물고기에게 들키지 않기 위해서인 듯합니다.

▲ 낮의 모습   ▲ 밤의 모습

나비고기류인 셰브런나비고기의 색깔 변화. 색이 어두워져 눈에 띄지 않게 되었고, 눈처럼 보이는 흰 반점 때문에 머리의 위치가 헛갈립니다.

성전환으로 화려하게 변신!

수컷에서 암컷, 암컷에서 수컷으로 성전환(→85쪽)을 하는 물고기가 있습니다. 성전환은 긴 시간에 걸쳐 서서히 이루어지므로 몸의 구조가 바뀌는 것과 함께 색깔도 천천히 달라집니다.

▼ 암컷 ▼ 중간

▼ 수컷

꽃돔(→85쪽)의 색깔 변화. 암컷에서 수컷으로 몸 구조가 바뀌면서 색깔과 무늬도 천천히 바뀝니다.

혼인색으로 암컷에게 어필!

암컷이 산란기를 맞으면 수컷은 구애를 위해 산란기 특유의 색깔(혼인색)을 드러냅니다. 흥분했을 때도 그와 똑같은 색이 나타날 수 있습니다.

◀ 수컷

▼ 암컷

청황베도라치(→137쪽)의 색깔 변화. 수컷이 혼인색을 드러내며 암컷에게 구애하고 있습니다.

물고기의 색깔은 다른 계기로도 변합니다.

낚여 올라온 뒤의 색깔 변화 → 다카사고류(→100쪽)
주변 환경에 따른 색깔 변화 → 가자미류(→160쪽)

농어목

비늘돔 무리

🐟 **물고기 이야기** 입속에 앵무새의 부리 같은 튼튼한 이빨이 있고 목구멍 속에도 음식을 으깨는 이빨(인두치→185쪽)이 있다. 암컷에서 수컷으로 성전환(→85쪽)하며, 수컷, 암컷, 유어의 색깔이 각기 다르다. 따뜻한 지역에서는 중요한 식용어. 전 세계의 바다에 약 90종이 있다.

◀ 수컷

▼ 암컷

색비늘돔(일본명) 식
- 🟥 80cm 🟧 일본, 서·중앙태평양, 인도양
- 🟩 산호초 🟦 조류 🟪 바이컬러패럿피시

▲ 유어. 머리의 오렌지색 띠무늬는 성장하면 색이 바랜다.

◀ 수컷

▶ 암컷

비늘돔 식
- 🟥 40cm 🟧 한국 남부, 일본, 타이완 🟩 조장, 자갈 바닥
- 🟦 조류, 저생 소동물

▲ 유어

크기 체크
- 비늘돔 40cm
- 색비늘돔 80cm
- 범프헤드비늘돔 120cm

물고기 씨의 물고기 이야기 — 산호초의 아름다운 모래밭을 비늘돔이 만들었다고!?

비늘돔류는 이빨과 턱이 매우 튼튼합니다. 그래서 산호의 딱딱한 골격을 으드득으드득 씹어 부숩니다. 하지만 비늘돔류 대부분은 살아 있는 산호를 별로 먹지 않습니다. 대신 산호의 죽은 골격에 붙어 있는 조류를 주로 먹지요. 으깨서 입에 넣은 산호의 골격은 목 안쪽에 있는 이빨(인두치)로 다시 잘게 부수어져 소화되지 않은 채 변으로 배출됩니다. 그것이 산호초 주변 모래밭의 재료가 되는 것입니다. 비늘돔류의 변이 하얗고 예쁜 모래가 되었다니, 정말 놀랍죠?

▲ 비늘돔류는 식욕이 왕성해서 많이 먹고 많이 배설합니다.

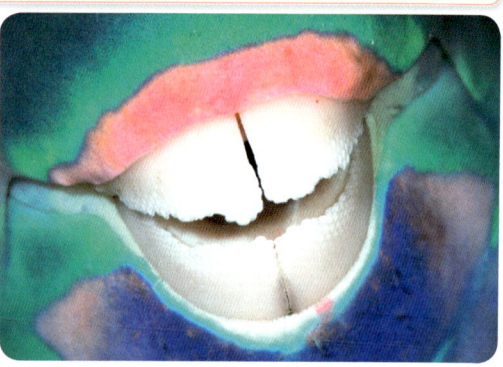

▲ 비늘돔류의 이빨. 종에 따라 이빨 모양이 다릅니다.

▲ 배설하는 비늘돔류.

▲ 산호 조각이 많이 포함된 모래.

🟥몸길이 🟧분포 🟩서식 장소 🟦먹이 🟪별명 🟥위험한 부위 위험한 물고기 식식용 물고기 별멸종 위기종

※ 여기서 소개하는 물고기는 전부 파랑비늘돔과입니다.

남양비늘돔(일본명) 식
성장하면 머리가 혹 모양으로 부풀어 오릅니다. 밤에는 바위 그늘 등에서 점액으로 만든 자루를 뒤집어쓰고 잡니다.
- 🟥 70cm 🟧 일본, 서·중앙태평양 🟩 산호초
- 🟦 조류

대머리비늘돔(일본명) 식
밤에는 점액으로 만든 자루를 뒤집어쓰고 잡니다.
- 🟥 30cm 🟧 일본, 서·중앙태평양, 인도양 🟩 산호초, 암초
- 🟦 조류

파랑비늘돔 위 식
성장하면 머리가 혹 모양으로 부풀어 오릅니다. 점액으로 만든 자루를 뒤집어쓰고 잡니다.
- 🟥 65cm 🟧 한국, 일본, 동중국해, 남중국해 등 🟩 암초 🟦 조류
- 🟥 내장에 독이 있을지 모름

▶ 점액 자루를 뒤집어쓰는 것은 냄새를 차단하여 야행성 육식어의 공격을 피하기 위해서라고 합니다.

범프헤드비늘돔 식
앞 얼굴은 절벽 모양이고 머리는 혹처럼 부풀어 있습니다. 다른 비늘돔과는 달리, 살아 있는 산호를 먹습니다. 낮에는 산호초 주변을 무리 지어 헤엄쳐 다니고, 밤에는 단독으로 바위나 산호 그늘에서 쉽니다. 🟥 120cm
🟧 일본, 서·중앙태평양, 인도양 🟩 산호초 🟦 조류, 산호

▲ 범프헤드비늘돔의 무리. 얼굴의 상처는 산호를 갉아먹을 때 생긴 것입니다.

카지카 무리

🐟 물고기 이야기 원래는 쏨뱅이목이라는 분류군이었지만 분류가 바뀌어 농어목으로 편입되었다(한국은 여전히 쏨뱅이목으로 분류함). 바다에서 사는 종과 하천에서 사는 종이 있다. 식용으로도 중요한 어류다.

쥐노래미, 은대구 등의 무리

🐟 물고기 이야기 따뜻한 바다에서 찬 바다까지, 얕은 물의 암초에서 심해까지 다양한 영역에서 서식한다. 식용으로 친숙한 물고기가 많다.

▲ 성어

쥐노래미 [쥐노래미과] 식
- 🟥 30cm 🟧 한국~러시아 남동부, 일본 등 🟩 얕은 물의 암초
- 🟦 작은 물고기, 저생 소동물 🟪 놀래미

▼ 수컷. 쥐노래미류 암컷이 조류와 바위 등에 알을 낳으면 수컷이 그것을 지킵니다.

알

▼ 유어

임연수어 [쥐노래미과] 식
- 🟥 60cm 🟧 한국 남부~오호츠크해 남부, 일본 🟩 대륙붕의 암초
- 🟦 물고기, 갑각류

도루묵 [도루묵과] 식
산란기가 되면 깊은 물에서 얕은 물의 조장으로 이동하여 일제히 산란합니다. 🟥 20cm (전장) 🟧 한국 동부~캄차카반도, 일본 등 🟩 수심 100~400m의 대륙붕·대륙 사면의 모래 진흙 바닥 🟦 갑각류, 오징어

은대구 [은대구과] 식
미국과 캐나다에서 대량으로 수입되는 주요 식용어입니다. 🟥 100cm
- 🟧 일본, 북태평양, 동태평양(북부)
- 🟩 수심 300~2,700m의 진흙 바닥
- 🟦 작은 물고기

큰은대구
[은대구과] 위 식
- 🟥 150cm 🟧 일본, 북태평양, 동태평양(북부) 🟩 수심 700m까지의 암초 🟦 작은 물고기 🟥 살에 지방분이 많음(과식하면 설사할 수 있음)

🟥몸길이 🟧분포 🟩서식 장소 🟦먹이 🟪별명 🟥위험한 부위 위위험한 물고기 식식용 물고기 멸멸종 위기종

카지카 무리

물고기 이야기 머리가 크고 몸은 작은 비늘과 점액, 판 모양의 뼈(골판) 등으로 덮여 있다. 부레 없이 해저에서 산다. 전부 난생이지만 교미한 후에 산란하기도 한다.

뿔횟대[둑중개과] 위
아가미에 가시가 몇 개 있고 개체마다 색깔이 다릅니다. ■ 28cm ■ 한국 동부~북태평양, 일본 ■ 대륙붕의 모래자갈 바닥 ■ 저생 소동물 ■ 아가미의 가시

돌팍망둑[둑중개과]
조류가 많은 곳을 좋아하며 색깔과 무늬가 다양합니다. ■ 18cm ■ 한국 남부, 일본 ■ 연안의 조장 ■ 작은 물고기, 저생 소동물

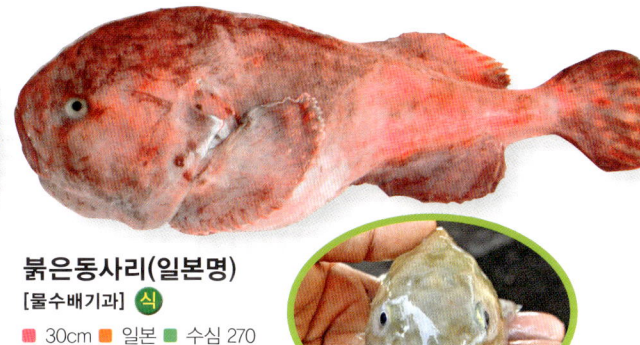

개구리꺽정이[둑중개과] 식
■ 40cm ■ 한국 동부~북태평양, 일본 ■ 연안의 암초, 조장 ■ 물고기, 소동물

붉은동사리(일본명)
[물수배기과] 식
■ 30cm ■ 일본 ■ 수심 270~1,010m의 저층 ■ 저생 소동물

▲ 전신이 말랑말랑하고 부드러운 젤라틴 같은 물질로 이루어져 있습니다.

창치[둑중개과]
몸이 얇고 머리와 등에 가시가 없습니다.
■ 12cm ■ 한국 남부, 일본 ■ 얕은 물의 조장 ■ 저생 소동물

부리카지카(일본명)[물수배기과]
머리가 커서 몸의 절반 정도를 차지합니다. 가슴지느러미로 걷듯이 이동합니다. ■ 8cm ■ 일본, 북태평양, 동태평양(북부) ■ 암초 ■ 그런트스컬핀

고무꺽정이[물수배기과]
큰 머리에 가시가 많습니다. ■ 30cm
■ 한국 동부~북태평양, 일본, 동태평양(북부) ■ 수심 850m까지의 저층
■ 저생 소동물

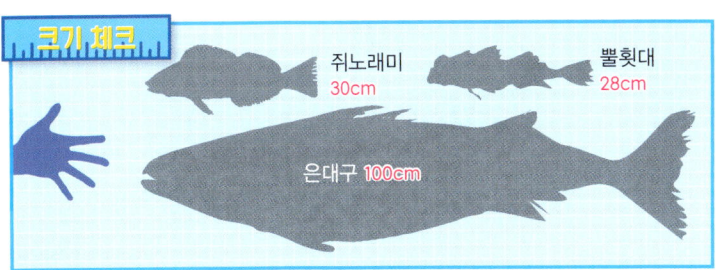

크기 체크
쥐노래미 30cm
뿔횟대 28cm
은대구 100cm

토막상식 카지카류는 국이나 찌개를 끓일 때 맛있는 육수를 내는 재료입니다. 일본에서는 냄비 바닥을 너무 긁어서 구멍이 날 만큼 맛있다는 뜻에서 '냄비부수개'라고도 불립니다.

카지카 무리

날개횟대 [삼세기과]
- 20cm
- 한국 동부~북태평양, 일본, 동태평양(북부)
- 연안의 얕은 물의 암초
- 물고기, 갑각류

삼세기 [삼세기과] 식
물을 마셔 배를 부풀릴 수가 있습니다.
- 30cm
- 한국~북태평양, 일본 등
- 수심 540m까지의 저층
- 물고기, 갑각류

▲ 얼굴에 피부가 변해서 생긴 돌기(피판)가 많습니다.

날개줄고기 무리

🐟 **물고기 이야기** 몸 전체가 거의 판 모양의 뼈(골판)로 덮여 있다. 입 주변이나 주둥이 끝에 수염이 있는 종이 많다.

곱추줄고기 [날개줄고기과]
- 17cm
- 한국 동부~사할린, 일본, 쿠릴 열도 남부
- 수심 100m까지의 암초·모래 진흙 바닥
- 저생 소동물

수염 →

날개줄고기 [날개줄고기과] 식
등지느러미와 배지느러미가 특히 커서 이런 이름이 붙었습니다. 수컷은 이 지느러미를 펼쳐 암컷에게 구애합니다.
- 35cm
- 한국 동부~오호츠크해, 일본
- 수심 270m까지의 암초·모래 진흙 바닥
- 저생 소동물

← 수염

▲ 수컷

악어줄고기 [날개줄고기과]
- 16cm
- 일본, 러시아 남동부, 북태평양 등
- 수심 500m까지의 암초·모래 진흙 바닥
- 저생 소동물

◀ 매우 길쭉한 몸에 둥근 꼬리가 있습니다.

수염 →

고양이줄고기 [날개줄고기과]
- 16cm
- 한국 동부~사할린, 일본
- 수심 140m까지의 암초·모래 진흙 바닥
- 저생 소동물

크기 체크
- 엄지도치 2cm
- 꼼치 47cm
- 날개줄고기 35cm

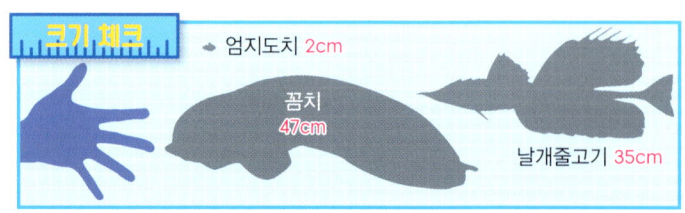

■몸길이 ■분포 ■서식 장소 ■먹이 ■별명 ■위험한 부위 위험한 물고기 식식용 물고기 멸종 위기종

엄지도치, 꼼치 무리

🐟 **물고기 이야기** 몸이 둥그스름하다. 좌우의 배지느러미가 변해서 생긴 흡반으로 바위 등에 달라붙는다. 수컷은 부화할 때까지 알을 지킨다.

골린어 [도치과]
- 6cm ■ 한국 북동부, 일본, 러시아 남동부~캄차카반도 등 ■ 수심 230m까지의 암초 ■ 저생 소동물 ■ 풍선고기

엄지도치 [도치과]
성장해도 2cm 정도인 작은 물고기입니다. 노란색과 녹색, 분홍색, 빨간색 등 색깔이 다양합니다. ■ 2cm ■ 일본, 쿠릴 열도 남부 등 ■ 연안의 얕은 물의 조장 ■ 옆새우류, 바다대벌레류

◀ 무엇에든 붙는 엄지도치의 흡반.

뚝지 [도치과] 식
- 25cm ■ 한국 동부~북태평양, 일본, 동태평양(북부) ■ 대륙붕의 암초 ■ 해파리류 ■ 씬퉁이

도치 [도치과] 식
온몸에 혹 모양의 골질 돌기가 있습니다. ■ 8cm ■ 한국, 일본, 북태평양, 동태평양(북부) 등 ■ 암초 ■ 저생 소동물

럼피시 [도치과] 식
- 61cm (전장) ■ 대서양(북부) ■ 암초, 조장 ■ 해파리류, 소형 갑각류 ■ 새알고기, 럼서커

물미거지 [꼼치과]
입에 수염이 많고 온몸에 오렌지색 지렁이 무늬가 있는 것이 특징입니다. ■ 35cm ■ 한국 동부~러시아 남동부, 일본, 캄차카반도 남동부 ■ 수심 35~700m의 저층 ■ 소동물

꼼치 [꼼치과]
암컷이 산란 직후, 수컷은 부화할 때까지 알을 보호한 다음에 일생을 마칩니다. ■ 47cm ■ 한국, 일본, 동중국해 등 ■ 대륙붕 저층 ■ 작은 물고기, 갑각류

등가시치, 어리장괴이 등의 무리

농어목

🐟 물고기 이야기 🐟

몸이 뱀장어처럼 가늘고, 등지느러미와 꼬리지느러미, 뒷지느러미가 이어져 있는 것이 많다. 주로 찬 바다의 연안에서 심해까지 이르는 영역에서 산다. 남극해나 북극해에도 살고 있으며 일본에서는 도호쿠 지방, 즉 북쪽으로 갈수록 종류가 많아진다.

▼ 민베도라치의 몸.

▼ 입을 180도 가까이 벌리고 서로 밀치며 영역 다툼을 합니다.

민베도라치 [장갱이과]
바위에 뚫린 굴에서 삽니다. 🟥 11cm (전장) 🟧 한국(제주도), 일본 🟩 연안의 암초·조장 🟦 저생 소동물

벌레문치 [등가시치과] 식
머리와 배에 비늘이 없고, 성장하면서 무늬가 달라집니다. 🟥 100cm (전장) 🟧 한국 동부~오호츠크해(서부), 일본 🟩 수심 120~870m의 모래 진흙 바닥 🟦 저생 물고기, 갑각류

청자갈치 [등가시치과] 식
몸이 젤라틴처럼 부드럽고 배지느러미가 없습니다. 🟥 30cm (전장) 🟧 한국 동부~베링해, 일본 🟩 수심 140~1,980m의 모래 진흙 바닥 🟦 저생 소동물

어리장괴이 [장갱이과] 위 식
🟥 40cm 🟧 한국, 일본, 러시아 남동부, 오호츠크해 등 🟩 수심 500m까지의 모래 진흙 바닥 🟦 물고기, 갑각류 🟥 난소에 독이 있음

괴도라치 [장갱이과]
🟥 50cm 🟧 한국, 일본 등 🟩 암초, 만 🟦 해삼류, 말미잘류, 갯지렁이류, 해우류, 고둥

▲ 머리, 등지느러미 앞부분에 피부가 변해서 생긴 술 같은 돌기(피판)가 많습니다.

크기 체크
- 민베도라치 11cm
- 이리치 100cm
- 점무늬빙어 52cm
- 벌레문치 100cm

🟥 몸길이 🟧 분포 🟩 서식 장소 🟦 먹이 🟪 별명 🟥 위험한 부위 위 위험한 물고기 식 식용 물고기 멸 멸종 위기종

▼ 몸을 휘감아서 알을 지킵니다.

알

이리치 [이리치과] 위
송곳니 모양의 이빨로 먹이를 물고, 어금니로 딱딱한 껍질 등을 으깨어 먹습니다. ■ 100cm (전장)
■ 일본, 북태평양 등 ■ 수심 50~100m의 암초 ■ 성게, 조개, 문어, 갑각류 ■ 늑대장어, 베링울프피시 ■ 이빨

황줄베도라치 [황줄베도라치과]
환경에 따라 색깔이 달라집니다.
■ 18cm ■ 한국 북동부, 일본, 쿠릴 열도 등 ■ 연안의 조장 ■ 갑각류

바닥가시치 [바닥가시치과]
바위 밑이나 틈새에 몸을 숨깁니다.
■ 15cm ■ 한국 동부~오호츠크해, 일본
■ 연안의 암초 ■ 갑각류

베도라치 [황줄베도라치과] 식
▲ 성어
바위 그늘이나 조류 속에 몸을 숨깁니다. 일본의 간토 지방에서는 식용으로 쓰입니다.
■ 29cm ■ 한국 동부·남부, 일본 ■ 연안의 암초·모래 진흙 바닥, 조수 웅덩이 ■ 저생 소동물

▼ 치어

남극카지카(일본명) 무리

물고기 이야기 때로 바닷물이 얼기도 하는 남극해의 극한의 환경에서 사는 어류다. 혈액이 투명하고 몸이 새하얀 물고기, 부레가 없이 몸의 지방으로 부력을 조절하는 물고기 등 몸 구조가 특이한 것이 많다.

대머리빙어 [남극카지카과(일)]
얼음 밑에서 무리를 만들고 활발하게 헤엄쳐 다닙니다.
■ 28cm (전장) ■ 남극해 ■ 표층(해빙 아래) ■ 크릴, 작은 물고기

점무늬빙어 [남극빙어과]
배지느러미로 몸을 지탱합니다. ■ 52cm (전장)
■ 남극해(남극반도~스코시아해) ■ 해저 ■ 크릴, 물고기

▲ 입을 크게 벌린 점무늬빙어. 혈액이 투명해서 몸속도 하얗게 보입니다.

▲ 혈액 속의 특수한 단백질 덕분에 혈액이 잘 얼지 않으므로 영하 2도에서도 활발하게 움직일 수 있습니다.

토막상식 남극빙어과 물고기의 혈액은 붉은 색소가 들어 있는 헤모글로빈 등이 없어서 마치 물처럼 무색투명합니다.

눈동미리, 얼룩통구멍 등의 무리

농어목

🐟물고기 이야기🐟 눈동미리류는 몸이 약간 길고 둥글며, 암컷에서 수컷으로 성전환(→85쪽)을 한다. 얼룩통구멍류는 모래 속에 숨은 채 큰 입으로 작은 물고기나 소동물을 잡아서 꿀꺽 삼킨다.

눈동미리[양동미리과] 식
- 🟥 18cm 🟧 한국, 일본, 동중국해, 남중국해, 동인도양 🟩 얕은 물의 모래자갈 바닥 🟦 물고기, 저생 소동물

열쌍동가리[양동미리과] 식
- 🟥 17cm 🟧 한국, 일본, 동중국해 등 🟩 대륙붕의 모래 진흙 바닥 🟦 물고기, 저생 소동물

배의 돛처럼 보이는 수컷의 제1등지느러미. 펼쳤다 접었다 할 수 있습니다.

노랑띠눈퉁이[꼬리점눈퉁이과]
- 🟥 6cm 🟧 한국(제주도), 일본, 타이완 🟩 연안의 모랫바닥 🟦 저생 소동물

오구로눈동미리(일본명)[양동미리과]
- 🟥 20cm 🟧 일본, 서·중앙태평양 🟩 얕은 물의 산호초·모래자갈 바닥 🟦 물고기, 저생 소동물

◀ 부풀어 오른 위를 관찰할 수 있도록 만든 박제.

블랙스왈로어[키아스모돈과]
큰 입에 날카로운 이빨이 있어서 한번 문 사냥감을 놓치지 않습니다. 위를 크게 부풀릴 수 있어서 자신의 몸보다 큰 먹이도 삼킵니다.
- 🟥 25cm 🟧 일본, 인도양, 대서양 🟩 중심층 🟦 물고기

악어치[악어치과]
- 🟥 12cm 🟧 한국, 일본, 동중국해, 호주 남동부 등 🟩 대륙붕의 모래 진흙 바닥 🟦 작은 물고기, 갑각류, 오징어

컨빅트블레니[폴리디크티스과]
새끼가 부모를 돌보는 것은 물고기로서는 아주 드문 일입니다. 컨빅트블레니는 수천 마리의 유어와 그 부모가 함께 사는데, 부모는 유어를 입속에 넣어서 유어가 잡아 온 플랑크톤을 먹습니다. 🟥 34cm (전장) 🟧 서태평양 🟩 산호초 🟦 플랑크톤

까나리[까나리과] 식
만의 모랫바닥에서 큰 무리를 짓습니다. 수온이 15도를 넘으면 모래를 파고 들어가 '여름잠'을 잡니다. 🟥 25cm 🟧 한국, 일본, 동중국해 등 🟩 만의 모랫바닥 🟦 플랑크톤

크기 체크
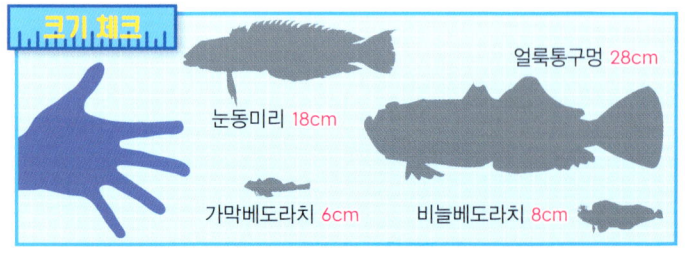
- 눈동미리 18cm
- 얼룩통구멍 28cm
- 가막베도라치 6cm
- 비늘베도라치 8cm

▲ 약어

🟥몸길이 🟧분포 🟩서식 장소 🟦먹이 🟪별명 🟥위험한 부위 위위험한 물고기 식식용 물고기 멸멸종 위기종

▲ 등지느러미의 줄기(연조)가 실처럼 길게 뻗어 있습니다.

용궁놀래기베도라치(일본명) [트리코노투스과]
해저 바로 위에서 동작을 멈추고 있는 모습이 자주 보입니다. 위험을 느끼면 모래 속에 숨습니다. ■ 18cm ■ 일본, 서·중앙태평양, 인도양 ■ 연안의 모랫바닥 ■ 소동물

얼룩통구멍 [통구멍과] 위 식
■ 28cm ■ 한국, 일본, 동중국해 ■ 수심 35~260m의 모래 진흙 바닥 ■ 저생 소동물, 물고기 ■ 아감딱지 위의 가시

날카로운 가시.

▼ 몸을 떨면서 전신을 모랫바닥에 묻고 눈과 입만 내놓은 채 사냥감을 기다립니다.

통구멩이 [통구멍과] 위 식
■ 30cm ■ 한국, 일본, 서태평양 등 ■ 수심 100m까지의 모래자갈 바닥 ■ 갑각류, 물고기 ■ 아감딱지 위의 가시

가막베도라치, 비늘베도라치 무리

🐟 물고기 이야기 겁이 많고 몸도 작아서 바위틈이나 구멍, 조개껍질 등에 숨어서 산다. 비늘베도라치류는 눈 위와 머리 위에 피부가 변해서 생긴 돌기(피판)가 있다.

피판 →

가막베도라치 [먹도라치과]
가막베도라치류는 수컷과 암컷이 색이 다르며, 수컷은 번식기가 되면 색깔이 달라집니다(혼인색→127쪽).
■ 6cm ■ 한국, 일본, 동중국해, 남중국해 등 ■ 암초 ■ 조류, 소동물

세로줄무늬가막베도라치(일본명) [먹도라치과]
■ 4cm ■ 일본, 서·중앙태평양, 동인도양 ■ 산호초 ■ 갑각류, 갯지렁이류

청황베도라치 [먹도라치과]
■ 5cm ■ 한국, 일본, 서태평양 ■ 암초 ■ 소동물

비늘베도라치 [비늘베도라치과]
눈 위에 벼슬처럼 보이는 피판이 있습니다. ■ 8cm ■ 한국 남부, 일본 ■ 암초, 조수 웅덩이 ■ 갑각류, 조류

도시마비늘베도라치 (일본명) [비늘베도라치과]
눈과 머리 위에 벼슬처럼 보이는 피판이 있습니다.
■ 6cm ■ 일본 ■ 암초 ■ 갑각류

▲ 평소에는 구멍이나 틈새에서 얼굴만 내놓고 있습니다.

청베도라치 무리

농어목

물고기 이야기 평소에는 바위 주변을 돌아다니고, 위험을 느끼면 바위나 산호 틈에 숨는다. 눈 위와 얼굴 주변에 피부가 변하여 생긴 돌기(피판)가 있다. 전 세계의 바다에 약 360종이 있다.

◀ 큰뱀고둥 껍데기에 들어가는 앞동갈베도라치. 꼬리부터 들어갑니다.

피판

청베도라치 [청베도라치과] 위
위턱에 송곳니처럼 날카롭고 뾰족한 이빨이 있습니다. ■ 6cm ■ 한국, 일본, 동중국해 등 ■ 연안의 암초, 조수 웅덩이 ■ 갑각류, 소동물 ■ 이빨

대강베도라치 [청베도라치과]
위험을 느끼면 개구리처럼 바위 위를 뛰며 도망칩니다.
■ 12cm ■ 한국(제주도), 일본 ■ 연안의 암초, 조수 웅덩이 ■ 조류, 갑각류

앞동갈베도라치 [청베도라치과] 위
산란기가 되면 암컷이 붉은 알을 큰뱀고둥 껍데기 속이나 바위굴에 낳고 수컷이 알을 지킵니다. ■ 6cm ■ 한국, 일본 등 ■ 연안의 암초, 조수 웅덩이 ■ 갑각류, 소동물 ■ 이빨

바이컬러블레니 [청베도라치과]
■ 7cm ■ 일본, 서태평양 · 동인도양의 열대역 등 ■ 산호초 ■ 조류

레드스팟티드블레니 [청베도라치과]
■ 9cm ■ 일본, 서태평양 · 중앙태평양 · 인도양의 열대역 ■ 연안의 암초 · 산호초 ■ 조류

▲ 얼굴에 붉은 반점이 잔뜩 있습니다.

레오파드블레니 [청베도라치과]
산호의 가지 사이에서 살고 있습니다. 눈에도 몸과 비슷한 모양이 있습니다. ■ 10cm ■ 일본, 서태평양 · 중앙태평양 · 인도양의 열대역 ■ 연안의 암초, 산호초 ■ 산호초에 붙은 조류

야에야마블레니 [청베도라치과]
■ 5cm ■ 일본, 서태평양 · 동인도양의 열대역 ■ 산호초 ■ 조류

◀ 웃고 있는 것처럼 보이는 야에야마블레니.

크기 체크
- 청베도라치 6cm
- 가짜청소고기 12cm
- 대강베도라치 12cm
- 포핑거드립서커 10cm

■ 몸길이 ■ 분포 ■ 서식 장소 ■ 먹이 ■ 별명 ■ 위험한 부위 위 위험한 물고기 식 식용 물고기 멸 멸종 위기종

두줄베도라치 [청베도라치과] 위
작은 무리로 활발하게 헤엄쳐 다닙니다.
- 11cm ■ 일본, 서태평양·인도양의 열대·온대역
- 연안의 암초 ■ 조류, 갑각류 ■ 이빨

▶ 바위틈에 숨어 있는 마이다스블레니.

마이다스블레니 [청베도라치과]
안티아스류(→84쪽) 무리에 섞여 헤엄쳐 다닙니다. ■ 8cm ■ 일본, 서태평양·중앙태평양·인도양의 열대역 ■ 연안의 암초, 산호초 ■ 플랑크톤

포크테일블레니 [청베도라치과]
- 6cm ■ 일본, 서·중앙태평양의 열대역 ■ 산호초 ■ 플랑크톤

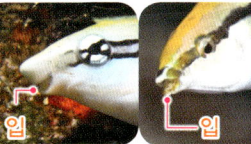

▼ 가짜청소고기(왼쪽)는 머리 아래쪽에 입이 있지만, 청줄청소놀래기(오른쪽)는 정면에 입이 있습니다.

가짜청소고기 [청베도라치과]
청줄청소놀래기(→126쪽)와 비슷한 모습으로, 청소하는 흉내를 내며 접근(의태→163쪽)하여 상대의 지느러미와 피부 일부를 갉아 먹습니다.
- 12cm ■ 일본, 서·중앙태평양의 열대역 ■ 산호초, 암초 ■ 물고기의 비늘이나 지느러미, 피부

포핑거드립서커 [청베도라치과]
파도 거품이 올라오는 바위 위에서 살며 물속에 거의 들어가지 않습니다. 이동할 때도 몸을 적시지 않으려고 바위의 표면이나 수면을 날듯이 뛰어다닙니다.
- 10cm ■ 일본, 타이완, 인도네시아 ■ 암초 ■ 조류

숨바꼭질의 명수가 간직한 비밀!
청베도라치와 비늘베도라치류는 숨바꼭질의 명수입니다. 날씬한 몸으로 바위굴이나 산호 틈 등, 좁은 곳에 스르륵 숨어듭니다. 몸에 비늘이 없고 전신이 점액으로 덮여 있으므로 무언가에 걸리지 않고 매끄럽게 다양한 곳에 들어갈 수 있습니다.

갯지렁이가 살던 곳.

◀ 때로는 갯지렁이가 살던 곳에 들어가기도 합니다.

넝마고기 무리

물고기 이야기 넝마고기는 세계에 1종밖에 없는 어류로 수심 1,000m 부근의 심해에서 산다. 몸이 매우 부드럽고 비늘은 없다. 약어일 때는 연안의 표층에도 나타나지만, 성장하면 심층으로 이동한다.

▲ 성어

넝마고기 [넝마고기과]
- 2m ■ 일본, 북태평양, 동태평양(북부) ■ 앞바다의 심층 ■ 물고기, 오징어

▲ 약어. 배지느러미가 있고 전신에 보라색 반점이 있습니다. 성어가 되면 배지느러미도 반점도 없어집니다.

클로즈업! 물고기의 번식

물고기는 어떻게 새끼를 낳을까?

물고기는 어떻게 자손을 늘릴까요? 물고기의 수정 방식(체외 수정과 체내 수정), 새끼 낳는 법(산란과 산자)을 자세히 알아봅시다.

몸 밖에서 수정한다

어류 대부분은 암컷이 알을 낳고(산란) 수컷이 정자를 뿌려서(방정) 수정시킵니다. 몸 밖에서 알과 정자가 결합하므로 '체외 수정'이라고 합니다.

◎ 알 흩뿌리기 ①

항상 중층을 헤엄쳐 다니는 태평양참다랑어는 알도 헤엄치면서 낳습니다. 암컷의 뒤를 수컷이 따라가며, 암컷이 대량의 알을 뿌릴 때마다 수컷도 정자를 내보내 바닷속에서 수정시킵니다.

▶ 태평양참다랑어의 알. 수정된 후에는 바닷속을 떠다닌다. 이런 알을 '부성란'이라고 합니다.

알

태평양참다랑어 (→156쪽)
▲ 암컷
◀ 수컷

◎ 알 낳아 붙이기

흰동가리류는 말미잘이 붙어 있는 해저의 바위에 알을 낳습니다. 암컷이 알을 하나씩 낳아 붙이고 수컷이 정자를 떨어뜨립니다.

◎ 알 흩뿌리기 ②

빨간씬벵이류는 암컷이 길쭉한 알 덩어리를 낳으면 수컷이 재빨리 정자를 내보냅니다.

빨간씬벵이 (→62쪽)
◀ 수컷
▼ 암컷
◀ 수컷

클라운피시 (→118쪽)
▶ 암컷

알

◀ 클라운피시의 알. 바위에 달라붙어 성장한다. 이처럼 바다를 떠다니지 않고 가라앉는 알을 '침성란'이라고 합니다.

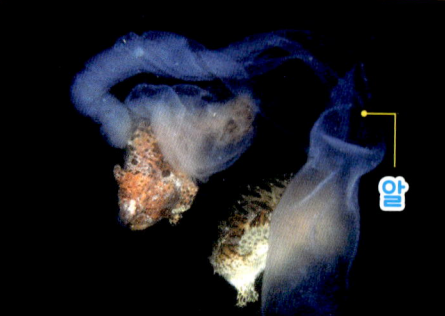
알

▶ 빨간씬벵이의 알. 부성란으로, 덩어리째 바다를 떠다닙니다.

산란 후의 육아

어류의 육아도 번식 방법에 따라 달라집니다. 알을 바닷속에 흩뿌리는 물고기는 알을 낳자마자 어딘가로 가 버립니다. 알을 바위에 낳는 물고기들은 종종 부화할 때까지 알을 지키기도 하지만, 그것도 부화하고 나면 끝입니다. 자어를 낳는 물고기도 낳고 나면 각자 살아갑니다.

▲ 알을 지키는 엄지도치(→133쪽). 알 근처에서 다른 물고기가 다가오지 못하게 합니다.

▲ 남방주황줄동갈돔(→91쪽)의 입속에서 튀어나오는 자어들. 수컷은 알을 입속에 넣어 보호합니다.

몸속에서 수정한다

수컷과 암컷이 교미하여 암컷의 몸속에서 수정하는 방식을 '체내 수정'이라고 합니다. 체내 수정하는 물고기는 자어를 낳는 물고기와 알을 낳는 물고기로 나뉩니다.

백상아리(→28쪽)

▲ 암컷

산자 암컷의 몸에서 자어가 태어납니다.

광동홍어(→38쪽)

◎ 교미하여 자어를 낳음

상어와 가오리류 대부분은 교미를 거칩니다. 암컷은 수정한 알을 몸속에서 부화시켜 자어로 성장시킨 뒤 출산합니다(産仔, 산자).

교미 수컷이 암컷을 물어서 몸을 고정한 뒤 교미합니다.

▶ 암컷

얼룩상어

◀ 수컷

◎ 교미하여 알을 낳음

상어나 가오리류 일부는 교미한 후에 자어가 아닌 알을 낳습니다(산란).

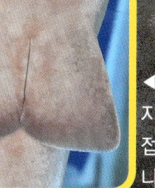

◀ 광동홍어류의 알. 딱딱한 껍질에 싸여 있으며 바위 등에 걸치기 위한 갈고리가 있습니다.

알

◀ 수컷의 배지느러미. 한 쌍의 교접기(클래스퍼)가 달려 있습니다.

◀ 암컷의 배지느러미. 교접기가 없습니다.

학치 무리

🐟 **물고기 이야기** 좌우 배지느러미가 변해서 생긴 흡반으로 조류나 바위 등 다양한 곳에 들러붙는다. 비늘이 없고 몸이 점액으로 덮여 있다. 이 점액에 독이 있을 때도 있다. 전 세계의 바다에 약 140종이 있다.

농어목

▲ 브로드헤드클링피시의 흡반.

꼬마학치[학치과]
암초에서 자란 조류에 흡반으로 들러붙습니다. 바위틈이나 돌 밑에도 들러붙습니다. ■ 5cm ■ 일본 ■ 얕은 물의 암초 ■ 소형 갑각류

브로드헤드클링피시[학치과]
흡반으로 들러붙으며 머리와 몸이 위에서 눌린 듯이 납작합니다. ■ 4cm ■ 일본, 타이완 ■ 암초 ■ 소형 갑각류

클리노이드클링피시[학치과]
흡반으로 바다나리류에 들러붙습니다.
■ 4cm ■ 일본, 서태평양, 동인도양 ■ 산호초

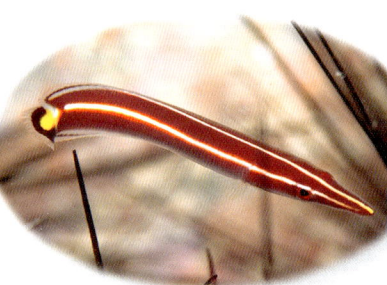

어친클링피시[학치과]
바위 등에 들러붙은 모습보다는 긴가시성게의 가시나 산호 가지 사이를 헤엄쳐 다니는 모습이 자주 보입니다.
■ 6cm ■ 일본, 서태평양, 인도양 ■ 얕은 물의 암초 ■ 소동물

돛양태 무리

🐟 **물고기 이야기** 몸은 위에서 누른 것처럼 납작하며, 아래쪽을 향한 입을 늘려 해저의 소동물을 잡아먹는다. 산란기를 맞으면 쌍으로 해수면 가까이 상승하여 산란과 방정을 한다. 전 세계의 바다에 약 180종이 있다.

─ 수컷은 제1등지느러미에 검은 테두리가 있습니다.

▼ 위에서 본 동갈양태.

▲ 수컷

동갈양태[돛양태과] 식
몸에 비늘이 없고 점액이 덮여 있습니다.
■ 17cm ■ 한국, 일본, 동중국해, 남중국해 ■ 만의 얕은 물의 모랫바닥 ■ 갑각류, 갯지렁이류, 조개

암컷은 제1등지느러미에 검은 반점이 있습니다.

▼ 암컷

날돛양태[돛양태과] 식
■ 16cm ■ 한국 남동부, 일본 ■ 만의 얕은 물의 모랫바닥 ■ 갑각류, 갯지렁이류

▼ 수컷

─ 수컷은 제1등지느러미의 줄기(연조)가 길게 자랍니다.

꽁지양태[돛양태과]
■ 22cm ■ 한국, 일본, 서태평양, 호주 북서부 ■ 수심 20~200m의 모래 진흙 바닥 ■ 갑각류, 갯지렁이류

■ 몸길이 ■ 분포 ■ 서식 장소 ■ 먹이 ■ 별명 ■ 위험한 부위 위 위험한 물고기 식 식용 물고기 멸 멸종 위기종

망둑어 무리

물고기 이야기 망둑어류는 어류 중에서 가장 큰 집단이다. 전 세계에 약 2,200종이나 있는 만큼 생김새나 색깔, 생태도 다양하다. 또 바다에서는 연안에서 심해까지, 뭍에서는 하천에서 개펄까지로 사는 곳도 다양하다.

농어목

문절망둑 식
- 🟥 20cm 🟧 한국, 일본, 동중국해, 남중국해 등 🟩 만과 하구의 모래 진흙 바닥, 약어는 기수역에도 나타남
- 🟦 저생 소동물, 작은 물고기 등
- 🟪 꼬시래기

별망둑
- 🟥 15cm 🟧 한국, 일본, 동중국해 등 🟩 연안의 암초, 모래자갈 바닥, 조수 웅덩이 🟦 소동물

문신망둑(일본명)
배지느러미가 변해서 생긴 흡반으로 바위와 산호 조각에 들러붙습니다.
- 🟥 2cm 🟧 일본, 서·중앙태평양, 인도양 등 🟩 산호초 🟦 소동물

풀비늘망둑
- 🟥 3cm 🟧 한국(제주도), 일본, 타이완 🟩 암초, 자갈 바닥 🟦 소동물

청목망둑(일본명)
무리를 지어 바위 주변이나 바위에 난 굴속에서 배영을 하는 모습이 자주 보입니다. 🟥 3cm 🟧 일본, 타이완 🟩 산호초 🟦 플랑크톤

치고홍망둑(일본명)
산호 주변이나 바위굴에서 삽니다.
- 🟥 3cm 🟧 일본, 서·중앙태평양, 인도양 🟩 산호초 🟦 플랑크톤

노랑산호망둑(일본명)
산호 가지 사이에서 삽니다.
- 🟥 3cm 🟧 일본, 서태평양 🟩 만, 산호초 🟦 소동물

판다다루마망둑(일본명)
산호 가지 사이에서 삽니다.
- 🟥 2cm 🟧 일본, 서·중앙태평양, 인도양 🟩 산호초 🟦 소동물

유리망둑
길쭉하게 자라는 산호에 달라붙어 쌍을 이루어 삽니다.
- 🟥 3cm 🟧 한국, 일본, 서·중앙태평양, 인도양 🟩 암초, 산호초 🟦 플랑크톤

붉점빨판망둑(일본명)
산호 가지 사이에서 삽니다.
- 🟥 4cm 🟧 일본 🟩 산호초 🟦 소동물

붉은눈망둑(일본명)
평소에는 산호 주변에서 무리 지어 떠다니지만, 위험을 느끼면 일제히 산호 가지에 들러붙습니다. 🟥 2cm 🟧 일본, 서·중앙태평양, 인도양 등 🟩 산호초 🟦 플랑크톤

◀ 산란할 때도 자신이 살던 산호에 알을 낳습니다. (알)

144 🟥몸길이 🟧분포 🟩서식 장소 🟦먹이 ⬜별명 🟥위험한 부위 위험한 물고기 식식용 물고기 멸멸종 위기종

※ 여기서 소개하는 물고기는 전부 망둑어과입니다.

▲ 태평양형. 몸의 가로띠가 6개.

▶ 동해형. 몸의 가로띠가 7개.

일곱동갈망둑
사는 지역에 따라 태평양형과 동해형으로 나뉘며, 색깔과 가로띠 수가 각각 다릅니다. ■ 10cm ■ 한국 남부, 일본 ■ 만의 암초·조장·자갈 바닥 ■ 소동물

흰줄망둑
사는 지역에 따라 태평양형과 동해형으로 나뉘지만, 겉모습에 차이가 거의 없습니다. ■ 8cm ■ 한국 남부, 일본 ■ 만의 암초·조장·자갈 바닥 ■ 소동물

헥터즈고비
해저 가까이에서 헤엄쳐 다닙니다. 물속에서 가만히 멈춰 서 있는 모습도 보입니다. ■ 4cm ■ 일본, 서태평양, 인도양 등 ■ 만의 모래자갈 바닥·모래 진흙 바닥 ■ 플랑크톤

아카하치망둑(일본명)
■ 13cm ■ 일본, 서·중앙태평양, 인도양 ■ 만, 산호초의 모래자갈 바닥·모래 진흙 바닥 ■ 저생 소동물, 물고기

▲ 모래와 함께 먹이를 삼킨 다음 아감구멍으로 모래만 내보냅니다.

오키나와망둑(일본명)
산호나 바위 밑에 숨어서 삽니다. ■ 5cm ■ 일본, 서·중앙태평양, 동인도양 ■ 암초, 산호초 ■ 저생 소동물

미진홍망둑(일본명)
■ 3cm ■ 일본, 서태평양 등 ■ 연안의 모래자갈 바닥 ■ 소동물

▼ 해저에 떨어진 조개껍데기, 빈 깡통, 빈 병 속에서 짝을 이루어 삽니다.

불꽃망둑(일본명)
불꽃처럼 선명한 무늬가 특징입니다. ■ 2cm ■ 일본, 서·중앙태평양, 인도양 등 ■ 만, 산호초의 모래자갈 바닥, 모래 진흙 바닥 ■ 저생 소동물

트윈스팟고비
등지느러미에 있는 눈 모양의 검은 반점(안상반→121쪽)과 전후로 조금씩 이동하는 동작 때문에 게처럼 보이는 면이 있습니다. ■ 10cm ■ 서태평양 ■ 산호초의 모래 진흙 바닥, 모래자갈 바닥 ■ 저생 소동물

크기 체크
- 문절망둑 20cm
- 붉은눈망둑 2cm
- 불꽃망둑 2cm
- 일곱동갈망둑 10cm

토막 상식 노랑산호망둑과 붉은점빨판망둑은 비늘이 거의 없으며 몸이 점액으로 덮여 있습니다. 이 점액에 독이 있어 적에게서 자신을 보호할 수 있습니다.

놀라운 물고기 칼럼
물고기와 공생

물고기들은 자신을 지키기 위해 다양한 지혜를 발휘합니다. 그중 하나가 다른 생물과 함께 사는 '공생'입니다. 서로에게 이득이 되는 공생, 한쪽만 이득을 보는 공생 등의 다양한 공생 관계가 있습니다.

서로 이득을 얻는 상리 공생
~망둑어와 딱총새우~

공생하면서 서로가 이익을 얻는 관계를 '상리 공생'이라 합니다. 상리 공생의 좋은 예가 망둑어류와 딱총새우(→146쪽)입니다. 망둑어는 딱총새우가 만든 안전한 굴에서 사는 대신 눈이 나쁜 딱총새우가 굴 밖에 나올 때 보초를 서 줍니다. 서로의 부족한 곳을 채워 주는 최고의 파트너죠?

굴 안을 들여다보자!

딱총새우의 촉각(더듬이). 굴 밖에 있는 동안 망둑어의 몸에 촉각을 대고 움직임을 느끼면서 위험을 감지합니다.

▲ 옐로우와치맨고비(→146쪽)와 딱총새우류. 딱총새우가 굴에 들어오는 모래를 퍼낼 때나 먹이를 찾으러 밖에 나갈 때는 망둑어가 따라다니며 적에게 공격당하지 않도록 딱총새우를 보살펴 줍니다.

망둑어의 굴 단면도

굴 입구

굴은 큰 돌이 많은 모랫바닥에 작은 돌을 조합하여 튼튼하게 만들어집니다.

한쪽만 이득을 얻는 편리 공생
~긴가시성게와 유어~

한쪽은 이득을 얻지만 다른 한쪽은 이익도 불이익도 없는 관계를 '편리 공생'이라 합니다. 긴가시성게는 기다란 가시에 독이 있습니다. 그래서 파자마카디널피시(→91쪽) 등의 유어가 일부러 그 가시 사이에 살면서 육식어로부터 자신을 보호합니다. 가까이 있을 뿐 해를 끼치지 않으므로 긴가시성게는 아무런 득도 손실도 없습니다.

한쪽이 손해를 보는 기생
~해파리와 유어~

한쪽은 이익을 얻지만 다른 한쪽은 불이익을 당하는 관계를 '기생'이라 합니다. 샛돔과 노메치류(→123쪽) 등은 유어일 때 독이 있는 해파리와 함께 살며 자신을 보호합니다. 또 유어가 해파리를 먹고 자라므로 이것은 해파리에게는 결코 바람직한 관계가 아닙니다. 하지만 이것도 공생 관계 중 하나입니다.

활치 등의 무리

🐟 **물고기 이야기** 몸은 납작한 원반형이면서 트럼프의 스페이드 모양과 비슷합니다. 성어와 생김새나 색깔이 전혀 다른 유어는 마른 나뭇잎이나 납작벌레 등을 흉내(의태→163쪽) 냅니다.

▲ 성어와는 생김새가 전혀 다른 유어.

깃털제비활치
[활치과]

연안의 중층에서 큰 무리를 이룹니다. 유어의 헤엄치는 모습이 제비가 날개를 펴고 나는 모습과 비슷해서 이런 이름이 붙었습니다.

🟥 61cm 🟧 한국, 일본, 서태평양, 인도양 🟩 연안 🟦 조류, 소동물

▶ 성어 무리.

◀ 밑에서 본 깃털제비활치류의 유어. 날고 있는 제비처럼 보입니다.

남양제비활치(일본명) [활치과]
🟥 42cm 🟧 일본, 서·중앙태평양, 인도양
🟩 연안의 산호초 🟦 조류, 소동물
🟪 부채제비활치

◀ 유어. 마른 나뭇잎 흉내(의태)를 내며 표층을 떠다닙니다. 기수역에도 들어갑니다.

▲ 성어

제비활치 [활치과]

유어일 때는 산호 틈에 숨어 지느러미를 흔들흔들 움직입니다. 이 동작은 어름돔류의 유어(→102쪽)와 마찬가지로 독이 있는 납작벌레를 흉내(의태) 내는 것으로 보입니다. 🟥 29cm 🟧 한국, 일본, 서태평양, 인도양 🟩 산호초 🟦 조류, 소동물

◀ 유어. 기수역이나 담수역에서도 발견됩니다.

점나비돔 위
[나비돔과]

만의 탁한 물을 좋아합니다.
🟥 35cm 🟧 일본, 서·중앙태평양, 인도양 🟩 만 🟦 조류, 소동물
🟥 등지느러미의 독 가시

▲ 성어

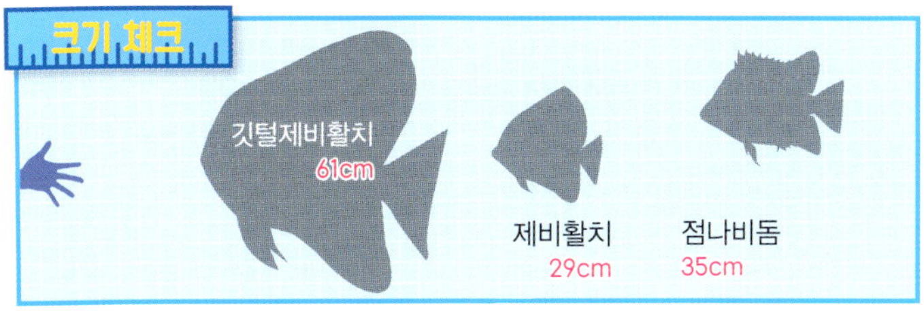

제비활치의 성장

유어일 때는 개성 있는 모습이지만 성장할수록 다른 깃털제비활치류의 모습과 비슷해집니다.

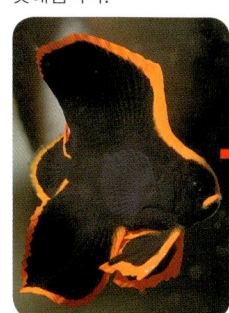  

▲ 검은 바탕에 오렌지색 테두리가 있습니다. ▲ 등지느러미와 꼬리지느러미가 길어지고, 검은색 몸에 회색이 섞이기 시작합니다. ▲ 검은색이 옅어지면서 성어에 가까운 모습이 됩니다.

크기 체크

깃털제비활치 61cm
제비활치 29cm
점나비돔 35cm

🟥 몸길이 🟧 분포 🟩 서식 장소 🟦 먹이 🟪 별명 🟥 위험한 부위 위 위험한 물고기 식 식용 물고기 멸 멸종 위기종

쥐돔 무리

🐟 **물고기 이야기** 작은 입속의 날카로운 이빨로 산호나 바위 표면에 붙은 조류 등을 갉아 먹는다. 꼬리지느러미의 뿌리 부분에 칼처럼 날카로운 돌기(골질판)가 있다. 전 세계에 약 60종이 있다.

농어목

쥐돔[양쥐돔과] 위 식
- 🟥 40cm 🟧 한국, 일본, 동중국해, 남중국해 🟩 암초, 산호초 🟦 조류 🟥 꼬리의 돌기

날카로운 돌기

파우더블루탱[양쥐돔과] 위
산호초에서 큰 무리를 짓습니다. 🟥 54cm (전장) 🟧 서태평양, 인도양 🟩 산호초, 암초 🟦 조류 🟪 파우더블루서전피시, 연청색양쥐돔 🟥 꼬리의 돌기

라인드서전피시[양쥐돔과] 위
🟥 29cm 🟧 일본, 서·중앙태평양, 인도양 🟩 암초, 산호초 🟦 조류 🟥 꼬리의 돌기

옐로탱[양쥐돔과] 위
🟥 15cm 🟧 일본, 서·중앙태평양 🟩 암초, 산호초 🟦 조류 🟥 꼬리의 돌기

◀ 성어

▼ 유어

세일핀탱[양쥐돔과] 위
성어와 유어의 색깔이 전혀 다릅니다. 🟥 20cm 🟧 일본, 서·중앙태평양, 인도양 🟩 암초, 산호초 🟦 조류 🟥 꼬리의 돌기

▼ 푸른바다거북에게 붙은 조류를 먹는(청소→126쪽) 컨빅트탱.

컨빅트탱 [양쥐돔과] 위 식
얕은 물에서 큰 무리를 짓습니다.
🟥 21cm 🟧 일본, 태평양, 인도양 등 🟩 암초, 산호초 🟦 조류 🟥 꼬리의 돌기

큰뿔표문쥐치[양쥐돔과] 위
머리의 뿔 같은 돌기가 특징입니다. 🟥 60cm 🟧 한국, 일본, 서·중앙·동태평양, 인도양 🟩 암초, 산호초 🟦 조류 🟥 꼬리의 돌기

크기 체크

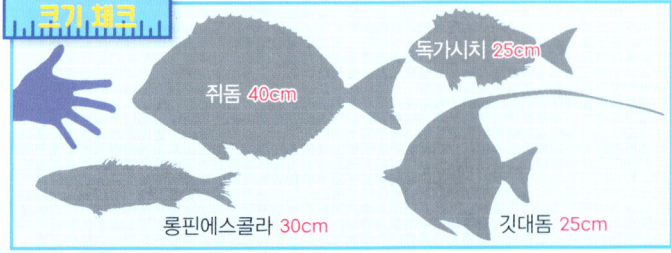

쥐돔 40cm · 독가시치 25cm · 롱핀에스콜라 30cm · 깃대돔 25cm

🟥 몸길이 🟧 분포 🟩 서식 장소 🟦 먹이 🟪 별명 🟥 위험한 부위 위 위험한 물고기 식 식용 물고기 멸 멸종 위기종

팰릿서전피시 [양쥐돔과] 위
조수의 흐름이 활발한 산호초에서 삽니다.
■ 25cm ■ 일본, 서·중앙태평양, 인도양
■ 암초, 산호초 ■ 플랑크톤 ■ 블루탱
■ 꼬리의 돌기

◀ 유어. 산호 주변에서 무리를 이루며, 위험을 느끼면 산호 가지 사이로 도망칩니다.

독가시치 무리

🐟 **물고기 이야기** 등지느러미, 배지느러미, 뒷지느러미의 가시에 독이 있어서 찔리면 상당히 아프다. 열대지방에서는 중요한 식용어. 전 세계에 약 30종이 있다.

▲ 성어

독가시치 [독가시치과] 위 식
▲ 유어
■ 25cm ■ 한국, 일본, 서태평양, 동인도양 ■ 암초, 산호초 ■ 조류 ■ 지느러미의 독 가시

참깨독가시치(일본명) [독가시치과] 위 식
■ 33cm ■ 일본, 서태평양, 동인도양 ■ 암초, 산호초, 기수역에도 나타남
■ 조류, 소동물 ■ 골든래빗피시 ■ 지느러미의 독 가시

▶ 성어

블로치드폭스페이스 [독가시치과] 위
몸의 검은 반점은 개체별로 형태가 다릅니다. ■ 18cm
■ 일본, 서태평양 등 ■ 산호초 ■ 조류 ■ 지느러미의 독 가시

▲ 유어

깃대돔 무리

🐟 **물고기 이야기** 깃대돔류는 전 세계에 1종뿐이다. 두동가리돔(→111쪽)과 닮았지만, 나비고기류가 아니라 쥐돔류에 가깝다.

롱핀에스콜라 무리

🐟 **물고기 이야기** 롱핀에스콜라는 전 세계에 1종밖에 없는 심해어다. 유어일 때는 표층에서 살다가 성장하면 심해로 이동한다.

깃대돔 [깃대돔과]
열대지방에서는 식용으로 쓰입니다. ■ 25cm ■ 일본, 태평양, 인도양 ■ 암초, 산호초 ■ 해면류, 조류, 새우 ■ 무리시아이돌

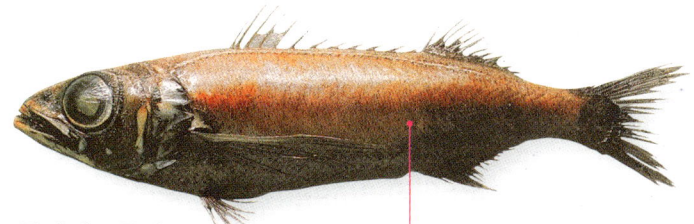

롱핀에스콜라 [롱핀에스콜라과]
■ 30cm (전장) ■ 일본, 전 세계의 난해역(동태평양·대서양 남동부 제외) ■ 수심 100~990m의 대륙붕·대륙 사면의 저층
■ 물고기, 오징어, 갑각류 ■ Longfin escolar

비늘은 형태와 크기가 고르지 않으며 잘 벗겨집니다.

토막상식 옐로탱이나 세일핀탱은 꼬리의 돌기를 접을 수 있습니다.

새치 무리

농어목

🐟 **물고기 이야기** 🐟 몸이 약간 길쭉하고 둥그스름하며 주둥이는 매우 길고 검처럼 튀어나와 있다. 이 주둥이는 위턱의 뼈가 발달한 것으로, 물고기 무리에게 돌격하여 휘두르고 내리치고 찌르기에 적합하다. 전 세계에 12종이 있다.

돛새치 [황새치과] 식
주로 먼바다를 헤엄쳐 다니지만, 연안에도 나타납니다. 매우 큰 제1등지느러미는 뒤쪽이 한 단계 높습니다. 가슴지느러미는 실 모양으로 길게 자랍니다.
- 3.3m (전장)
- 한국, 일본, 서·중앙태평양, 인도양
- 먼바다의 표층
- 물고기, 오징어

청새치 [청새치과] 식
등이 진한 남색이고 몸에 하늘색 가로줄 무늬가 있습니다. 일본 근해에서는 태평양 쪽에 많고, 동해 쪽에는 별로 없습니다.
- 3.8m (전장)
- 한국, 일본, 서·중앙태평양, 인도양
- 먼바다의 표층
- 물고기, 오징어

◀ 새치류 중에서는 주둥이가 짧은 편이고 후두부의 융기도 없습니다.

단문청새치 [청새치과] 식
- 2.5m (전장)
- 일본, 서·중앙태평양, 인도양
- 먼바다의 표층
- 물고기, 오징어
- 쇼트빌청새치

■몸길이 ■분포 ■서식 장소 ■먹이 ■별명 ■위험한 부위 ㉘위험한 물고기 ㉔식용 물고기 ㉘멸종 위기종

제1등지느러미

▲ 돛새치는 평소에 은색이지만 사냥감을 쫓을 땐 무지개 같은 아름다운 색으로 변합니다.

백새치 [황새치과] 식
살아 있을 때는 등 쪽이 진한 파란색이지만 낚여 올라오면 전신이 하얗게 변합니다. ■ 4.5m (전장) ■ 한국, 일본, 서·중앙태평양, 인도양 ■ 먼바다의 표층 ■ 물고기

주둥이

황새치 [황새치과] 식
주둥이가 특히 길고 눈이 큽니다. 물고기도 먹지만 오징어를 특히 즐겨 먹습니다. ■ 4.5m (전장) ■ 한국, 일본, 전 세계의 열대·온대역 ■ 먼바다의 표층~수심 550까지의 중심층 ■ 물고기, 오징어

크기 체크
청새치 3.8m
돛새치 3.3m
황새치 4.5m

토막 상식 청새치 등의 주둥이 단면은 원형이지만, 황새치의 주둥이 단면은 가로로 긴 타원형으로 마치 칼처럼 보입니다.

꼬치고기, 갈치 등의 무리

🐟 **물고기 이야기** 양턱에 엄니 같은 날카로운 이빨이 있다. 꼬치고기류는 몸이 길쭉하고 둥그스름하며 큰 무리를 이루는 것이 많다. 갈치나 갈치꼬치류는 몸이 길쭉하면서도 납작하다.

농어목

꼬치고기 [꼬치고기과] 식
큰 무리를 짓습니다.
- 29cm ■ 한국, 일본, 서태평양, 인도양
- 연안의 얕은 물의 암초 ■ 물고기

▲ 성어

▲ 유어. 맹그로브가 있는 기수역이나 만의 얕은 물 등에서 발견됩니다.

▲ 큰꼬치고기는 꼬치고기류 중에서도 이빨이 특히 날카롭습니다.

큰꼬치고기 [꼬치고기과] 위
산호초에서 단독으로 다니는 모습이 눈에 자주 띕니다. 무리를 만들기도 합니다. ■ 165cm
- 일본, 서·중앙태평양, 인도양, 대서양 ■ 얕은 물의 산호초, 만
- 물고기 ■ 그레이트바라쿠다 ■ 시가테라 독이 있을지 모름

애꼬치 [꼬치고기과] 식
- 35cm ■ 한국, 일본, 동중국해, 남중국해 등
- 연안의 얕은 물 ■ 물고기

갈치 [갈치과] 식
몸을 구부리지 않고 지느러미를 물결치듯 움직이면서 헤엄칩니다. 평소에는 깊은 물에 있다가 밤이 되면 표층으로 부상합니다. ■ 135cm (전장) ■ 한국, 일본, 동중국해 등 ■ 대륙붕 ■ 물고기

블랙핀바라쿠다 [꼬치고기과]
- 170cm (전장) ■ 태평양·인도양의 난해역 ■ 연안 ■ 물고기

◁ 박력 있는 블랙핀바라쿠다의 무리.

▲ 매우 큰 무리를 지어 연안을 헤엄쳐 다닙니다. 큰 맷돌 모양을 만들기도 합니다.

▶ 약어

어릴 때만 있는 배지느러미의 가시(극조).

쿠로시비꼬치(일본명)
[갈치꼬치과] 식
평소에는 깊은 물에 있다가 밤이 되면 표층으로 부상합니다. ■ 43cm ■ 일본, 전 세계의 난해역(동태평양 제외) ■ 대륙붕에서 대륙 사면까지의 중층·저층 ■ 물고기

기름갈치꼬치 [갈치꼬치과] 위
- 150cm ■ 한국, 일본, 전 세계의 열대·온대역
- 먼바다의 대륙 사면 저층 ■ 물고기, 오징어
- 살에 왁스가 많이 포함됨(먹으면 설사 위험이 있음)

비늘은 잘 벗겨지고 골질 가시가 돋아 있습니다.

고등어 무리

🐟 물고기 이야기 빠른 속도로 헤엄치기에 적합한 유선형 몸으로 전 세계의 바다를 큰 무리와 함께 돌아다니는 회유어다. 고등어와 참치 등 우리에게 친숙한 것이 많아 식용어로서도 매우 중요한 집단이다. 전 세계에 약 50종이 있다.

토막지느러미

고등어류의 등지느러미·뒷지느러미와 꼬리지느러미 사이에는 작은 지느러미(토막지느러미)가 있습니다.

고등어 [고등어과] 식
등에 지렁이 같은 무늬가 있습니다. ■ 50cm (전장) ■ 한국, 일본, 서·중앙태평양, 동태평양(북부) ■ 연안의 표층 ■ 플랑크톤, 물고기

망치고등어 [고등어과] 식
등에는 지렁이 무늬, 배에는 작은 검은 반점이 있습니다.
■ 50cm (전장) ■ 한국, 일본, 서·중앙태평양, 동태평양(중부), 아라비아반도 등 ■ 연안의 표층 ■ 플랑크톤, 물고기

몸에 어두운 색깔의 반점이 잔뜩 있습니다.

▼ 줄무늬고등어는 입을 벌린 채 헤엄치며 플랑크톤과 작은 물고기를 아가미로 여과하여 먹습니다.

줄무늬고등어 [고등어과] 식
■ 40cm (전장) ■ 일본, 서태평양, 인도양 ■ 연안의 표층 ■ 플랑크톤, 물고기

삼치 [고등어과] 식
■ 100cm (전장) ■ 한국, 일본, 동중국해, 러시아 남동부 등
■ 연안의 표층 ■ 물고기, 오징어

주둥이

꼬치삼치 [고등어과] 식
뾰족한 주둥이와 큰 입, 호랑이를 연상시키는 가로줄 무늬가 특징입니다. ■ 2.2m (전장) ■ 한국, 일본, 전 세계의 열대·온대역 ■ 앞바다의 표층 ■ 물고기, 오징어

크기 체크
큰꼬치고기 165cm
갈치 135cm
고등어 50cm
삼치 100cm

고등어 무리

물치다래 식
- 60cm (전장)
- 한국, 일본, 전 세계의 열대 · 온대역(동태평양 제외)
- 연안의 표층
- 물고기

가다랑어 식

일본의 태평양 연안을 회유하는 가다랑어는 봄이 되면 북상하기 시작하여 여름이 끝날 무렵 남하합니다. 그해 초여름에 잡은 가다랑어를 '맏물 가다랑어'라고 하며 남하하는 가다랑어를 '돌아온 가다랑어'라고 합니다.
- 110cm (전장)
- 한국, 일본, 전 세계의 열대 · 온대역
- 연안의 표층
- 물고기, 갑각류, 오징어

점다랑어 식

배에 반점이 있습니다.
- 100cm (전장)
- 한국, 일본, 서태평양 · 중앙태평양 · 인도양의 열대 · 온대역
- 연안의 표층
- 물고기

쉬지 않고 헤엄치는 가다랑어와 다랑어의 비밀

가다랑어와 다랑어는 바닷속을 헤엄쳐 돌아다니는 회유어입니다. 빠른 속도로, 장시간 헤엄칠 수 있는 비결을 몸 구조에서 찾아볼 수 있습니다.

🐟 지느러미를 접어 물의 저항을 줄인다

가다랑어와 다랑어의 몸은 물의 저항을 잘 받지 않는 유선형입니다. 또 제1등지느러미, 배지느러미를 지느러미 뿌리의 움푹 들어간 곳에 접어 넣어서 저항을 더 줄일 수 있습니다.

▲지느러미를 접은 상태의 가다랑어.

🐟 장시간 헤엄칠 수 있는 근육

가다랑어와 다랑어는 다른 물고기에 비해 혈합근이라는 근육이 많습니다. 이 혈합근에는 산소를 운반하는 단백질이 많아서 쉽게 지치지 않고 장시간 헤엄치는 데 도움이 됩니다.

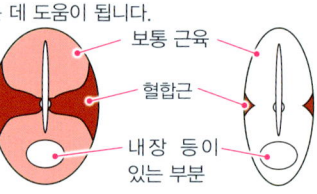

▶ 다랑어 몸의 단면도. 혈합근이 많다. | 보통 근육 / 혈합근 / 내장 등이 있는 부분 | ◀ 도미 몸의 단면도. 혈합근이 적다.

태평양참다랑어 식

다랑어 중 가장 대형으로, 전 세계의 따뜻한 바다를 회유합니다.
- 3m (전장)
- 한국, 일본, 태평양 북반구
- 먼바다의 표층
- 물고기, 오징어
- 참다랑어, 참치

어류의 생태를 조사하는 바이올로깅

바이올로깅은 생물에 직접 기록 장치를 달았다가 나중에 회수하여 데이터를 분석하는 조사 방법입니다. 이 방법으로 지금까지 몰랐던 물고기의 생태가 많이 밝혀졌습니다.

바이올로깅으로 무엇을 알 수 있을까?

물고기의 바이올로깅에는 '데이터 로거'라는 작은 기록계가 주로 쓰입니다. 데이터 로거는 물고기가 있었던 수심, 수온, 물고기의 속도와 움직임(가속도) 등을 기록합니다. 이런 데이터를 분석하면 물고기가 평소에 어떤 곳에 있고 어떤 행동을 하는지 알 수 있습니다.

데이터 로거
데이터 로거는 발신기가 달린 부력체와 조합하여 사용합니다.

부력체

데이터 로거

▲ 데이터 로거와 부력체를 물고기에게 부착할 때, 일정한 시간에 장치가 벗겨지도록 하는 특수한 타이머도 함께 부착합니다.

새치는 시속 100km로 헤엄치지 못한다?

예전에는 돛새치가 물고기 중 가장 빨라서 시속 100km 이상으로 헤엄칠 수 있다고 생각했습니다. 그러나 최근 실제 조사에서 평균 속도(평소에 헤엄칠 때의 속도)는 시속 2km, 최고 속도(물고기를 쫓아갈 때나 도망칠 때의 속도)는 시속 36km라는 기록이 나왔습니다. 이것도 물고기의 진짜 생태를 밝히기 위한 바이올로깅 결과 밝혀진 사실입니다.

▲ 등지느러미에 설치된 데이터 로거.

백상아리와 태평양참다랑어의 평균 속도의 비밀

백상아리와 태평양참다랑어는 최고 속도로는 돛새치와 비슷하나 평균 속도는 돛새치보다 빠릅니다. 이것은 백상아리와 태평양참다랑어의 특수한 몸 구조 덕분입니다. 어류는 주변의 수온에 맞추어 체온이 오르락내리락하는 변온 동물이지만, 상어류 일부(백상아리, 악상어, 청상아리 등)와 다랑어류(태평양참다랑어, 황다랑어, 가다랑어 등)는 특수한 혈관의 배치 덕분에 몸속에 열을 비축할 수 있어서 수온보다 높은 체온을 유지합니다. 그래서 높은 운동 능력을 장시간 발휘할 수 있고, 평균 속도가 빨라지는 것입니다.

백상아리의 속도
- 평균 속도: 시속 8km
- 최고 속도: 시속 32km

※ 여기서 소개한 최고 속도는 몇몇 조사 결과를 기초로 산출된 것입니다. 조사 표본 수가 많을수록 빠른 속도가 기록되기 쉬우며, 개체나 상황에 따라 다른 속도가 나올 수 있습니다.

데이터 로거 부착

조사할 물고기를 잡아 몸에 데이터 로거와 부력체를 부착하고 바다나 하천에 내보냅니다.

데이터 로거의 수색과 회수

일정한 시간이 지나면 특수한 타이머가 작동하여, 데이터 로거와 부력체가 물고기의 몸에서 떨어져 물 위에 떠오릅니다. 그러면 부력체의 발신기가 내는 신호를 안테나로 수신하여 데이터 로거를 찾아냅니다.

발견!

태평양참다랑어의 속도
- 평균 속도 시속 5km
- 최고 속도 시속 31km

개복치의 속도
- 평균 속도 시속 2km
- 최고 속도 시속 12km

돛새치의 속도
- 평균 속도 시속 2km
- 최고 속도 시속 36km

가자미 무리

물고기 이야기 몸은 얇고 납작하며 다른 물고기처럼 좌우 대칭이 아니다. 몸의 왼쪽이나 오른쪽에 양 눈이 달려 있다. 전 세계에 약 700종이 있다.

▶ 넙치류의 얼굴. 양 눈이 왼쪽에 달려 있습니다. 입과 이빨은 큼직합니다.

넙치 무리

물고기 이야기 양 눈이 몸 왼쪽에 있다. 평소에는 눈이 없는 오른쪽(배)을 아래로 하고 해저에 누워 있다가 헤엄칠 때는 해저를 떠나 몸 전체를 물결치듯 움직인다.

넙치의 성장

부화한 직후의 넙치와 가자미의 자어는 다른 물고기들처럼 몸 양쪽에 눈이 달려 있습니다. 그러다 넙치는 오른쪽 눈이 점점 몸 왼쪽으로 이동하고, 몸 오른쪽을 밑으로 하고 헤엄치기 시작합니다. 몸에 색이 생길 무렵에는 오른쪽 눈이 완전히 왼쪽으로 가 있습니다.

넙치 [넙치과] 식
날카롭고 큰 이빨이 있는 큰 입으로 사냥감을 잡습니다.
- 70cm ■ 한국, 일본, 동중국해 등 ■ 수심 10~200m의 해저
- 물고기, 오징어, 갑각류 ■ 광어

▲ 태어난 직후의 넙치 자어. 눈이 아직 몸 양쪽에 있습니다.

▲ 생후 1개월 정도인 자어. 오른쪽 눈이 꽤 왼쪽으로 치우쳐 있습니다.

▲ 몸에 색깔이 생길 무렵에는 오른쪽 눈이 거의 왼쪽으로 가 있습니다.

텐지쿠가오리(일본명) [넙치과] 식
일본명에 가오리가 들어 있지만 넙치의 일종입니다. ■ 40cm ■ 일본, 서·중앙태평양, 인도양 ■ 수심 30m까지의 모래 진흙 바닥

눈 같은 반점(안상반 → 121쪽)이 2개 있습니다.

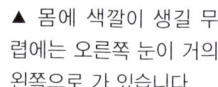

▼ 안상반이 5개 있습니다.

점넙치 식
[넙치과]
■ 15cm ■ 한국, 일본, 동중국해, 남중국해 등 ■ 수심 40~80m까지의 모래 진흙 바닥 ■ 물고기, 갑각류

색깔 변화는 자유자재!

넙치와 가자미류는 모랫바닥의 색에 맞춰 몸 색깔을 바꿀 수 있습니다(의태→163쪽). 해저가 얼룩덜룩할 경우 몸 무늬도 얼룩덜룩해집니다. 이처럼 몸 색깔을 모래와 똑같이 만들어 의태함으로써 가까이 온 사냥감을 몰래 덮칠 수 있습니다.

▲ 넙치를 활용한 실험. 넙치와 가자미류는 모랫바닥의 색을 보고 몸 색깔을 바꿉니다. 그래서 머리 주변의 색과 환경에 맞는 색과 무늬로 바뀝니다.

큰비늘넙치 [둥글넙치과] 식
눈이 서로 떨어져 있고 꼬리지느러미 양 끝에 반점(안상반)이 있습니다. ■ 12cm ■ 일본, 서태평양, 인도양 ■ 수심 30m까지의 모래 진흙 바닥 ■ 물고기, 저생 소동물

가자미 무리

🐟 **물고기 이야기** 대부분은 양 눈이 몸 오른쪽에 있다. 단, 강도다리(→216쪽) 등 일부는 양 눈이 왼쪽에 있다.

▲ 가자미류의 얼굴. 양 눈이 오른쪽에 달려 있습니다. 입과 이빨은 작습니다.

참가자미 [가자미과] 식
- 🟥 50cm 🟧 한국~쿠릴 열도 남부, 일본 등
- 🟩 수심 100m까지의 모래 진흙 바닥
- 🟦 갯지렁이류, 조개, 갑각류

▲ 눈이 없는 참가자미의 왼쪽 몸(배). 흰색이며 무늬가 없습니다.

문치가자미 [가자미과] 식
참가자미와 비슷하지만, 주둥이가 약간 둥그스름합니다.
- 🟥 45cm 🟧 한국, 일본, 동중국해 등 🟩 수심 100m까지의 모래 진흙 바닥
- 🟦 갯지렁이류, 갑각류

마설가자미 [가자미과] 식
가자미류 중 가장 크게 자랍니다.
입은 크고 날카로운 이빨이 나 있습니다.
- 🟥 2.5m 🟧 일본, 북태평양, 동태평양(북부) 등
- 🟩 수심 1,100m까지의 모래 진흙 바닥
- 🟦 물고기, 문어, 게 등

돌가자미 [가자미과] 식
돌처럼 딱딱한 돌기가 등, 측선 부분, 배에 있습니다. 담수역에 들어가기도 합니다. 🟥 50cm 🟧 한국, 일본, 사할린, 쿠릴 열도 등
- 🟩 수심 30~100m의 모래 진흙 바닥 🟦 조개, 갑각류

크기 체크
- 참가자미 50cm
- 넙치 70cm
- 마설가자미 2.5m

토막상식 양식된 넙치는 몸의 흰 부분이 거무스름하거나 검은 반점이 있기도 합니다.

가자미 무리

가자미목

하타타테가자미(일본명) [신월가자미과]
등지느러미의 줄기(연조)가 실 모양으로 자라나 있습니다. 평소에는 배에 접어 두었다가 적을 위협할 때 힘차게 치켜듭니다.
- 🟥 18cm
- 🟧 일본, 서태평양, 인도양
- 🟩 모래 진흙 바닥
- 🟦 저생 소동물

중설가자미 [신월가자미과]
- 🟥 15cm 🟧 한국, 일본, 서태평양 🟩 수심 80~150m의 모래 진흙 바닥 🟦 갯지렁이류, 새우 등

▲ 등지느러미의 줄기를 펼쳐서 위협하는 하타타테가자미.

서대 무리

🐟 **물고기 이야기** 소 혀 같은 얇고 납작한 몸이 특징이다. 참서대류는 오른쪽 눈이 몸 왼쪽에 달려 있고 납서대류는 왼쪽 눈이 오른쪽에 달려 있다.

참서대 [참서대과] 식
눈이 아주 작고 주둥이는 둥그스름합니다.
- 🟥 25cm 🟧 한국, 일본, 동중국해, 남중국해 등
- 🟩 수심 30~130m의 모래 진흙 바닥
- 🟦 갯지렁이류, 조개, 작은 물고기, 갑각류

흑대기 식 [참서대과]
- 🟥 35cm 🟧 한국, 일본, 동중국해, 남중국해 등 🟩 만 및 연안의 얕은 물의 모래 진흙 바닥 🟦 갯지렁이류, 조개, 갑각류

납서대 [납서대과]
주둥이가 갈고리 모양으로 구부러져 있습니다. 눈이 있는 쪽 물체에 달라붙는 습성이 있습니다. 🟥 14cm 🟧 한국, 일본, 동중국해, 남중국해 🟩 얕은 물의 모랫바닥 🟦 물고기, 갑각류

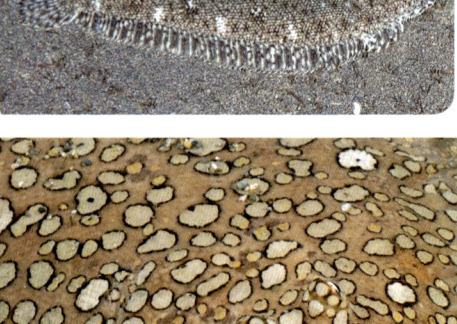

궁제기서대 [납서대과]
🟥 22cm 🟧 한국, 일본 🟩 수심 100m까지의 모래 진흙 바닥 🟦 갯지렁이류, 갑각류

▲ 몸을 물결치듯 움직여 헤엄치는 서대류.

남방서대(일본명) 위 [납서대과]
몸에 뱀의 눈 같은 흰색 무늬가 있습니다. 등지느러미, 뒷지느러미, 배지느러미의 뿌리에서 맹독성 점액이 나옵니다. 🟥 15cm
- 🟧 일본, 서·중앙태평양, 동인도양
- 🟩 산호초의 모랫바닥 🟦 갯지렁이류, 저생 소동물 🟥 점액에 독
- 🟪 피콕솔(Peacock sole)

크기 체크

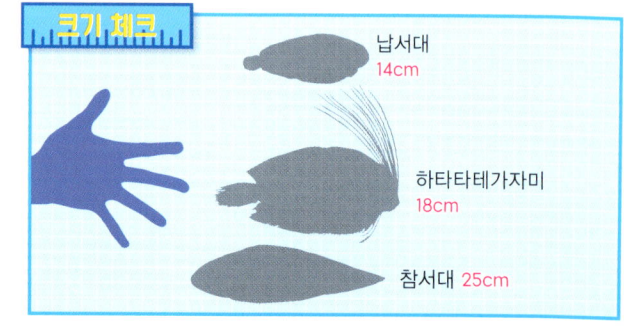

- 납서대 14cm
- 하타타테가자미 18cm
- 참서대 25cm

🟥몸길이 🟧분포 🟩서식 장소 🟦먹이 🟪별명 🟥위험한 부위 위위험한 물고기 식식용 물고기 멸멸종 위기종

놀라운 물고기 칼럼
물고기와 의태

물고기는 약육강식의 세계에 삽니다. 작은 물고기는 먹히지 않고 자신을 지켜야 하고, 육식어는 살아가기 위해 사냥을 해야 합니다. 그래서 작은 물고기는 육식어가 먹지 않는 것이나, 위험한 생물을 흉내 내어 자신을 지킵니다. 육식어의 경우는 자신의 존재를 숨기고 사냥감에 접근하기 위해 주변 환경과 비슷하게 변신합니다. 이런 행동을 '의태'라고 합니다.

마른 나뭇잎으로 변하는 물고기 2마리!

떠다니는 잎이나 쓰레기 등으로 변하는 것은 의태의 흔한 패턴입니다. 아래 사진의 물고기 2마리는 둘 다 마른 나뭇잎으로 의태했습니다. 그런데 각각의 목적이 전혀 다릅니다.

공격 마른 나뭇잎으로 변해 사냥감을 노린다

수비 마른 나뭇잎으로 변해 자신을 지킨다

▲ 리프피시(→212쪽). 마른 나뭇잎을 의태하여 들키지 않고 사냥감에 접근합니다.

▲ 남양제비활치의 유어(→149쪽). 표층을 떠다니는 마른 나뭇잎으로 의태하여 육식어에게 들키지 않습니다.

독이 있는 척?

독이 있는 생물로 변장하는 것도 의태의 흔한 패턴입니다. 물고기뿐만 아니라 납작벌레(→102쪽) 등 독이 있는 생물로 변하는 물고기도 있습니다. 아래에 있는 2마리의 물고기는 매우 닮았지만, 독의 유무와 지느러미의 형태가 다릅니다.

독 있음! 등지느러미 / 뒷지느러미

◀ 새들발렌티니토비(→169쪽). 몸에 강한 독이 있으므로 육식어의 사냥감이 되지 않습니다.

등지느러미 / 뒷지느러미 **독 없음!**

▶ 톱쥐치(→166쪽). 독이 없지만, 새들발렌티니토비를 의태하여 천적의 눈을 피합니다.

어디에 있는지 맞춰 봐!

암벽과 해저의 돌, 산호류와 조류 등으로 변해 자신을 지키는 것도 의태의 일종입니다. 어떤 물고기는 정말 똑같이 변해서 찾아내기가 어렵습니다. 멋진 의태 기술을 가진 2마리를 살펴봅시다.

매복!

▶ 떠다니는 조류 속에서 사냥감을 기다리는 노랑씬벵이(→63쪽). 가만히 있다가 가까이 온 물고기를 꿀꺽 삼킵니다.

숨바꼭질!

해양류 속에 숨어 지내는 피그미해마(→69쪽). 작은 가시로 의태하므로 찾기 어렵습니다.

163

복어 무리

물고기 이야기 작은 입속에 단단하고 튼튼한 판 모양 이빨(판치)이 있다. 아감구멍은 작은 구멍 같은 형태이고 배지느러미가 없는 것이 많다. 몸속에 독이 있거나 몸 표면에서 독을 내뿜는 것도 있다. 전 세계에 약 420종이 있다.

파랑쥐치 등의 무리

물고기 이야기 색과 무늬가 화려하여 관상어로 인기가 많으며 수족관 등에서 자주 볼 수 있다. 몸은 판 모양의 비늘로 덮여 있다. 제1등지느러미는 작으며 평소에는 몸 쪽으로 접혀 있다.

▼ 유어
▲ 성어

파랑쥐치 [쥐치복과]
위험을 느끼면 산호나 바위틈으로 들어갑니다. 제1등지느러미와 배지느러미를 세워서 은신처에서 끌려 나오지 않고 버팀으로써 자신을 지킵니다.
- 43cm 한국, 일본, 서·중앙태평양, 인도양 산호초 성게, 조개, 갑각류

붉은이빨쥐치 [쥐치복과]
산호초에서 큰 무리를 이루기도 합니다.
- 29cm 일본, 서·중앙태평양, 인도양 수심 50m까지의 산호초 플랑크톤

▲ 위턱에서 불그스름한 이빨이 2개 튀어나와 있습니다.

핑크테일트리거피시 [쥐치복과]
- 28cm 일본, 서·중앙태평양, 인도양 등 산호초 갯지렁이류, 성게, 조개, 갑각류, 조류

주황색선쥐치 [쥐치복과]
- 28cm 일본, 서·중앙태평양, 인도양 산호초 성게, 조개, 갑각류

배주름쥐치 [부치과]
산란기가 되면 모랫바닥에 절구 모양의 둥지를 만듭니다.
- 21cm 한국, 일본, 서·중앙태평양, 인도양, 동대서양 산호초 성게, 조개, 갑각류, 조류 피카소피시

제왕쥐치복 [쥐치복과]
산란기가 되면 모랫바닥에 절구 모양의 둥지를 만듭니다. 둥지를 지키려는 의식이 강하여 접근하는 생물에게 제1등지느러미를 세우고 돌진합니다.
- 63cm 일본, 서·중앙태평양, 인도양 산호초 성게, 조개, 갑각류

▼ 유어

▼ 성어

은비늘치 [은비늘치과] 식
연안의 얕은 물에서 무리를 짓습니다.
- 25cm 일본, 서태평양, 인도양 얕은 물의 저층 저생 소동물, 조류

▲ 유어. 기수역이나 조장에도 나타납니다.

제1등지느러미 →
◀ 성어

분홍쥐치 [분홍쥐치과]
배지느러미에 날카로운 가시 1쌍이 있습니다.
- 10cm 일본, 동중국해, 남중국해 수심 70~330m의 저층 갑각류, 작은 물고기

몸길이 분포 서식 장소 먹이 별명 위험한 부위 위 위험한 물고기 식 식용 물고기 멸 멸종 위기종

쥐치 무리

🐟물고기 이야기🐟 납작한 몸에 작은 가시가 달린 비늘이 뒤덮여 있어 쓰다듬으면 거친 감촉이 느껴진다. 잘 때는 떠내려가지 않도록 조류 등을 입으로 붙잡는 습성이 있다.

◀ 유어
▼ 산란 전의 암컷(오른쪽)과 수컷(왼쪽).

말쥐치[쥐치과]
수심 200m까지의 연안의 모래 진흙 바닥이나 암초에서 작은 무리를 짓고 삽니다. 유어일 때는 큰 무리를 만들어 해파리를 잡아먹습니다. 노무라입깃해파리의 천적입니다. 🔴 32cm 🟠 한국, 일본, 동중국해, 남중국해 등 🟢 연안 🔵 해파리류, 갯지렁이류, 조개, 갑각류

쥐치[쥐치과] 식
오므린 입 끝에 감각 기관이 있어 능숙하게 미끼를 잡아먹습니다. 수컷은 제2등지느러미의 줄기(연조)가 실처럼 길어집니다. 🔴 20cm 🟠 일본, 동중국해, 남중국해 등 🟢 수심 100m까지의 모랫바닥 🔵 갯지렁이류, 조개, 갑각류

오렌지스팟파일피시
[쥐치과]
산호 주변에서 쌍 또는 작은 무리로 생활합니다. 🔴 8cm 🟠 일본, 서·중앙태평양, 인도양 🟢 산호초 🔵 산호 폴립

날개쥐치[쥐치과] 위
몸에 선명하고 파란 물결무늬가 있습니다. 🔴 75cm 🟠 한국, 일본, 전 세계의 열대·온대역 🟢 연안의 암초·산호초 🔵 조류, 말미잘류, 소동물 ⬜ 내장에 독이 있을지 모름

톱쥐치[쥐치과]
새들발렌티니토비(→169쪽)로 의태(→163쪽)합니다.
🔴 8cm 🟠 일본, 서·중앙태평양, 인도양 🟢 산호초 🔵 조개, 조류

▶ 성어
▶ 유어
아오사쥐치(일본명)[쥐치과]
성어가 되면 조금이긴 하지만 복어처럼 배를 부풀릴 수 있습니다. 🔴 7cm 🟠 일본 🟢 암초, 조장 🔵 소형 갑각류, 조류 등

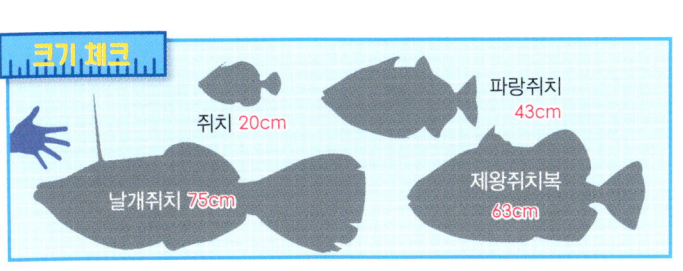
입
비어디드레더재킷[쥐치과]
입이 위쪽으로 달려 있고 몸이 날씬하며 꼬리가 길고 수염이 있습니다.
🔴 35cm (전장) 🟠 서태평양, 인도양 🟢 산호초의 모랫바닥·조장, 하구의 기수역에도 나타남 🔵 소동물

크기 체크
쥐치 20cm
파랑쥐치 43cm
날개쥐치 75cm
제왕쥐치복 63cm

다이아몬드파일피시[쥐치과]
소형이며 보기 힘든 쥐치류입니다. 🔴 2cm 🟠 일본, 서태평양 🟢 조장, 산호초 🔵 소동물

▼ 조류에 입으로 붙어서 잡니다.

가시복 무리

물고기 이야기 위험을 느끼면 몸을 부풀리고 가시를 세워 밤송이처럼 변한다. 복어의 한 종류이지만 몸에 독이 없어서 일부 지역에서 식용으로 쓰인다.

▼ 가시는 비늘이 변해서 생긴 것입니다. 몸을 부풀리고 가시를 세워서 자신의 몸을 크게 보이려는 행동입니다.

가시복[가시복과] 식
온몸에 뒤덮은 긴 가시를 세웠다 눕혔다 할 수 있습니다. 유어일 때는 앞바다의 표층에서 무리 지어 생활합니다. ■ 29cm ■ 한국, 일본, 전 세계의 열대·온대역 ■ 얕은 물의 산호초·암초 ■ 조개, 갑각류, 물고기

▲ 앞에서 보면 귀여운 얼굴입니다.

잔점박이가시복[가시복과] 식
■ 71cm ■ 일본, 전 세계의 열대·온대역 ■ 얕은 물의 산호초·암초 ■ 성게, 조개, 갑각류

복어는 왜 부풀까?

복어가 몸을 부풀리는 것은 적을 놀래기 위해, 또는 몸을 키워서 상대에게 잡아먹히지 않기 위해서라고 합니다. 몸을 부풀릴 때는 단숨에 물과 공기를 들이마십니다. 복어의 몸에는 위 일부가 변해서 생긴 '팽창낭'이라는 주머니가 있고, 그곳에 물과 공기를 저장할 수 있게 되어 있습니다. 또 배에 뼈가 없으므로 배를 부풀려 자기 체중의 2~4배 무게의 물을 들이마실 수 있다고 합니다.

강담복[가시복과] 식
몸에 짧은 가시가 나 있지만 움직이지는 못합니다. ■ 55cm ■ 한국, 일본, 전 세계의 열대·온대역 ■ 얕은 물의 산호초·암초 ■ 갑각류

메이타강담복(일본명)[가시복과] 식
■ 15cm ■ 일본, 서태평양·인도양의 열대·온대역 ■ 얕은 물의 산호초·암초 ■ 갑각류

▼ 갑자기 공격당해도 단숨에 부풀어 오르므로 잡아먹히지 않습니다.

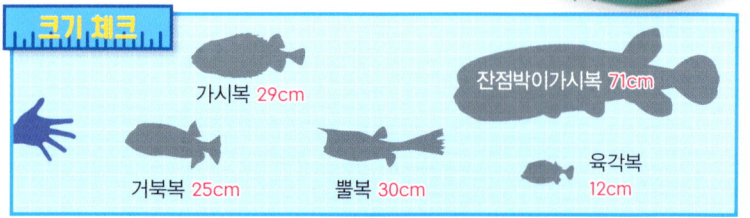

크기 체크
- 가시복 29cm
- 거북복 25cm
- 뿔복 30cm
- 잔점박이가시복 71cm
- 육각복 12cm

거북복, 육각복 무리

물고기 이야기 가시복처럼 부풀지는 못하지만, 몸이 튼튼한 판 모양의 뼈(골판)로 뒤덮여 있다. 또 내장과 살에는 독이 없으나 몸의 표면에서 독성 점액을 내뿜을 수 있다.

▼ 성어

거북복 [거북복과] 식
몸의 단면이 사각형이라서 정면에서 보면 상자처럼 보입니다. ■ 25cm ■ 한국(남부·동부, 제주도), 일본, 홍콩 ■ 만의 얕은 물, 암초 ■ 갯지렁이류, 조개, 갑각류

노랑거북복 [거북복과]
◀ 유어
몸의 단면은 사각형입니다. ■ 38cm ■ 일본, 서·중앙태평양, 인도양 ■ 산호초, 암초 ■ 갯지렁이류, 조개, 갑각류

뿔복 [거북복과]
눈 위에는 가시가 길게 앞쪽으로 솟아 있고 꼬리가 깁니다. 몸의 단면은 오각형입니다. ■ 30cm ■ 한국, 일본, 서·중앙태평양, 인도양 ■ 만의 얕은 물의 산호초·암초 ■ 저생 소동물

◀ 유어   ▼ 성어

검정거북복(일본명) [거북복과]
몸의 단면은 사각형입니다. ■ 20cm ■ 일본, 태평양, 인도양 ■ 산호초 ■ 갯지렁이류, 조개, 갑각류

오네이트카우피시 [육각복과]
독특한 모습과 색깔 덕분에 인기가 있습니다. 눈 위에 짧은 뿔이 2개 있습니다. ■ 15cm (전장) ■ 호주 남부 ■ 수심 5~60m의 저층 ■ 갑각류, 조개

화이트바드박스피시 [육각복과]
흰 줄무늬가 있어서 이런 이름(White-barred boxfish)이 붙었습니다. 선명한 색깔이 특징입니다. ■ 33cm (전장) ■ 호주 서부·남부 ■ 수심 10~220m의 저층 ■ 갑각류, 조개

무늬뿔복 [거북복과]
몸에 푸른 선 무늬가 많습니다. 몸의 단면은 오각형입니다. ■ 19cm ■ 일본, 서·중앙태평양, 인도양 ■ 연안의 얕은 물 ■ 저생 소동물

육각복 [거북복과]
몸에 가시가 많습니다. 몸의 단면은 육각형입니다. ■ 12cm ■ 한국, 일본, 동중국해, 남중국해 ■ 수심 100~200m의 모랫바닥 ■ 저생 소동물

토막상식 가시복의 일본명은 '하리센본(바늘이 천 개라는 뜻)'이지만, 몸을 뒤덮은 바늘 같은 가시의 수는 실제로는 400개 정도입니다.

복어 무리

🐟 **물고기 이야기** 내장과 살, 피부 등에 강한 독이 있는 것이 대부분이다. 그러나 매우 맛있어서 독이 없는 부분이 식용으로 쓰인다. 물과 공기를 빨아들여 몸을 크게 부풀림으로써 자신을 보호한다.

복어목

검복 [참복과] 위 식
- 🟥 45cm 🟧 한국, 일본, 동중국해~러시아 남동부 등 🟩 연안에서 앞바다까지의 모래 진흙 바닥 🟦 조개, 오징어, 갑각류, 물고기 🟪 밀복 🟥 내장과 피부의 독

매리복 [참복과] 위
검복과 비슷하지만 뒷지느러미가 흰색입니다.
- 🟥 30cm 🟧 한국, 일본, 동중국해 등 🟩 연안 🟦 조개, 오징어, 갑각류, 물고기 🟥 내장과 피부의 독, 살에 약한 독이 있을지 모름

졸복 [참복과] 위
사마귀 같은 작은 돌기가 전신을 뒤덮고 있습니다.
- 🟥 31cm 🟧 한국, 일본, 동중국해 등 🟩 연안의 암초·모래 진흙 바닥 🟦 갯지렁이류, 갑각류 🟥 내장과 피부의 독, 살에 약한 독이 있을지 모름

▼ 모래에 숨어든 복섬.

복섬 [참복과] 위
눈만 내놓고 모래에 숨는 습성이 있습니다.
- 🟥 11cm 🟧 한국, 일본, 동중국해, 남중국해 등 🟩 암초, 조장 🟦 갯지렁이, 조개, 갑각류 🟥 내장과 피부, 살의 독

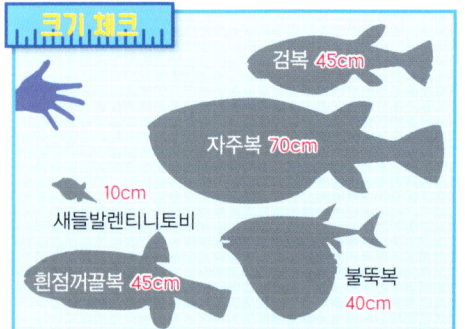

크기 체크
- 검복 45cm
- 자주복 70cm
- 새들발렌티니토비 10cm
- 흰점꺼끌복 45cm
- 불뚝복 40cm

▼ 성어

▲ 유어. 만의 모래 진흙 바닥에서도 발견됩니다.

자주복 [참복과] 위 식
복어 중에서도 특히 인기 있는 고급어입니다. 양식도 활발합니다. 몸 표면은 매우 작은 가시로 덮여 있습니다.
- 🟥 70cm 🟧 한국, 일본, 동중국해~북태평양(서부) 🟩 연안, 앞바다 🟦 조개, 갑각류, 물고기 🟥 내장의 독

까치복 [참복과] 위
모든 지느러미가 노란색이고 몸에 줄무늬가 있습니다.
- 🟥 55cm 🟧 한국, 일본, 동중국해, 남중국해 등 🟩 연안 🟦 갑각류, 오징어, 물고기 🟥 내장의 독

은밀복 [참복과] 식
몸에 독이 없어서 복요리에 자주 이용됩니다.
- 🟥 30cm 🟧 한국, 일본, 서태평양 🟩 연안에서 앞바다까지 🟦 조개, 갑각류, 물고기 🟪 흰밀복

복섬의 집단 산란
복섬은 초여름의 보름달이나 초승달이 뜬 밤에 산란합니다. 수많은 복섬이 밀려오는 파도를 타고 모래톱에 몰려듭니다. 암컷이 산란을 시작하면 이어서 수컷이 일제히 방정합니다. 산란과 방정이 끝나면 모두 파도를 타고 바다로 돌아갑니다.

▼ 산란하는 복섬

알

🟥 몸길이 🟧 분포 🟩 서식 장소 🟦 먹이 🟪 별명 🟥 위험한 부위 위 위험한 물고기 식 식용 물고기 멸 멸종 위기종

복어의 독은 어디에 있을까?

다른 물고기가 복어 흉내를 내서 자신을 보호할 만큼 복어의 독(테트로도톡신)은 강력합니다. 사람의 몸에 들어가면 중독을 일으켜 목숨을 빼앗을 수도 있습니다. 복어는 종마다 독이 있는 부위가 다르며, 부위별로 독의 강도도 다릅니다.

복어의 독이 있는 부위와 독의 강도

독의 강도: 🐟🐟🐟 맹독 🐟🐟 강한 독 🐟 약한 독

	살	피부	간	장	정소	난소
검복		🐟🐟	🐟🐟🐟	🐟🐟		🐟🐟🐟
자주복		🐟	🐟🐟	🐟		🐟🐟
복섬	🐟	🐟🐟🐟	🐟🐟🐟	🐟🐟		🐟🐟🐟

새들발렌티니토비 [위]
[참복과]
비슷하게 생긴 톱쥐치(→165쪽)와는 등지느러미와 뒷지느러미의 모양 차이로 구별할 수 있습니다.
- 📏 10cm 🌏 일본, 서·중앙태평양, 인도양
- 🌿 산호초 🐚 조류, 조개, 저생 소동물
- ☠ 내장과 피부의 독

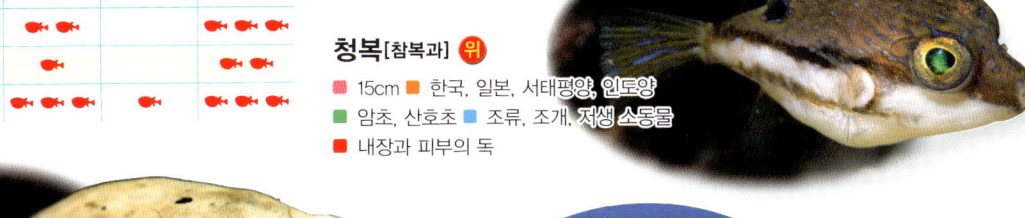

청복 [참복과] [위]
- 📏 15cm 🌏 한국, 일본, 서태평양, 인도양
- 🌿 암초, 산호초 🐚 조류, 조개, 저생 소동물
- ☠ 내장과 피부의 독

흑점꺼끌복 [참복과] [위]
입 주변이 검습니다. 몸이 전체적으로 노랗거나 파란 개체도 있습니다. 📏 20cm
- 🌏 한국, 일본, 서·중앙태평양, 인도양
- 🌿 산호초 🐚 조류, 조개, 산호, 해면류 ☠ 내장과 피부, 고기의 독

◀ 부풀어 오른 흑점꺼끌복.

▼ 성어 ▷ 유어

◀ 유어

흰점꺼끌복 [참복과] [위]
- 📏 45cm 🌏 한국, 일본, 태평양, 인도양 🌿 산호초
- 🐚 조류, 조개, 산호, 해면류, 성게, 저생 소동물
- ☠ 내장과 피부 등의 독 화이트스팟티드푸퍼피시

▲ 성어

꺼끌복 [참복과] [위] [식]
일부 지역에서는 식용으로 이용합니다. 📏 80cm 🌏 한국, 일본, 서·중앙태평양, 인도양 등 🌿 산호초 🐚 조류, 조개, 산호, 해면류, 성게, 저생 소동물 ☠ 내장과 피부의 독

불뚝복 [불뚝복과]
몸을 부풀릴 수는 없지만, 배에 크게 부풀릴 수 있는 막이 있습니다.
- 📏 40cm 🌏 한국, 일본, 서태평양, 인도양 🌿 수심 50~300m의 산호초
- 🐚 성게, 해면류, 소동물

뿔닭복 [참복과] [위]
- 📏 35cm 🌏 일본, 태평양, 인도양
- 🌿 산호초 🐚 조류, 산호, 해면류, 조개 ☠ 내장에 독

평소에는 막이 배에 접혀 있습니다.

169

개복치 무리

복어목

키지느러미

개복치[개복치과] 식
- 3.3m
- 한국, 일본, 타이완, 북태평양, 호주 남동부 등
- 먼바다의 표층
- 해파리류, 갑각류, 물고기 등

개복치의 취미는 일광욕?

개복치는 때때로 큰 몸을 수평으로 하고 해수면을 떠다닙니다. 일광욕하는 것처럼 보이는 이 행동은 심해에 오래 있어서 식은 몸을 데우는 행동으로 여겨졌습니다. 그러나 해수면을 떠다니는 개복치의 몸을 바닷새가 쪼아서 기생충을 먹는다는 사실이 알려졌습니다. 개복치의 생태는 아직도 수수께끼투성이입니다.

▼ 해수면을 떠다니는 개복치.

■몸길이 ■분포 ■서식 장소 ■먹이 ■별명 ■위험한 부위 위위험한 물고기 식식용 물고기 멸멸종 위기종

🐟 **물고기 이야기** 몸이 얇고 납작하며, 보통 물고기의 몸의 뒤쪽 절반이 잘린 듯한 특이한 모습이다. 배지느러미와 꼬리지느러미는 없지만, 등지느러미와 뒷지느러미의 뒷부분이 이어져서 생긴 '키지느러미'라는 독특한 지느러미가 있다.

등지느러미

뒷지느러미

▲ 몸길이가 7mm 정도인 치어. 이 무렵에는 몸에 가시가 있습니다. 성장하면 가시는 보이지 않게 되고 개복치다운 모습으로 변합니다.

▲ 정면에서 본 개복치.

혹개복치 [개복치과]
전에는 개복치와 동종이었으나 최근 들어 다른 종으로 분류되었습니다. 개복치와 헷갈리기 쉽지만 머리가 불룩하게 솟아 있고 키지느러미에 파도 같은 무늬가 없습니다.
■ 3.3m ■ 일본, 타이완 ■ 먼바다의 표층 ■ 해파리류 등

◀ 약어. 키지느러미의 돌기가 성어보다 가늘고 길어서 마치 창 같습니다.

▼ 치어

물개복치 [개복치과]
키지느러미의 뒤쪽 가운데가 뾰족하게 튀어나와 있습니다.
■ 3m ■ 한국, 일본, 전 세계의 열대·온대역 ■ 먼바다의 표층 ■ 해파리류, 갑각류

◀ 치어

쐐기개복치 [개복치과]
생김새가 쐐기 같아서 이런 이름이 붙었습니다. 가슴지느러미가 가늘고 뾰족하며 키지느러미 뒷부분은 무언가에 잘린 것처럼 직각입니다. ■ 74cm ■ 한국, 일본, 전 세계의 열대·온대역 ■ 먼바다의 표층 ■ 물고기, 갑각류

크기 체크

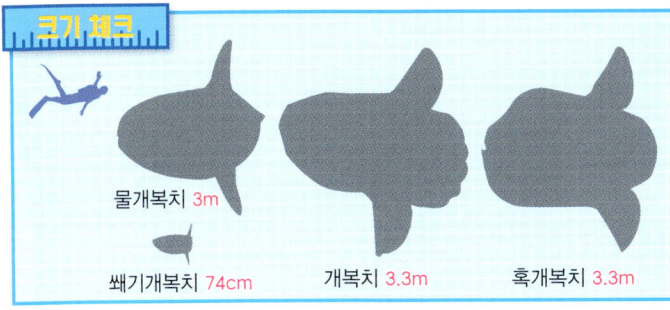
물개복치 3m
쐐기개복치 74cm
개복치 3.3m
혹개복치 3.3m

🟢 **토막 상식** 개복치는 국제자연보호연합(IUCN)이 정한 '레드 리스트'에서 멸종 위기종으로 지정한 어류입니다.

개펄에서 사는 망둑어들

개펄에는 풍부한 양분과 먹이를 찾으려는 다양한 생물이 모여듭니다. 바다와 기수역에서 사는 물고기들도 밀물 때 왔다가 썰물 때 돌아갑니다. 그러나 물이 적은 개펄의 진흙 바닥을 좋아하는 물고기들도 있습니다. 여기에서는 독특한 생태를 가진 망둑어류를 소개합니다.

개펄은 어떤 곳?

개펄은 조수와 파도의 영향이 적은 만 또는 하천이 흘러드는 후미진 하구에 많습니다. 하천의 흐름에 운반되어 온 모래와 진흙이 하구 주변에 쌓여 생겨나는 것이 개펄입니다. 산림에서 풍부한 양분을 흘려보내는 데다 조류의 간만에 따라 바다의 플랑크톤과 소동물 등도 많이 모이므로 개펄은 생물에게 매우 윤택한 환경입니다.

▲ 광대한 개펄이 펼쳐진 아리아케해. 소형 갑각류, 갯지렁이류, 조개, 그리고 그것들을 노리는 물고기와 새 등 수많은 생물이 모여듭니다.

개펄에서 사는 망둑어 무리

▲ 굴에서 얼굴을 내미는 짱뚱어.

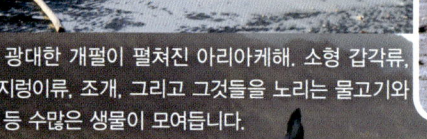
▶ 개소겡의 얼굴. 큰 입에 엄니 같은 이빨이 나 있습니다.

짱뚱어 식 멸
진흙 바닥에 굴을 파고 삽니다.
🟥 16cm 🟧 한국, 일본, 중국, 타이완 🟩 만의 개펄, 하구 🟦 조류

개소겡 식 멸
퇴화한 작은 눈이 피부밑에 묻혀 있습니다.
🟥 30cm 🟧 한국, 일본, 중국, 타이완 등 🟩 만의 부드러운 진흙 바닥 🟦 작은 물고기, 조개, 저생 소동물 ⬜ 대갱이, 수수뱀

말뚝망둥어
육식으로, 갯지렁이류와 소형 갑각류 등을 먹습니다. 🟥 8cm
🟧 한국, 일본, 중국, 타이완 🟩 만의 개펄, 하구의 기수역 🟦 저생 소동물

남방말뚝망둑어(일본명)
맹그로브가 우거진 하구에서 많이 볼 수 있습니다. 🟥 8cm 🟧 일본, 서·중앙태평양, 인도양 🟩 만의 개펄, 하구의 기수역 🟦 저생 소동물

토카게망둑어(일본명) 멸
길게 뻗은 제1등지느러미가 특징입니다. 🟥 12cm 🟧 일본, 서태평양, 인도양 🟩 만의 개펄 🟦 조류

제1등지느러미

개펄에서 살 수 있는 호흡의 비밀

짱뚱어나 말뚝망둥어 등이 물이 적은 개펄 위에서 살 수 있는 것은 피부 호흡이 발달했기 때문입니다. 단, 물이 전혀 없어도 되는 것은 아니고, 피부 호흡을 위해서 몸의 표면이 물에 젖어 있어야 합니다. 그래서 피부가 마르지 않도록 조수 웅덩이 등에 누워 몸을 적시는 개펄의 물고기들을 종종 볼 수 있습니다.

점프!

짱뚱어나 말뚝망둥어는 꼬리지느러미로 지면을 차고 튀어오르는 습성이 있습니다.

물고기 씨의 물고기 이야기

짱뚱어의 사랑의 점프

짱뚱어는 개펄의 인기 스타! 볼록 튀어나온 눈은 녹색으로 빛나고, 잘 보면 눈동자가 하트 모양이에요. 뺨이 부풀어 있는 것은 물 밖에서도 숨 쉴 수 있도록 입에 물을 머금고 있기 때문이고요! 머리를 바르르 떨면서 식사하는 모습, 가슴지느러미로 걷듯이 이동하는 모습. 그리고 뭐니 뭐니 해도, 아름답고 멋진 지느러미를 활짝 펼치고 용감하게 점프하는 모습이 정말 멋져요! 짱뚱어의 점프는 초여름에 볼 수 있습니다. 이 시기가 짱뚱어의 사랑의 계절이거든요!

▲ 점프하는 짱뚱어. 십몇 센티미터의 몸이 공중에 춤추므로 보는 재미가 있습니다.

▲ 말뚝망둥어의 점프.

좋아하는 암컷의 눈길을 끌려고 화려하게 점프하는 수컷!

싸운다!

개펄에 사는 망둑어는 굴을 중심으로 자신의 영역을 만듭니다. 이 영역에 다른 망둑어가 들어오면 위협하며 쫓아내려 합니다.

나무에 오른다!

맹그로브에서 사는 남방말뚝망둑어는 장시간 물속에 있으면 피부 호흡을 못 하게 되므로, 밀물 때가 되면 물을 피해 나무에 오릅니다.

입을 크게 벌리고 서로 위협하는 짱뚱어.

등지느러미를 세우고 서로 다가서는 말뚝망둥어.

나무 위의 남방말뚝망둑어.

※ 여기서 소개하는 물고기는 전부 망둑어과(농어목)입니다.

놀라운 물고기 칼럼

레드 데이터 북의 물고기들

지금으로부터 약 35억 년 전, 지구상에 생명이 탄생했습니다. 그로부터 헤아릴 수 없이 많은 생명이 나타났으며 그중 수많은 생물이 자연환경의 변화로 사라졌습니다. 지금도 많은 야생 생물이 멸종의 위기에 처해 있는데, 이런 생물을 '멸종 위기종'이라고 합니다.

야생 생물을 지키려는 노력
멸종 위기종 대부분은 환경 파괴로 멸종의 위기를 맞았습니다. 인간의 문명 발달이 야생 생물이 살 수 있는 범위를 좁혔기 때문입니다. 그래서 야생 생물을 보호하는 노력이 오래전에 시작되어, 1966년에는 국제 자연 보호 연합(IUCN)이라는 단체가 멸종 위기종에 대한 정보를 정리한 '레드 데이터 북'을 발행했습니다. 이것을 보고 배워, 세계 각국에서도 그 나라 독자의 레드 데이터 북을 발행하게 되었습니다. 일본의 환경청(현재의 환경성) 역시 1991년에 일본판 레드 데이터 북《일본의 멸종 위기 야생 생물》을 발행했습니다.

레드 리스트와 레드 데이터 북
야생 생물 정보는 두 종류가 있습니다. 멸종의 우려가 있는 야생 생물의 이름과 분류가 실린 '레드 리스트'와 멸종의 우려가 있는 야생 생물의 형태, 생태, 분포, 멸종 요인, 보전 대책 등 더 자세한 정보가 정리된 '레드 데이터 북'입니다. 단, 레드 리스트가 먼저 발표된 다음에 작성에 긴 시간과 노력이 필요한 레드 데이터 북이 발행됩니다.

멸종 위기, 혹은 멸종 위기에 처할 우려가 있는 물고기들

일본의 환경성이 작성한 레드 리스트와 레드 데이터 북에서는 기수역·담수역에 사는 물고기를 아래 도표와 같이 분류해 놓았습니다. 멸종 위기 1류와 2류를 합하여 167종이 멸종 위기에 놓여 있습니다(2015년에 발표된 정보).

멸종됨
일본에서는 이미 멸종했다고 여겨지는 종입니다. 아래 사진의 잔가시고기 외에 스와모로코(일본명), 철갑상어가 있습니다.

▲ 잔가시고기
1970년대 초반을 마지막으로 생식이 확인되지 않았습니다.

야생 멸종
사육하에서만 존속하는 종입니다. 쿠니마스(일본명)가 있습니다(→203쪽).

멸종 위기 1류
현재 상황이 이어지면 멸종할 가능성이 있습니다. 가까운 장래에 멸종할 위험성이 특히 높은 1A류, 멸종의 위험성이 높은 편인 1B류로 나뉩니다.

▲ 혼모로코(일본명)(→188쪽)
멸종 위기 1A류.

▲ 네코기기(일본명)
멸종 위기 1B류. 일본의 천연기념물입니다.

멸종 위기 2류
멸종의 위험이 커지고 있는 종입니다. 생식 환경이 계속 나빠지므로 가까운 장래에 멸종 위기 1류가 될 것이 확실시됩니다.

▲ 북방송사리(일본명), 송사리(→208쪽)

▲ 개소갱(→172쪽)

준 멸종 위기
장래에 멸종할 가능성이 있다고 여겨지는 종입니다. 생식 환경이 안정되어 있지 않으므로 환경이 나빠지면 멸종 위기종이 될 가능성이 있습니다.

▲ 비와마스(일본명)(→203쪽)

※ 이 외에 정보 부족(평가할 만큼의 정보가 없는 종), 멸종 우려가 있는 지역 개체군(특정 지역에서 사는 개체군 중 멸종의 위험이 큰 종) 등으로 분류되는 종도 있습니다.

멸종 ← 멸종의 위험

지금도 멸종의 위기에 놓여 있는 물고기들

멸종 위기종의 수가 왜 지금처럼 줄어들었는지, 그 원인을 알아봅시다.

케이스1   아유모도키(일본명)의 경우 – 인간의 환경 파괴

아유모도키(→192쪽)는 일본에만 있는 고유종이자 일본의 천연기념물입니다. 옛날에는 비와호, 요도가와 수계를 중심으로 혼슈 서쪽에서도 볼 수 있었습니다. 그러나 하천 개수 공사로 생식지가 많이 사라졌고, 환경 악화와 생활 배수로 인한 오염도 한몫하여 개체 수가 급속히 감소했습니다. 현재는 오카야마현과 교토부의 극히 일부에서만 볼 수 있습니다.

▶ 아유모도키. 멸종 위기 1A류. 국제자연보호연합(IUCN)의 레드 리스트에서도 'CR:절멸 위급'으로 지정했습니다. 현재는 거의 볼 수 없습니다.

케이스2   이치몬지타나고(일본명)의 경우 – 외래종의 침입

큰입우럭(→211쪽)이나 블루길(→211쪽)처럼 외국에서 유입된 물고기를 '외래종'이라고 합니다. 번식해서 늘어난 육식 외래종이 재래종(원래 일본에 있던 물고기)이나 재래종의 먹이를 다 먹어 버려서 생식을 위태롭게 만드는 일이 요즘 많아졌습니다. 예를 들면 비와호의 이치몬지타나고도 큰입우럭에게 먹혀 멸종된 것으로 보입니다.

▲ 큰입우럭(블랙배스). 번식력이 강하고 식욕도 왕성해서 생태계 균형을 깨뜨리는 원인이 됩니다.

▲ 이치몬지타나고. 멸종 위기 1A류. 원래 비와호에서 각지로 퍼져 나간 종이지만 현재는 비와호에서 볼 수 없습니다.

케이스3   일본흰줄납줄개(일본명)의 경우 – 외래종과의 교잡

다른 종끼리 교미하여 잡종을 만드는 것을 '교잡'이라 합니다. 일본흰줄납줄개(→187쪽)는 외래종인 흰줄납줄개(→187쪽)에 가까운 종이어서 서로 교잡하여 번식해 왔습니다. 그래서 잡종이 늘어나 순수한 일본흰줄납줄개가 줄어들었습니다.

▶ 일본흰줄납줄개. 멸종 위기 1A류. 일본에서만 볼 수 있는 고유종이며 멸종의 위험이 있습니다.

▼ 흰줄납줄개

◀ 일본흰줄납줄개

강과 호수, 늪에서 사는 물고기

물고기는 바다에서만 사는 것이 아닙니다. 뭍의 하천, 개울, 호수와 늪에도 많은 물고기가 살고 있습니다. 하천, 호수와 늪의 물은 바닷물과는 다른 민물(염분이 거의 없는 물)이므로 이곳의 물고기들은 바닷물고기와 다릅니다. 그러나 일부 민물고기는 산란 등을 위해 바다와 하천과 호수, 늪을 오가거나 바닷물과 민물 양쪽에서 다 살 수 있습니다.

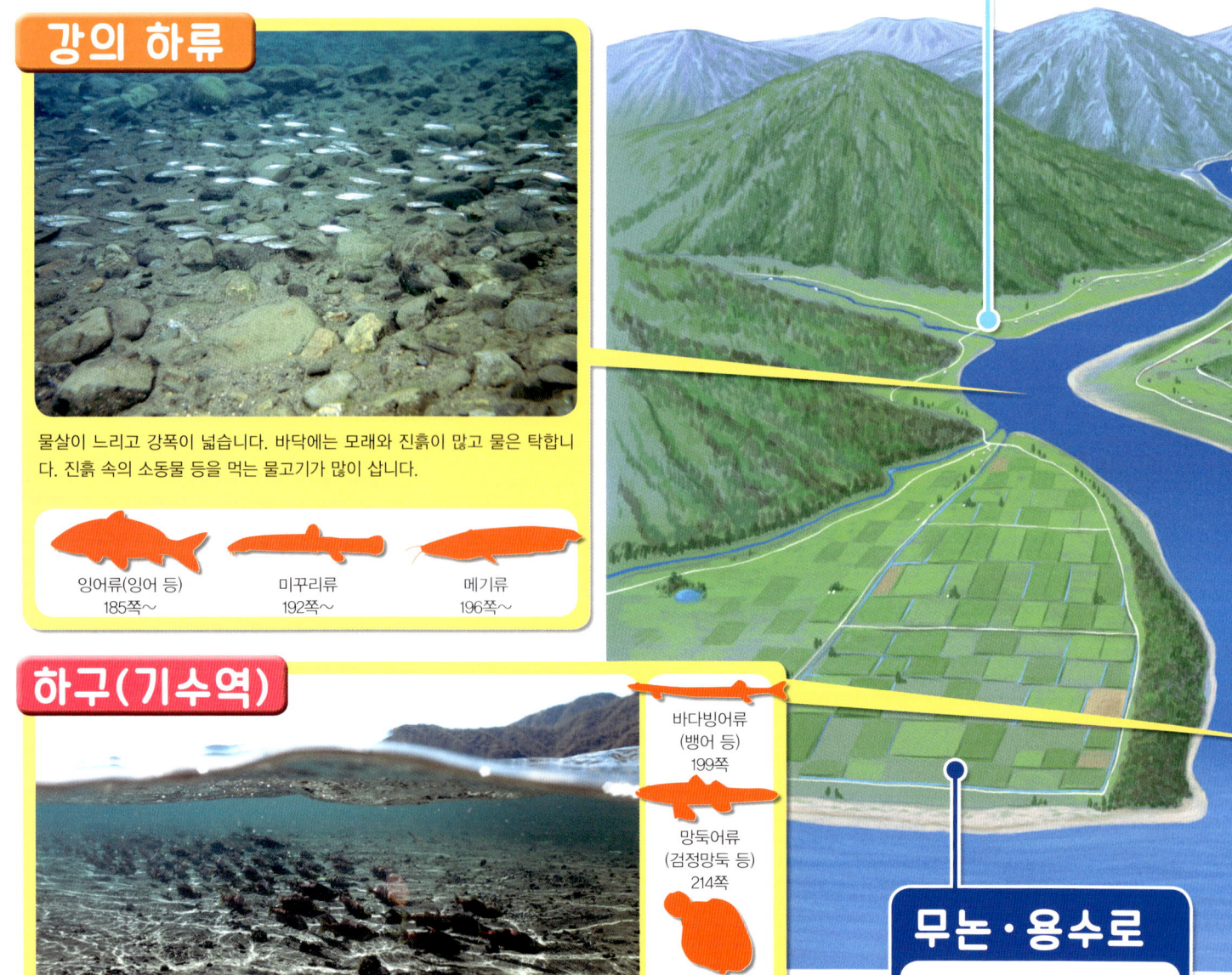

강의 하류

물살이 느리고 강폭이 넓습니다. 바닥에는 모래와 진흙이 많고 물은 탁합니다. 진흙 속의 소동물 등을 먹는 물고기가 많이 삽니다.

- 잉어류(잉어 등) 185쪽~
- 미꾸리류 192쪽~
- 메기류 196쪽~

하구(기수역)

강물이 바다로 흘러 들어가는 곳입니다. 바닷물과 강물이 섞인 부분을 '기수역'이라고 하는데, 바다와 강을 오가는 물고기들과 평생을 기수역에서 사는 물고기들이 여기서 살고 있습니다. 열대·아열대역에는 맹그로브(기수역에 서식하는 나무)가 우거진 곳도 있습니다.

- 바다빙어류(뱅어 등) 199쪽
- 망둑어류(검정망둑 등) 214쪽
- 가자미류 216쪽

무논·용수로

인간의 손으로 만든 무논(물을 채운 논)과 용수로에 곤충, 플랑크톤 등이 많으므로 그것들을 먹는 다양한 물고기도 함께 살고 있습니다.

강의 상류·중류

유속이 빠르고 바닥에 큰 돌이 많습니다. 물은 차고 투명합니다. 흘러오는 벌레 등을 먹는 재빠른 물고기나 강바닥의 돌에 들러붙어서 사는 물고기가 서식합니다.

 연어류(야마토곤들매기 등) 202쪽~

카지카류(가마키리 등) 213쪽

 망둑어류(카와요시노보리 등) 214쪽

유속이 느린 시냇물

큰 강의 지류나 용천에서 흘러나온 개천 등에만 사는 물고기도 있습니다. 물고기들은 이곳에 우거진 수초에서 먹이를 구하고 알을 낳으며 치어를 기릅니다.

호수·늪

못과 호수, 늪 등을 말합니다. 물이 거의 흐르지 않으며, 물 깊이에 따라 다양한 종류의 물고기가 살고 있습니다. 특정 호수에만 사는 고유종도 많습니다. 또 하천 부근에 생기는 웅덩이에도 작은 물고기들이 삽니다.

 연어류(홍연어 등) 200쪽~

 검정우럭류 211쪽

 메기류(비와호큰메기 등) 196쪽

연안(바다)

강에서 사는 물고기 중에도 바다까지 나갈 수 있는 것이 많습니다. 또 산란 등을 위해 바다와 하천을 오가는 물고기도 많습니다.

※ 물고기 삽화는 그 환경에서 많이 보이는 물고기 집단을 나타냅니다. 어떤 종은 여러 환경에서 볼 수 있습니다.

칠성장어 무리

◀ 흡반 모양의 입으로 사냥감을 삼킨 후 안에 있는 이빨로 살을 발라 먹습니다.

🐟물고기 이야기 몸이 뱀장어와 비슷하며 눈 뒤에 아감구멍이 7개 있으므로 칠성(7개의 별)장어라고 불린다. 전 세계의 하천 등에 약 40종이 있다.

아감구멍

칠성장어[칠성장어과] 식 멸
유어일 때는 강바닥의 진흙 속에서 살다가 성어가 되면 바다로 갑니다.
- 63cm (전장) ■ 한국, 일본, 유라시아대륙 북부, 북미대륙 북부 ■ 하천, 연안(바다) ■ 물고기

다묵장어[칠성장어과] 멸
평생을 민물에서 삽니다. ■ 16cm (전장) ■ 한국 남부, 일본 ■ 하천 ■ 조류

가오리 무리

🐟물고기 이야기 민물에 사는 가오리류. 전부 태생으로, 꼬리에 강력한 독 가시가 있는 것이 많다.

모토로담수가오리[민물가오리과] 위
- 50cm (폭) ■ 남미(아마존강, 파라나강, 오리노코강 등) ■ 하천 ■ 저생 소동물
- 남미담수가오리 ■ 꼬리 가시의 맹독

화이트블로치드리버스팅레이[민물가오리과] 위
- 40cm (폭) ■ 남미(싱구강 등) ■ 하천의 진흙 바닥 ■ 저생 소동물 ■ 레오폴디
- 꼬리 가시의 맹독

폐어 무리

🐟물고기 이야기 약 4억 년 전부터 존재했던 물고기로, '살아 있는 화석'으로 불린다. 일부는 몸속에 폐가 있어 아가미 호흡과 함께 폐 호흡(공기 호흡)이 가능하다. 전 세계의 강 등에 6종이 있다.

레피도시렌[레피도시렌과]
호주폐어보다 폐가 더 발달해 있습니다. 뱀장어처럼 몸이 길쭉하고, 가슴지느러미와 배지느러미는 퇴화했습니다. ■ 125cm (전장) ■ 남미(아마존강, 파라나강 등) ■ 하천 상류, 습지 ■ 수생 곤충, 조개, 새우, 조류

호주폐어[호주폐어과(일)] 멸
폐는 있지만, 완전히 발달하지 않아서 주로 아가미로 호흡합니다. 가슴지느러미와 배지느러미를 손발처럼 움직입니다.
- 170cm (전장) ■ 호주 북동부(버넷강, 메리강 등) ■ 하천, 습지
- 지렁이, 새우, 개구리, 조개, 물고기, 수생 동물 ■ 네오케라토두스

폐어의 여름잠
폐어류 일부는 거처의 물이 말라 붙으면 몸을 점막으로 감싸고 진흙을 파고 들어가 우기가 올 때까지 가만히 있습니다. 이것을 '여름잠'이라고 합니다.

▲ 여름잠을 자는 폐어류.

■몸길이 ■분포 ■서식 장소 ■먹이 ■별명 ■위험한 부위 위험한 물고기 식식용 물고기 멸멸종 위기종

아로와나 무리

골린어목·골설어목·압치목 외

물고기 이야기 위턱 중앙의 뼈와 혀 위의 이빨 같은 돌기가 매우 발달해서 사냥감을 혀와 위턱 사이에 끼워서 잡는다. 수컷이 알을 입속에서 지키고 기르기도 한다. 전 세계의 하천과 호수, 늪에 약 220종이 있다.

▼ 강에 걸린 그물을 점프해서 뛰어넘는 아로와나.

아로와나 [골린어과]
사선으로 크게 기울어진 입으로 수면 가까운 곳에서 헤엄치는 물고기와 수면보다 높은 나뭇가지에 있는 곤충 등을 잡아먹습니다. 원산지에서는 식용으로 쓰입니다.
■ 90cm (전장)　■ 남미(아마존강 등)　■ 하천, 습지　■ 곤충, 물고기　■ 실버아로와나

피라루쿠 [골린어과] 멸
세계 최대급의 민물고기로 유명합니다. ■ 4.5m (전장)
■ 남미(아마존강 등)　■ 하천, 호수·늪　■ 작은 물고기

아시안아로와나 [골린어과] 멸
수컷이 입속에 알을 넣은 뒤 부화한 자어가 성장할 때까지 지킵니다. 지역에 따라 몸 색깔이 달라집니다. ■ 90cm (전장)　■ 말레이시아, 인도네시아 등　■ 하천, 습지
■ 곤충, 물고기

아프리칸아로와나 [골린어과]
피라루쿠와 가까운 종류로, 원산지에서는 식용으로 쓰입니다. 다른 아로와나와는 달리 플랑크톤을 먹습니다. ■ 100cm　■ 아프리카(나일강, 투르카나호, 니제르강 등)　■ 하천, 호수·늪　■ 플랑크톤

■ 몸길이　■ 분포　■ 서식 장소　■ 먹이　■ 별명　■ 위험한 부위　위 위험한 물고기　식 식용 물고기　멸 멸종 위기종

로열나이프피시 [칼고기과]
몸이 칼처럼 생겨서 '나이프피시'로 불립니다.
- 🟥 120cm 🟧 태국, 라오스, 캄보디아 등 🟩 하천, 호수·늪
- 🟦 물고기, 갑각류, 곤충 🟪 인도차이나페더백

▼ 위에서 내려다본 모습.

민물나비고기 [민물나비고기과]
길게 자란 가슴지느러미와 배지느러미를 활용하여 물 위로 점프하면서 곤충 등을 잡아먹습니다. 🟥 12cm (전장) 🟧 아프리카 서부·중앙부(콩고강, 차드호 등) 🟩 하천, 호수·늪 🟦 곤충, 갑각류, 물고기

아프리카칼고기 [김나르쿠스과]
배지느러미, 뒷지느러미, 꼬리지느러미가 없습니다. 등에서 꼬리까지 이어진 긴 등지느러미를 물결치듯 움직이면서 헤엄칩니다. 🟥 167cm 🟧 아프리카 서부·중앙부(니제르강, 투르카나호 등)
- 🟩 하천 🟦 곤충, 갑각류, 물고기 🟪 김나르쿠스, 아바아바

— 긴 등지느러미

📘 레이더가 달린 물고기
코끼리주둥이고기나 아프리카칼고기 등은 몸에 발전 기관이 있어 약한 전기를 만들어 낼 수 있습니다. 이런 물고기들은 눈이 매우 나쁘지만, 전기를 레이더처럼 활용해 사냥감이 있는 곳 등을 감지함으로써 시력에 의존하지 않고 사냥감을 찾을 수 있습니다.

압치 무리

🐟 **물고기 이야기** 담수역에 사는 압치류로, 아프리카의 하천과 호수, 늪에 약 30종이 산다.

코끼리주둥이고기 [코끼리고기과]
코끼리 코처럼 보이는 것이 아래턱입니다. 이 아래턱을 촉수처럼 활용해 진흙 속 생물을 찾습니다. 원산지에서는 식용으로 쓰입니다.
- 🟥 35cm 🟧 아프리카 서부·중앙부(니제르강, 콩고강 등)
- 🟩 하천의 진흙 바닥 🟦 저생 소동물 🟪 엘리펀트노즈피시

힌지마우스 [프락톨라이무스과]
부레로 공기 호흡을 할 수 있으므로 산소가 적은 물속에서도 입으로 공기를 받아들여 살아갑니다. 🟥 25cm (전장) 🟧 아프리카 서부·중앙부(니제르강, 콩고강 등) 🟩 하천, 호수·늪 🟦 조류 🟪 아프리칸머드피시

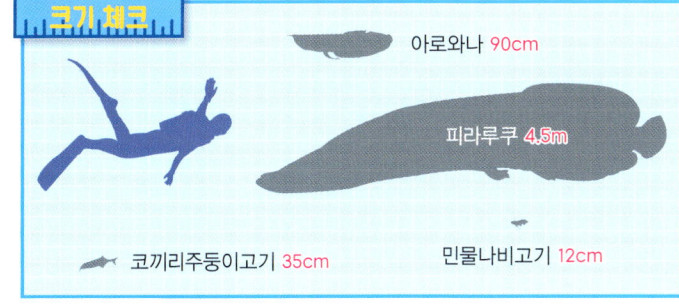

크기 체크
- 아로와나 90cm
- 피라루쿠 4.5m
- 코끼리주둥이고기 35cm
- 민물나비고기 12cm

강에서 점프!

강에서 사는 물고기가 점프하는 것은 사냥감을 습격하기 위해서만이 아닙니다. 태어난 곳으로 돌아가기 위해, 알을 낳기 위해 빠른 유속과 고저 차를 뛰어넘으며 하천을 거슬러 올라가기도 합니다.

▲ 사냥감을 물고 높이 뛰어오르는 아시안아로와나(←180쪽).

▼ 강의 중류·하류에서 부화한 은어(→199쪽)의 자어는 강을 내려가 봄까지 바다에서 삽니다. 봄이 되면 치어가 된 은어들이 일제히 강을 거슬러 오릅니다.

▼ 물총을 잘 쏘는 물총고기(→211쪽)도 가끔은 점프하며 사냥합니다.

▼ 작은 몸으로 수면 위로 튀어 오르는 송사리(→208쪽).

▲ 백련어(→186쪽)는 산란 시기를 맞으면 일제히 수면 위로 튀어 오르면서 강을 거슬러 오릅니다.

183

뱀장어 무리

🐟물고기 이야기🐟 뱀장어류(뱀장어과) 대부분은 바다와 하천을 오가며 일생을 보낸다. 몸이 가늘고 길며 아감딱지와 배지느러미가 없는 것이 특징이다. 낮에는 바위틈이나 진흙 속에 숨어 있다가 밤이 되면 사냥을 하기 위해 활동한다(야행성). 전 세계의 바다와 강 등에 약 20종이 있다. 곰치류 일부도 기수역에서 산다.

뱀장어
[뱀장어과] 식 멸
- 🟥 60cm (전장) 🟧 한국, 일본, 서·중앙태평양
- 🟩 하천의 중류·하류, 호수·늪, 하구, 연안(바다)
- 🟦 수생 곤충, 조개, 갑각류, 물고기, 개구리

뱀장어를 회로 먹지 않는 이유
뱀장어류의 혈액에는 독이 있지만 가열하면 없어집니다. 그래서 뱀장어를 회로 먹지 않고 꼬치구이 등으로 먹는 것입니다.

무태장어 [뱀장어과] 식
열대역에서 살며 몸집이 커서 2m가 넘는 것도 있습니다.
- 🟥 2m (전장) 🟧 한국, 일본, 서·중앙태평양, 인도양
- 🟩 하천의 중류, 호수·늪, 연안(바다) 🟦 갑각류, 물고기, 개구리

유럽뱀장어
[뱀장어과] 식 멸
- 🟥 50cm (전장) 🟧 유럽~아프리카 북부, 대서양(북부)
- 🟩 하천의 중류·하류, 하구, 호수·늪, 연안(바다)
- 🟦 수생 곤충, 조개, 갑각류, 물고기

눈물강곰치(일본명)
[곰치과] 멸
눈 밑의 흰 무늬 때문에 눈물을 흘리는 것처럼 보여서 눈물강곰치라는 일본명이 붙었습니다. 바위틈 등에서 머리를 내밀어 바깥 상황을 살핍니다.
- 🟥 30cm (전장) 🟧 일본, 서태평양 등 🟩 하천의 기수역
- 🟦 소동물 🟪 화이트칙곰치

뱀장어의 산란 회유

뱀장어는 보통 담수역에 살지만, 바다로 내려가 회유하고 산란하는 것으로 알려져 있습니다. 일본 뱀장어들이 어디에서 산란하느냐가 오랫동안 의문이었는데, 최근 연구로 도쿄 남쪽으로 2천몇백 km나 떨어진 서마리아나 해저 산맥의 남단 근처, 수심 약 200m에서 산란하는 것으로 밝혀졌습니다. 부화 직후의 자어는 일본 부근으로 이동하면서 투명하고 버들잎 같은 납작한 형태를 띤 '렙토세팔루스 유생'으로 성장합니다. 이후 더 성장하여 성어 뱀장어와 똑같이 가늘고 길쭉한 형태를 띤 치어, 즉 몸길이 5cm 정도의 투명한 새끼 뱀장어가 됩니다. 연안에 도달한 새끼 뱀장어는 강을 거슬러 올라 담수역에 정착하지만, 간혹 평생을 바다에서 사는 개체도 있다고 합니다.

◀ 알에서 부화한 직후의 뱀장어 자어.

◀ 렙토세팔루스 유생.

◀ 새끼 뱀장어(치어).

① 서마리아나 해저 산맥 남단 부근에서 태어남
② 해류를 타고 성장하며 일본에 접근
③ 일본에 당도하면 하천을 거슬러 올라 뱀장어로 성장함
④ 회유하여 산란할 곳으로 향함

쿠로시오 / 타이완 / 새끼 뱀장어 / 렙토세팔루스 유생 / 북적도 해류 / 부화 직후의 자어 / 민다나오 해류 / 괌섬 / 사이판섬 / 마리아나제도 / 산란지 / 일본

🟥몸길이 🟧분포 🟩서식 장소 🟦먹이 🟪별명 🔴위험한 부위 위위험한 물고기 식식용 물고기 멸멸종 위기종

잉어 무리

물고기 이야기 잉어류는 민물고기의 대표라고도 할 수 있는 집단이다. 입에는 이빨이 없다. 등뼈 일부가 변해서 생긴 감각 기관(웨버 기관)으로 소리를 느낀다. 전 세계의 하천과 호수, 늪에 약 3,300종이 있다.

▲ 재래형

목구멍의 숨은 이빨
잉어를 포함한 일부 물고기는 목구멍에 이빨(인두치)이 있습니다. 그래서 조개껍질 같은 딱딱한 먹이도 이 인두치로 부수어 삼켜 버립니다.

인두치가 있는 위치

인두치

▲ 잉어 목구멍의 뼈.

잉어[잉어과] 식
잉어는 옛날부터 일본에 존재했다고 여겨지는 '재래형'과 대륙에서 전해졌다고 여겨지는 '외래형'으로 나뉩니다. 재래형은 극히 일부 지역에만 남아 있으므로 각지에서 볼 수 있는 잉어는 거의 다 외래형이거나 재래형과 외래형의 교잡종입니다. ■ 40cm ■ 한국, 일본(재래형은 비와호 등 일부 지역에만) ■ 하천의 중류·하류, 못, 늪, 댐호 ■ 조개, 갑각류, 지렁이, 조류, 수초

▲ 외래형

긴부나(일본명)[잉어과] 식
긴부나는 수컷이 거의 없습니다. 그래서 암컷이 잉어과의 다른 종의 정자를 받아들여 자손을 남깁니다. ■ 25cm ■ 일본 ■ 하천의 중류·하류, 늪, 못 ■ 저생 소동물, 조류, 플랑크톤

떡붕어[잉어과] 식 멸
원래는 비와호 및 그 주변에 사는 고유종이었지만, 품종 개량으로 태어난 사육형이 전국에 방류되었습니다. ■ 30cm ■ 한국, 일본 ■ 하천의 하류, 호수·늪, 못, 댐호 ■ 플랑크톤

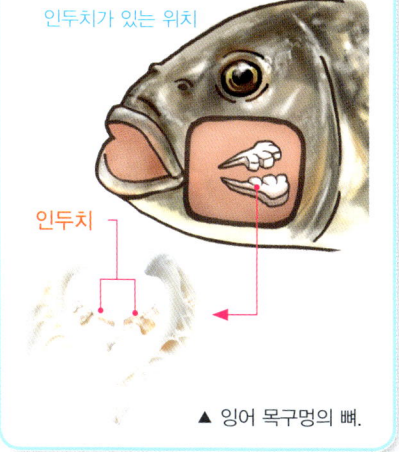

모래무지[잉어과] 식
아래쪽으로 길게 뻗은 입을 써서 모래 속에 있는 소동물을 모래째로 빨아들인 후, 아감구멍으로 모래만 내보냅니다. 또 놀라면 모래 속에 숨어 몸을 감춥니다. ■ 15cm ■ 한국, 일본, 중국 북부 ■ 하천의 상류·중류, 호수 ■ 저생 소동물

니고로붕어(일본명)[잉어과] 식 멸
비와호의 고유종으로 일본 시가현의 향토 요리인 '붕어 초밥'의 재료가 됩니다. ■ 20cm ■ 비와호 ■ 호수 ■ 플랑크톤, 깔따구의 유충

데메모로코(일본명) 식 멸
[잉어과]
진흙 바닥과 모래 진흙 바닥을 헤엄쳐 다닙니다. ■ 7cm ■ 일본 ■ 호수, 웅덩이, 용수로 ■ 수생 곤충, 저생 소동물, 물고기

크기 체크

뱀장어 60cm
잉어 40cm   긴부나 25cm
무태장어 2m

 잉어와 붕어는 같은 과의 물고기라 겉모습이 비슷하지만, 잉어는 입가에 2쌍의 수염이 있고 붕어는 수염이 없습니다.

잉어 무리

돌잉어 식
잉어류로서는 드물게 기수역에서도 볼 수 있습니다. 🟥 30cm 🟧 일본
🟩 호수, 하천의 중류·하류, 하구의 기수역에도 나타남 🟦 수생 곤충, 조류, 물고기

와타카(일본명) 멸
수생 식물이 많은 곳에서 살며 말처럼 풀을 먹습니다. 🟥 25cm 🟧 일본
🟩 호수·늪, 못, 용수로 🟦 수생 식물

▲ 머리에 비해 눈이 크고 입이 위를 향해 있습니다.

초어
지나치게 많아진 수초를 청소할 목적으로 일본의 호수·늪에 방류되었습니다. 중국에서는 식용으로 쓰입니다. 🟥 100cm
🟧 한국, 일본, 동아시아(원산) 🟩 하천의 하류, 호수·늪, 못 🟦 수초, 물가에 자라는 풀

강청어
중국에서는 식용으로 쓰입니다.
🟥 100cm 🟧 일본, 동아시아(원산)
🟩 하천의 하류, 호수·늪, 못
🟦 조개, 저생 소동물

▼ 산란기를 맞으면 무리 지어 점프하면서 강을 거슬러 오릅니다.

백련어
머리 아래쪽에 작은 눈이 달려 있습니다. 중국에서는 식용으로 쓰입니다.
🟥 40cm 🟧 일본, 동아시아(원산) 🟩 하천의 하류, 호수·늪, 못 🟦 플랑크톤(식물성)
🟪 백연

대두어
백련어와 비슷하지만, 색이 거무스름합니다. 중국에서는 식용으로 쓰입니다. 🟥 40cm 🟧 일본, 동아시아(원산) 🟩 하천의 하류, 호수·늪, 못
🟦 플랑크톤(동물성) 🟪 흑연어, 흑련어

▼ 산란기의 황어. 몸에 빨간 줄이 3줄 나타납니다.

황어 식
일생을 하천과 호수에서 사는 육봉형과 일시적으로 바다에서 사는 강해형으로 나뉩니다 (→201쪽). 🟥 25cm 🟧 한국 동부, 일본, 쿠릴 열도 남부 🟩 하천의 상류~하구, 만(바다)
🟦 조류, 수생 곤충, 낙하 곤충, 물고기, 물고기 알

버들피리
🟥 10cm 🟧 일본 🟩 하천의 상류·중류, 호수·늪
🟦 조류, 저생 소동물, 낙하 곤충

🟥 몸길이 🟧 분포 🟩 서식 장소 🟦 먹이 🟪 별명 🟥 위험한 부위 ㉴ 위험한 물고기 식 식용 물고기 멸 멸종 위기종

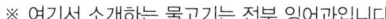
※ 여기서 소개하는 물고기는 전부 잉어과입니다.

▼ 암컷

▲ 혼인색이 나타난 수컷.

산란관

알

이타센파라(일본명) 멸
산란기가 되면 수컷의 색깔이 보라색이 섞인 분홍색으로 바뀝니다(혼인색→127쪽). 일본의 천연기념물. ■ 8cm ■ 일본 ■ 늪, 웅덩이, 용수로 ■ 조류

▲ 타나고와 중고기류는 산란기가 되면 대합, 바지락 등 쌍각류 속에 알을 낳습니다. 사진은 말조개 안에 낳은 알입니다.

타나고(일본명) 멸
수초가 우거진 얕은 물에서 많이 보입니다. ■ 6cm ■ 일본 ■ 호수·늪, 못, 용수로 ■ 조류, 플랑크톤

◀ 혼인색이 나타난 수컷.

일본흰줄납줄개(일본명) 멸
말조개에 산란합니다. 외래종인 흰줄납줄개와 교잡하므로 순수한 일본흰줄납줄개의 개체 수 감소가 우려되고 있습니다(→175쪽). ■ 4cm ■ 일본 ■ 하천, 호수 ■ 조류, 저생 소동물

▼ 암컷

▼ 혼인색이 나타난 수컷.

미야코타나고(일본명) 멸
수컷의 혼인색은 보라색이며, 지느러미에는 흰색, 검은색, 오렌지색 무늬가 나타납니다. 일본의 천연기념물. ■ 4cm ■ 일본 ■ 개천, 저수지 ■ 조류, 저생 소동물

납지리
■ 10cm ■ 한국 서부, 일본 ■ 하천의 하류, 용수로, 호수·늪 ■ 조류, 수초

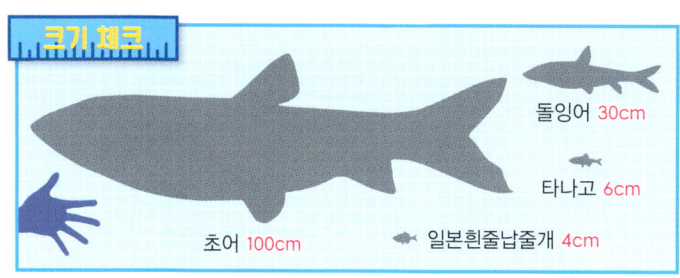

흰줄납줄개
동아시아에서 일본으로 유입된 어종입니다. ■ 5cm ■ 한국, 일본, 동아시아·타이완(원산) ■ 못, 늪, 용수로 ■ 조류, 수초, 소동물

아부라보테(일본명)
■ 5cm ■ 한국 서부, 일본 ■ 개천, 용수로 ■ 저생 소동물, 수생 곤충 ■ 일본칼납자루

크기 체크
초어 100cm
돌잉어 30cm
타나고 6cm
일본흰줄납줄개 4cm

토막상식 초어, 강청어, 백련어, 대두어는 중국에서 옛날부터 양식되는 대표적인 식용어(4대 가어)입니다. 네 어류가 각각 다른 먹이를 먹어 공존할 수 있습니다.

잉어 무리

피라미 [잉어과] 식
- 13cm ■ 한국 서부, 일본, 중국 동부 ■ 하천의 중류·하류, 용수로, 호수·늪
- 조류, 수생 곤충, 낙하 곤충

갈겨니 [잉어과]
바위틈이나 수면으로 뻗어 나온 식물 밑에 숨는 습성이 있습니다.
- 15cm ■ 한국 남서부, 일본 ■ 하천의 상류·중류
- 조류, 수생 곤충, 낙하 곤충

입꼬리가 처지면서 아래로 구부러져 있어서 먹이를 한번 물면 놓치지 않습니다.

하스(일본명) [잉어과] 식 멸
- 25cm ■ 일본 ■ 하천의 하류·호수·늪 ■ 물고기

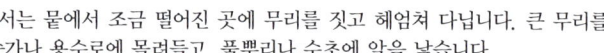

혼모로코(일본명) [잉어과] 식 멸
비와호에서는 뭍에서 조금 떨어진 곳에 무리를 짓고 헤엄쳐 다닙니다. 큰 무리를 지어 호숫가나 용수로에 몰려들고, 풀뿌리나 수초에 알을 낳습니다.
- 9cm ■ 일본 ■ 호수 ■ 플랑크톤

가와바타모로코(일본명) [잉어과] 멸
작은 무리를 만들어 수면 가까이에서 헤엄치며 돌아다니는 모습이 자주 보입니다. 산란기 수컷은 몸이 금색으로 변합니다. ■ 4cm ■ 일본 ■ 늪, 못, 용수로 ■ 조류, 소동물

참붕어 [잉어과] 식
수질의 악화나 변화에 강하고 도시 지역의 하천이나 못에서도 발견됩니다.
- 6cm ■ 한국, 일본, 타이완, 러시아 남동부~베트남 북부 ■ 호수·늪, 못, 용수로 ■ 플랑크톤, 저생 소동물, 조류

일본참중고기 [잉어과] 식
말조개나 귀이빨대칭이 등의 쌍각류 속에 산란합니다. ■ 15cm ■ 일본 ■ 하천의 하류, 호수 ■ 수생 곤충, 복족류, 플랑크톤, 조류

돌고기 [잉어과] 식
유속이 느린 곳을 좋아하며 바위나 콘크리트 블록, 수초 사이에 숨습니다. ■ 8cm ■ 한국, 일본 ■ 하천의 중류 ■ 수생 곤충

돌고기의 탁란

꺽저기(→210쪽)나 남방동사리(→214쪽)는 암컷이 낳은 알을 수컷이 부화할 때까지 지키는 습성이 있습니다. 돌고기는 산란기가 되면 이런 꺽저기나 남방동사리의 둥지를 집단으로 습격하여 이 물고기들의 알 가까이에 자신의 알을 낳습니다. 그러면 꺽저기나 남방동사리는 자신의 알과 함께 돌고기의 알을 보호하고 기릅니다. 이처럼 다른 종에게 알을 키우게 하는 생태를 '탁란'이라고 합니다. 탁란하는 민물고기는 매우 드물어 전 세계에서도 몇 종류밖에 확인되지 않았습니다.

■몸길이 ■분포 ■서식 장소 ■먹이 ■별명 ■위험한 부위 ■위험한 물고기 식식용 물고기 멸멸종 위기종

레드테일블랙샤크 [잉어과]
- 12cm (전장) ■ 타이 ■ 하천 ■ 저생 소동물, 수초

백운산어 [잉어과]
열대역에 살지만 낮은 수온에 강하고 튼튼한 물고기입니다.
- 4cm (전장)
- 중국, 베트남
- 하천 ■ 플랑크톤

수마트라 [잉어과]
성숙한 수컷은 각 지느러미의 테두리와 입가가 빨갛습니다.
- 7cm (전장) ■ 수마트라섬, 보르네오섬 ■ 하천 ■ 소형 곤충, 갑각류, 수초

제브라다니오 [잉어과]
파란색과 은색의 세로줄 무늬가 특징입니다. 은색이었던 수컷은 혼인색(→127쪽)이 나타나면 금색으로 바뀝니다. ■ 4cm ■ 인도, 파키스탄, 방글라데시 등 ■ 개천, 무논
■ 수생 곤충, 갑각류

▲ 혼인색이 나타난 수컷.

할리퀸라스보라 [잉어과]
숲속을 흐르는 탁한 하천에서 삽니다. ■ 5cm (전장) ■ 타이, 인도네시아 등 ■ 개천
■ 수생 곤충, 갑각류

스패너바브 [잉어과]
- 18cm (전장) ■ 타이, 말레이시아, 인도네시아 등 ■ 하천
- 수생 곤충, 갑각류, 조류

▼ 성어

연자홍 [카토스토무스과]
유어일 때는 하천의 중류·하류나 호수 등에서 살고 성어가 되면 상류에서 삽니다. 원산지에서는 식용으로 쓰입니다. ■ 60cm (전장) ■ 중국 남부(장강 등)
■ 하천, 호수·늪 ■ 조류 등 ■ 차이니즈서커, 엥추이

▶ 유어

크기 체크
- 참붕어 6cm
- 수마트라 7cm
- 갈겨니 15cm
- 가와바타모로코 4cm
- 백운산어 4cm

토막 상식 혼모로코는 일본 간사이 지방에서 고급 식재로 유명하며 조림이나 소금구이로 자주 이용됩니다. 사이타마현에서는 양식이 이루어지고 있습니다.

금붕어

잉어목

🐟물고기 이야기🐟 금붕어는 무로마치 시대(14~16세기)에 중국에서 일본으로 전해져 관상용으로 친숙해진 물고기다. 품종 개량이 거듭되어 다양한 모습을 띠게 되었다.

금붕어의 선조 '히부나(일본명)'

품종이 수십 가지 이상인 금붕어는 전부 빨간색 붕어(히부나)를 품종 개량한 것입니다. 다양한 품종이 있지만 전부 같은 종의 물고기이며, 다른 품종의 수컷과 암컷이 교미하여 산란하기도 합니다.

▲ 히부나

화금(和金)
금붕어 중 가장 옛날 형태로, 몸이 길고 가늘며 지느러미가 짧습니다.

유금(琉金)
화금에 비해 지느러미가 길고 몸은 짧고 둥그스름합니다.

단정(丹頂)
정수리만 빨갛고 다른 곳은 흰색입니다. 그 모습이 정수리가 붉은 두루미(단정학) 같아서 이런 이름이 붙었습니다.

진주린(珍珠鱗)
비늘 한 장 한 장이 진주를 절반으로 자른 것을 꿰맨 것 같다고 해서 '펄스케일(Pearl scale)'로 불립니다. 몸은 둥그스름합니다.

핑퐁펄
진주린 중에서도 몸이 가장 둥근 것을 '핑퐁펄'이라고 합니다.

딱부리(頂天眼)
크고 튀어나온 눈이 하늘을 향해 있습니다. 등지느러미가 없습니다. 정천안이라고도 합니다.

비단잉어

🐟물고기 이야기🐟 잉어도 금붕어와 같이 관상용으로 친숙해져 인간의 손으로 품종 개량이 거듭된 물고기다. 금붕어처럼 형태가 크게 바뀌지는 않았지만, 색깔과 무늬가 다양해졌다.

대정삼색(大正三色)
흰 바탕에 빨간 무늬와 검은 반점이 들어 있습니다.

홍백(紅白)
흰 바탕에 빨간 무늬가 들어 있는 가장 일반적인 비단잉어입니다.

소화삼색(昭和三色)
검은 바탕에 빨강과 흰색 무늬가 들어 있습니다.

도사(土佐錦)

고치시를 중심으로 사육되는 품종입니다. 꼬리지느러미가 크고 넓으며 끝이 뒤집혀 있는 것이 특징입니다.

삼색툭눈(三色出目金)

몸이 빨강, 흰색, 검정 3색으로 이루어진 툭눈금붕어입니다.

수포안(水泡眼)

눈 옆에 큰 물집(액체가 든 주머니)이 있습니다.

지금(地金)

4장으로 나뉜 꼬리지느러미가 특징입니다. 나고야시 등에서 사육됩니다.

난주(蘭鑄)

등지느러미가 없고 몸이 둥글며 머리에 혹이 있는 것이 특징입니다. 인기 있는 품종으로, '금붕어의 왕'이라고 불립니다.

검정툭눈(黑出目金)

눈이 크고 튀어나와서 '툭눈'입니다. 몸이 검습니다.

빈금(浜錦)

머리에 혹이 있고 몸이 둥급니다. 시즈오카현 하마마쓰시에서 태어난 품종입니다.

화란사자머리(和蘭獅子頭)

머리에 혹이 있습니다. 전장이 최대 30cm에 이르는 대형 금붕어입니다.

우쓰리모노(일본명)

검은 바탕에 무늬가 들어간 품종을 '우쓰리모노'라고 합니다. 빨간 무늬가 들어간 것은 '비사(緋寫)', 흰 무늬가 들어간 것은 '백사(白寫)'라고 합니다.

▲ 백사

▲ 비사

황금(黃金)

무늬가 없이 몸 전체가 금색인 품종입니다.

비단잉어의 선조 '잉어'

비단잉어는 잉어(→185쪽)를 품종 개량한 것입니다. 잉어는 원래 거무스름하지만, 간혹 빨간색이나 흰색 개체가 태어날 때가 있는데, 니가타현에서 에도 시대 말기부터 그런 잉어를 골라 기른 것이 비단잉어 양식의 시초였다고 합니다.

▲ 붉은색 잉어.

미꾸리 무리

잉어목

🐟 **물고기 이야기** 평소에는 저층이나 돌 틈에서 가만히 있지만, 필요할 때는 길쭉한 몸을 배배 꼬며 재빨리 헤엄칩니다. 입 주변의 수염으로 만져서 물체의 맛을 느낍니다. 눈 밑에 가시(안하극)가 있는 것도 있습니다.

미꾸리[미꾸리과] 식
진흙 속으로 잘 파고듭니다. ■10cm ■한국, 일본, 러시아 남동부~베트남 북부, 타이완 등 ■무논, 용수로, 늪, 못 ■가라앉은 유기물, 저생 소동물

◀ 정면에서 본 미꾸리. 수염은 5쌍입니다.

시마미꾸리(일본명)[미꾸리과]
몸의 무늬가 사는 지역에 따라 달라집니다. 수염은 3쌍입니다. ■7cm ■일본 ■하천의 중류·하류 ■가라앉은 유기물, 조류, 저생 소동물

아지메미꾸리(일본명)[미꾸리과] 식 멸
흡반 모양의 입으로 빨아들여 돌에 붙은 조류를 먹습니다. 수염은 3쌍입니다. ■7cm ■일본 ■하천의 상류·중류 ■조류

대형스지시마미꾸리(일본명)[미꾸리과] 멸
수염은 3쌍입니다. ■8cm ■일본(비와호) ■호수 ■가라앉은 유기물, 저생 소동물

미꾸리의 장 호흡
때때로 미꾸리가 엉덩이에서 방귀를 뀌듯 공기 방울을 내보낼 때가 있습니다. 이것은 미꾸리가 아가미뿐만 아니라 장으로도 호흡하기 때문입니다. 장 호흡이 물속에서가 아니라 공기 중에서 이루어지는 덕에 미꾸리는 산소가 부족한 물에서도 살 수 있습니다.

▲ 엉덩이에서 공기를 내보내는 미꾸리.

아유모도키(일본명)[미꾸리과] 멸
낮에는 바위나 돌 틈에 숨어 있다가 아침과 밤에 활동합니다. 물이 불어 일시적으로 생긴 웅덩이나 무논에 들어가 산란합니다. 수염은 3쌍입니다. 일본의 천연기념물. ■10cm ■일본 ■하천의 하류, 용수로 ■저생 소동물, 수생 곤충, 낙하 곤충

■몸길이 ■분포 ■서식 장소 ■먹이 ■별명 ■위험한 부위 위험한 물고기 식 식용 물고기 멸 멸종 위기종

종개[종개과]
돌과 돌 사이에 숨어 지냅니다. 수염은 3쌍입니다. 🟥 8cm 🟩 한국, 일본, 러시아 동부~중국 북동부 등 🟩 하천의 중류·하류 🟦 수생 곤충 등

부처미꾸리(일본명)[종개과] 멸
단독으로 수초 사이를 느긋하게 헤엄쳐 다닙니다. 수염은 4쌍입니다. 🟥 4cm 🟩 일본 🟩 개천, 무논, 웅덩이 🟦 수생 동물, 저생 소동물

스컹크보티아[보티아과]
🟥 10cm (전장) 🟧 타이 🟩 하천 🟦 조개, 저생 소동물

클라운로치[보티아과] 위
줄무늬가 특징인 대형 미꾸리류입니다.
🟥 30cm (전장) 🟧 수마트라섬, 보르네오섬
🟩 하천 🟦 수생 곤충, 갑각류, 조류
🟥 눈 밑의 날카로운 가시

◀ 클라운로치의 가시(안하극). 평소에는 눈 밑의 고랑 속에 접혀 있습니다.
가시

알모라로치[보티아과]
성장하면서 무늬가 크게 달라집니다. 🟥 16cm 🟧 인도, 네팔 등 🟩 하천, 웅덩이 🟦 저생 소동물 🟪 파키스탄로치, 요요로치

호스페이스로치[미꾸리과]
얼굴이 말처럼 길쭉해서 호스페이스(말 얼굴)라는 이름이 붙었습니다. 🟥 30cm (전장) 🟧 인도, 타이, 말레이시아 등 🟩 하천 🟦 저생 소동물

쿨리로치[미꾸리과]
끈처럼 길고 가는 몸으로 수초나 식물 틈새에 숨습니다.
🟥 12cm(전장) 🟧 타이, 미얀마, 베트남 등 🟩 하천 🟦 저생 소동물

서커벨리로치[가오리비파과]
아래쪽에 달린 입으로 돌에 붙은 조류를 먹고 삽니다. 🟥 6cm (전장) 🟧 중국 남부 🟩 하천 🟦 조류 🟪 홍콩플레코

크기 체크
미꾸리 10cm   아유모도키 10cm   종개 8cm
서커벨리로치 6cm
클라운로치 30cm

◀ 서커벨리로치의 복면. 흡반 모양의 가슴지느러미와 배지느러미로 돌 등에 달라붙습니다.

토막상식 예전에는 스지시마미꾸리가 크기와 생식 지역에 따라 여러 타입으로 나뉘었지만, 지금은 대형스지시마미꾸리를 포함한 새로운 7종으로 분류되고 있습니다.

카라신 무리

카라신목

🐟 **물고기 이야기** 등지느러미와 꼬리지느러미 사이에 '기름지느러미'라는 작은 지느러미가 있다. 이빨이 날카롭고 육식어가 많다. 색이 아름다워 관상어로 인기가 높다. 전 세계의 강과 호수·늪에 1,600종 이상이 있다.

기름지느러미

네온테트라 [카라신과]
열대 관상어의 대표적인 종입니다. 조명을 받으면 몸이 아름다운 색으로 빛납니다.
- 🟥 3cm (전장) 🟧 남미(아마존강 등) 🟩 하천
- 🟦 플랑크톤, 수생 곤충, 조류

블랙네온테트라 [카라신과]
- 🟥 4cm (전장) 🟧 남미(파라과이강 등)
- 🟩 하천 🟦 플랑크톤, 수생 곤충, 조류

러미노즈테트라 [카라신과]
- 🟥 5cm (전장) 🟧 남미(아마존강, 오리노코강 등)
- 🟩 하천 🟦 플랑크톤, 수생 곤충, 조류 🟪 레드노즈테트라

블랙라인펭귄피시 [카라신과]
- 🟥 3cm 🟧 남미(아마존강, 아라과이아강 등)
- 🟩 하천 🟦 플랑크톤, 수생 곤충
- 🟪 펭귄테트라

▼ 약어

블랙테트라 [카라신과]
약어일 때는 몸에 2개의 줄무늬가 있지만 성장하면 몸 전체가 은색으로 변합니다.
- 🟥 8cm 🟧 남미(파라과이강, 구아포레강 등)
- 🟩 하천 🟦 플랑크톤, 수생 곤충

쥬얼테트라 [카라신과]
- 🟥 4cm 🟧 남미(아마존강, 구아포레강, 파라과이강 등)
- 🟩 개천 🟦 플랑크톤, 수생 곤충, 조류 🟪 샤페

콩고테트라 [알레스테스과]
- 🟥 8cm (전장) 🟧 아프리카 중앙부(콩고강 등)
- 🟩 하천 🟦 플랑크톤, 수생 곤충, 조류

크기 체크
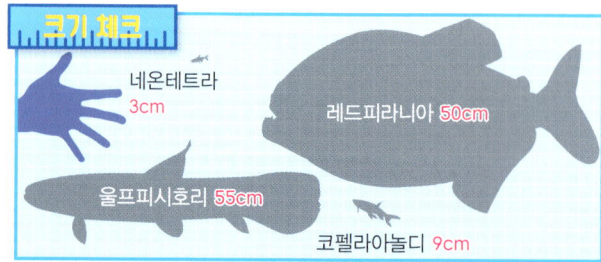
- 네온테트라 3cm
- 레드피라니아 50cm
- 울프피시호리 55cm
- 코펠라아놀디 9cm

블라인드케이브테트라 [카라신과]
어두운 동굴에 살다 보니 눈이 퇴화하여 사라졌습니다. 몸에 색소가 없어서 분홍색으로 보입니다.
- 🟥 10cm (전장) 🟧 멕시코 🟩 동굴 속 하천, 땅속 호수 🟦 소동물

🟥몸길이 🟧분포 🟩서식 장소 🟦먹이 🟪별명 🟥위험한 부위 ⓘ위험한 물고기 ⓢ식용 물고기 ⓔ멸종 위기종

레드피라니아
[카라신과] 위

육식어 '피라니아'로 유명합니다. 무리 지어 다니며 날카로운 이빨로 사냥감을 공격하지만, 의외로 겁이 많습니다. 원산지에서는 식용으로 쓰입니다.
- 50cm ■ 남미(아마존강, 파라나강 등) ■ 하천, 못 ■ 물고기, 수생 곤충, 동물 사체 등 ■ 붉은배피라니아, 피라니아나테리 ■ 이빨

▲ 레드피라니아의 날카로운 이빨.

스포티드헤드스탠더 [카라신과]
머리를 아래로 두고 물구나무를 서듯 헤엄칩니다. ■ 8cm ■ 남미(아마존강, 오리노코강 등) ■ 하천 ■ 소동물, 조류

뻐드렁니테트라 [카라신과]
물고기의 비늘을 갉아 먹는 습성이 있습니다.
- 8cm ■ 남미(아마존강, 토칸칭스강 등) ■ 하천 ■ 수생 곤충, 갑각류, 작은 물고기, 물고기 비늘 ■ 벅투스테트라, 엑소돈

실버헤체트
[민물자귀어과]
수면 근처에서 무리 지어 삽니다. ■ 4cm ■ 남미(아마존강 등) ■ 개천, 늪 ■ 곤충, 수생 곤충, 갑각류 ■ 리버헤쳇피시

코펠라아놀디 [레비아시나과]
교미할 때 수컷과 암컷이 함께 점프하여 물 밖 잎사귀의 뒷면 등에 산란합니다. ■ 9cm (전장) ■ 남미(아마존강, 오리노코강 등) ■ 개천 ■ 곤충, 수생 곤충, 갑각류 ■ 점핑카라신, 스플래시테트라

에쿠스펜슬피시 [레비아시나과]
몸이 길쭉하여 연필처럼 보이므로 이런 이름이 붙었습니다. 머리를 비스듬히 위로 두고 헤엄칩니다. ■ 5cm (전장) ■ 남미(아마존강 등) ■ 개천 ■ 곤충, 수생 곤충, 갑각류

울프피시호리 [에리트리누스과]
강의 교각 사이나 바위 그늘에 숨어서 삽니다.
- 55cm (전장) ■ 코스타리카~아르헨티나 ■ 하천, 용수로 ■ 물고기, 수생 곤충, 갑각류 ■ 말라바리쿠스, 호리

메기 무리

물고기 이야기 메기류 중에는 바다에서 사는 것도 있지만 대부분이 하천이나 호수, 늪에서 산다. 몸에 비늘이 없고 무언가에 눌린 것처럼 생긴 것이 많다. 입 주변에 2~4개의 수염이 있다.

메기 [메기과] 식
낮에는 숨어서 가만히 있다가 밤이 되면 먹이를 찾아 활동을 시작합니다(야행성). 입에 들어온 것이라면 무엇이든 먹어 치웁니다. 수염은 2쌍입니다.
- 50cm
- 한국, 일본, 러시아 남동부~베트남 중부, 타이완 등
- 하천의 하류, 늪, 못, 무논, 용수로
- 조개, 갑각류, 물고기, 개구리

수염

평바위메기(일본명) [메기과] 식
바위가 많은 곳의 틈새에 숨어서 삽니다. 수염은 2쌍입니다.
- 50cm
- 일본
- 호수
- 수생 곤충, 갑각류, 물고기

비와호큰메기(일본명) [메기과]
야행성으로, 먼바다 쪽을 헤엄치며 다른 물고기를 잡아먹습니다. 수염은 2쌍입니다.
- 80cm
- 일본
- 호수, 하천
- 물고기

기기(일본명) [동자개과] 위 식
가슴지느러미를 움직여 "기, 기" 하고 소리를 냅니다. 수염은 4쌍입니다.
- 20cm
- 일본
- 하천의 중류·하류, 호수
- 저생 소동물, 물고기
- 등지느러미와 가슴지느러미의 가시

동자가사리 [동자개과] 위 멸
알이 부화할 때까지 수컷이 곁에서 지킵니다. 수염은 4쌍입니다.
- 8cm
- 한국, 일본
- 하천의 상류·중류
- 수생 곤충
- 등지느러미와 가슴지느러미의 가시

지느러미메기(일본명) [공기호흡메기과]
수염은 4쌍입니다. 원산지에서는 식용으로 쓰입니다.
- 25cm
- 일본, 중국 남부·타이완·필리핀 등 (원산)
- 하천의 중류·하류, 늪, 못, 무논, 용수로
- 수생 곤충, 조개, 갑각류, 물고기

크기 체크
- 레드테일캣피시 134cm
- 메기 50cm
- 판다코리도라스 4cm

메기와 지진
옛 일본인들은 땅 밑에 있는 메기가 날뛰면 지진이 난다고 믿었습니다. 에도 시대에는 '가시마 신궁의 가시마 대명신이 요석이라는 돌로 메기를 눌러서 지진을 막고 있다' 라고 믿는 사람이 많았는데, 이 이야기를 소재로 한 '메기 그림'이 많이 그려져 지진을 막는 부적으로도 유행했습니다. 메기가 지진을 미리 감지한다는 설이 있지만, 정확한 사실은 미확인입니다.

◀〈요석을 짊어진 메기〉 도쿄 대학 종합 도서관 소장.

■몸길이 ■분포 ■서식 장소 ■먹이 ■별명 ■위험한 부위 위 위험한 물고기 식 식용 물고기 멸 멸종 위기종

로열플레코 [로리카리아과]
유목과 나무뿌리 등을 갉아 먹습니다. ■ 43cm ■ 남미(오리노코강, 아마존강 등) ■ 하천 ■ 유목, 수생 식물 등

레드테일캣피시 [붉은꼬리메기과]
꼬리지느러미가 성장할수록 붉게 변합니다. ■ 134cm (전장) ■ 남미(아마존강, 오리노코강 등) ■ 하천 ■ 물고기, 게, 수면에 떨어진 과실

전기메기 [전기메기과]
몸속에 있는 발전 기관으로 최대 400V나 되는 전기를 만든다고 합니다. 전기뱀장어(→198쪽) 다음으로 강한 전기를 만드는 물고기입니다.
■ 122cm ■ 아프리카 (나일강, 콩고강, 니제르강, 차드호, 투르카나호 등) ■ 하천, 호수 ■ 물고기 ■ 전기

판다코리도라스 [칼리크티스과]
눈 위에 검은 띠가 있고 등지느러미와 꼬리 부분에도 검은 반점이 있어서 이런 이름이 붙었습니다. ■ 4cm ■ 남미(아마존강 등) ■ 개천, 늪 ■ 저생 소동물

글라스캣피시 [메기과]
몸이 유리처럼 투명하고 긴 수염 한 쌍이 있습니다. ■ 15cm ■ 타이, 말레이시아, 인도네시아 등 ■ 하천, 습지 ■ 작은 물고기, 곤충, 수생 곤충, 갑각류 ■ 유리메기

바이올렛칸디루 [흡혈메기과] 위
대형 물고기의 피부에 달라붙어 구멍을 뚫고 살을 파먹는 습성이 있습니다. 인간을 공격하기도 하는 무서운 물고기입니다.
■ 27cm ■ 남미(아마존강, 오리노코강 등) ■ 하천 ■ 대형 물고기, 동물 ■ 칸디루아수, 블루돌핀피시 ■ 살을 뜯어 먹음

스퀘어헤드캣피시 [차카과]
■ 20cm (전장) ■ 인도, 네팔, 타이, 말레이시아, 인도네시아 등 ■ 하천, 용수로, 못 ■ 작은 물고기, 갑각류 ■ 차카차카

업사이드다운캣피시 [모코쿠스과]
배를 위로, 등을 아래로 하고 헤엄칩니다.
■ 10cm (전장) ■ 아프리카 중앙부(콩고강) ■ 하천 ■ 곤충, 갑각류, 조류 ■ 거꾸로메기 ■ 아감딱지의 가시

▶ 강바닥에서 마른 나뭇잎 흉내를 내며(의태→163쪽) 꼼짝 않고 사냥감을 기다립니다.

전기뱀장어 무리

전기뱀장어목·민물꼬치고기목·대구목·연어목 외

🐟 **물고기 이야기** 몸은 가늘고 길며, 근육과 신경 세포가 변해서 생긴 발전 기관으로 전기를 만들어 먹이를 잡는다. 등뼈 일부가 변해서 생긴 감각 기관(웨버 기관)으로 소리를 느낄 수 있다. 아가미와 입으로 공기 호흡을 하기도 한다. 중미·남미에 약 140종이 있다.

◀ 아감딱지 밑에 항문이 있고, 항문 뒤쪽 몸은 거의 발전 기관이 차지하고 있습니다.

항문

전기뱀장어의 발전(發電)
전기뱀장어는 근육 세포가 변해서 생긴 발전판이라는 세포로 전기를 만들어 냅니다. 발전판 한 장으로는 약 0.15V의 전기를 만들 수 있지만, 수천 개의 발전판이 일제히 발전하면 최고 800V의 큰 전기를 만들 수 있습니다. 단, 이 전기는 약 1000분의 1초 정도밖에 지속하지 않습니다.

전기뱀장어 [전기뱀장어과] 위
물이 고인 개천이나 늪의 진흙 바닥에서 삽니다. 전기로 물고기 등을 마비시켜 잡아먹습니다. ■ 2.5m (전장) ■ 남미(아마존강, 오리노코강 등) ■ 개천, 늪 ■ 물고기, 소형 포유류

뒷지느러미

블랙고스트 [유령칼고기과]
아주 약한 전기를 만들어 내 레이더처럼 활용하며 주위 상황을 살핍니다. ■ 50cm (전장) ■ 남미(아마존강, 파라나강 등) ■ 개천 ■ 수생 곤충

글라스나이프피시 [스테르노피쿠스과]
아주 약한 전기를 만듭니다. 긴 꼬리지느러미를 물결치듯 움직여 전진하거나 후진합니다. ■ 36cm (전장) ■ 남미(오리노코강, 라플라타강 등) ■ 개천, 못, 습지 ■ 저생 소동물 ■ 그린나이프피시

민물꼬치고기 무리

🐟 **물고기 이야기** 아래턱이 튀어나와 있고 턱에는 날카로운 이가 줄지어 있어서 물고기 등을 잡는다. 등지느러미와 뒷지느러미는 몸 뒤쪽에 있다. 1m를 넘는 대형 개체도 있어서 낚시용으로 인기가 있다.

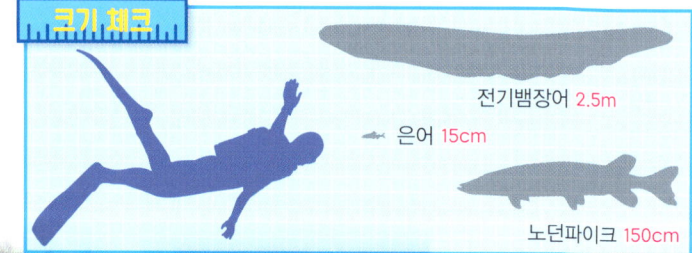

크기 체크
전기뱀장어 2.5m
은어 15cm
노던파이크 150cm

노던파이크 [민물꼬치고기과]
식물이 우거진 곳을 좋아합니다. 산란할 때를 빼고는 무리를 짓지 않고 단독으로 살아갑니다. ■ 150cm (전장) ■ 북미(북부), 유럽 ■ 하천, 호수·늪, 기수역에도 나타남 ■ 물고기, 양서류, 갑각류, 수생 곤충

■ 몸길이 ■ 분포 ■ 서식 장소 ■ 먹이 ■ 별명 ■ 위험한 부위 위 위험한 물고기 식 식용 물고기 멸 멸종 위기종

대구 무리

🐟 물고기 이야기 민물에 사는 대구류는 매우 희귀하고, 전 세계에 1종뿐이다.

◀ 유어

수염

모오캐 [대구과]
아래턱에 수염이 나 있습니다.
- 🟥 152cm (전장) 🟧 북한, 유럽 북부, 북미 등
- 🟩 하천, 호수·늪 🟦 수생 곤충, 가재, 조개

바다빙어 무리

🐟 물고기 이야기 민물 연어와 가까운 집단으로, 민물과 바닷물을 오가는 것이 많다. 몸은 길쭉하고 등지느러미는 하나이며, 그 뒤에 작은 기름지느러미가 있다. 일본에는 은어와 빙어, 열빙어가 있다.

기름지느러미

은어 [바다빙어과] 식
- 🟥 15cm 🟧 한국~베트남 북부, 일본 🟩 하천의 상류·중류, 호수, 댐호 🟦 조류

은어의 산란

가을에 강에서 태어난 은어는 바다로 내려가 겨울을 보내고 하구 부근에서 성장합니다. 그리고 이듬해 봄에 강을 거슬러 올라 중류와 상류에 정착하고, 가을에 산란한 뒤 일생을 마칩니다(간혹 살아남는 것도 있습니다). 은어처럼 1년 만에 일생을 마치는 물고기를 '한해살이 고기'라고 합니다.

▲ 은어가 산란하는 모습. 암컷이 낳은 알에 수컷이 정자를 뿌립니다.

◀ 산란 직후의 알.

시샤모(일본명) [바다빙어과] 식
2년 만에 성어가 되며 수컷은 성장할수록 몸이 검어집니다. 가을부터 겨울에 걸쳐, 무리 지어 강을 거슬러 올라 산란한 뒤 일생을 마칩니다. 부화한 치어는 강을 내려가 바다에서 성장합니다. 🟥 12cm 🟧 일본 🟩 하천, 연안(바다) 🟦 플랑크톤

빙어 [바다빙어과] 식
무리 지어 강을 거슬러 올라, 기슭의 수초와 나뭇가지에 산란합니다. 부화한 치어는 바다로 내려갑니다. 호수·늪에 사는 개체는 강물이 흘러드는 곳이나 호수 기슭에서 산란합니다. 🟥 10cm 🟧 한국, 일본, 쿠릴 열도 남부 🟩 하천의 하류, 호수·늪, 댐호, 연안(바다) 🟦 플랑크톤

뱅어 [뱅어과] 식
몸이 투명해서 등뼈, 내장, 부레 등이 훤히 보입니다.
- 🟥 10cm 🟧 러시아 남동부~한국 동부, 일본 등 🟩 하구, 기수역, 연안(바다) 🟦 플랑크톤

토막상식 어획된 직후의 아직 살아 있는 바다빙어류는 오이나 수박 같은 냄새가 납니다. 그래서 일본에서는 바다빙어를 '오이 고기'라고 부릅니다.

연어 무리

연어목

🐟 **물고기 이야기** 산란을 위해 바다와 강을 오가는 것이 많다. 몸은 약간 날씬하고 좌우로 납작하다. 등지느러미와 꼬리지느러미 사이에 기름지느러미라는 작은 지느러미가 있다. 대부분이 식용으로 활용되며 양식되기도 한다. 전 세계의 하천과 호수, 늪, 바다에 약 70종이 있다.

연어 무리

▼ 바다에서 살 때는 은색이지만, 강을 거슬러 오르면 머리는 녹색, 몸은 선명한 빨간색인 혼인색(번식기가 되면 바뀌는 색→127쪽)으로 변합니다.

홍연어 [연어과] 식 멸

치어는 2~3년간 강에서 산 후 봄에 바다로 내려갑니다(강해형). 그런가 하면 바다에 나가지 않고 일생을 담수에서 마치는 개체(육봉형)도 있습니다.

〈강해형〉 ■ 50cm　■ 일본, 북태평양, 동태평양(북부)
　　　　　■ 하천, 호수, 연안~먼바다(바다)　■ 물고기, 오징어 등
〈육봉형〉 ■ 35cm　■ 일본　■ 하천, 호수　■ 플랑크톤, 갑각류

◀ 홍연어(강해형)　　▲ 홍연어(육봉형)

크기 체크

연어 70cm
홍연어(강해형) 50cm
홍연어(육봉형) 35cm

■몸길이　■분포　■서식 장소　■먹이　■별명　■위험한 부위　위위험한 물고기　식식용 물고기　멸멸종 위기종

※ 여기서 소개하는 물고기는 전부 연어과입니다.

연어의 일생

연어의 산란은 담수역에서 이루어집니다. 가을에서 겨울 사이에 부화한 치어는 이듬해 봄에 바다로 내려가 3~4년 동안 성장하고, 그 후 모천(자신이 태어난 강)으로 돌아옵니다. 그리고 중류의 자갈 바닥에 산란한 뒤 일생을 마칩니다.

① 알은 산란 후 약 2개월이 지나면 부화합니다.

② 유어에게는 '파 마크(parr mark)'로 불리는 타원형 무늬가 있습니다. 겨울에서 봄에 걸쳐 강을 내려갑니다.

③ 바다에서 성장한 연어는 가을에 자신이 태어난 강으로 돌아옵니다. 이때 폭포를 거슬러 오르기도 합니다.

④ 산란할 곳에 도착한 수컷은 알을 낳는 암컷에게 바짝 붙어 알에 정자를 뿌립니다.

⑤ 강을 거슬러 오르는 동안 연어는 아무것도 먹지 않습니다. 그래서 산란 후 힘이 다하여 죽고 맙니다.

▲ 산란하기 위해 하천을 거슬러 오르는 홍연어 무리.

강해형과 육봉형

연어류 대부분은 성어가 되면 바다에서 살다가 산란할 때에만 강을 거슬러 오릅니다. 그러나 같은 종이라도 조건 등에 따라 바다로 내려가지 않고 일생을 강과 호수, 늪에서 마치는 것이 있습니다. 성어일 때 바다에서 사는 개체들을 '강해형', 폭포 위, 또는 거슬러 오를 곳이 없는 호수 등에 살며 일생을 마치는 개체들을 '육봉형'이라 하는데, 이 둘은 몸의 크기 등이 다릅니다. 지역에 따라 강해형과 육봉형을 부르는 이름이 따로 있기도 합니다.

연어 식

바다에서 살 때는 몸 전체가 은색입니다. 산란을 위해 강을 거슬러 오르는 사이에 빨강, 노랑, 녹색 얼룩의 혼인색이 나타나고, 수컷은 위턱이 아래턱을 덮어씌우는 모양으로 변합니다.

■ 70cm ■ 한국, 일본, 동해, 북태평양
■ 하천, 연안~먼바다(바다) ■ 물고기, 오징어, 갑각류, 해파리

▲ 수컷   ▼ 암컷

토막상식 연어나 홍연어 수컷은 알에 자신의 정자를 뿌리기 위해 치열하게 경쟁합니다. 강한 수컷에게 붙어서 이동하다가 산란 직전에 암컷 곁에 끼어드는 개체도 있습니다.

연어 무리

연어목

곱사연어 식
치어는 부화하자마자 바다로 내려갑니다. 그리고 2년 후에 모천(자신이 태어난 강)으로 돌아와 산란한 뒤 일생을 마칩니다. ■ 50cm ■ 한국, 일본, 동해, 북태평양 ■ 하천, 연안~먼바다(바다) ■ 플랑크톤

킹새먼 식
연어 중에서 가장 크게 자라는 종입니다. 곧바로 바다로 내려가는 치어도 있지만, 대부분 1~2년간 강에서 지낸 후에 바다로 내려갑니다. 산란은 주로 러시아나 알래스카, 캐나다 등의 강에서 이루어집니다. ■ 85cm ■ 동해, 북태평양 ■ 하천, 연안~먼바다(바다) ■ 플랑크톤, 물고기

곤들매기 식 멸
일본의 곤들매기는 대부분 담수에서 일생을 마치지만, 간혹 바다로 내려가기도 합니다. ■ 20cm ■ 한국 북부, 일본, 러시아 남동부 등 ■ 하천, 호수, 연안(바다) ■ 수생 곤충, 낙하 곤충

은연어 식
부화한 치어는 1~2년을 강에서 살다가 바다로 내려갑니다. 그리고 다시 1~2년 후에 모천으로 돌아와 상류에서 산란하고 일생을 마칩니다. 산란은 주로 러시아나 알래스카, 캐나다의 강에서 이루어집니다. 양식이 활발한 식용어입니다. ■ 50cm ■ 동해(북부), 북태평양 ■ 하천, 연안~앞바다(바다) ■ 물고기

무지개송어 식
원산지에서는 바다로 내려가기도 하지만, 일본에서는 거의 민물에서 일생을 마칩니다. ■ 30cm ■ 한국, 일본, 북미의 태평양 측 등(원산) ■ 하천의 상류·중류, 호수, 댐호 ■ 수생 곤충, 낙하 곤충, 소동물, 물고기 ■ 레인보우트라우트

이토우(일본명) 멸
산란 후에도 죽지 않고 평생 여러 번 산란합니다. ■ 70cm ■ 일본, 쿠릴 열도 남부, 러시아 남동부 등 ■ 하천의 하류, 호수·늪, 연안(바다) ■ 수생 곤충, 낙하 곤충, 물고기, 개구리, 쥐

야마토곤들매기(일본명) 식
■ 25cm ■ 일본 ■ 하천 상류 ■ 수생 곤충, 낙하 곤충, 물고기, 쥐

홍송어 식
치어는 2~3년간 강에서 산 후에 바다로 내려갑니다(강해형→201쪽). 바다로 내려가지 않고 강에 남는 개체(육봉형)도 있습니다. ■ 〈강해형〉 40cm 〈육봉형〉 20cm ■ 한국~북태평양(서부), 일본 ■ 하천, 연안(바다) ■ 곤충, 갑각류, 플랑크톤, 물고기, 쥐

크기 체크

야마토곤들매기 25cm 곱사연어 50cm
아마고(강해형) 35cm

■ 몸길이 ■ 분포 ■ 서식 장소 ■ 먹이 ■ 별명 ■ 위험한 부위 ■ 위험한 물고기 ■ 식용 물고기 ■ 멸종 위기종

※ 여기서 소개하는 물고기는 전부 연어과입니다.

▲ 송어

▲ 산천어

송어(산천어) 식

부화 후 1년 반 후에 바다에 내려가고, 1년 후에 모천으로 돌아옵니다(강해형). 일생을 강에서 보내는 개체(육봉형)를 '산천어'라고 합니다.
- 〈강해형〉 40cm 〈육봉형〉 10cm
- 한국, 일본, 동해, 오호츠크해
- 하천, 연안~앞바다(바다)
- 곤충, 물고기

▲ 아마고(강해형)

▶ 아마고(육봉형)

아마고(일본명) 식

송어와 똑같이 바다로 내려가지만, 반년 만에 모천으로 돌아옵니다(강해형). 일생을 강에서 사는 개체(육봉형)도 있습니다.
- 〈강해형〉 35cm 〈육봉형〉 10cm
- 일본
- 하천, 연안~앞바다(바다)
- 곤충, 물고기
- 붉은점산천어

아종에 대해
아종은 종보다 작은 단위인데, 같은 종이라도 사는 환경 등에 따라 형태나 생활 방식이 달라질 때 아종으로 분류됩니다. 다른 아종끼리 새끼를 낳기도 합니다. 예를 들면 송어, 아마고, 비와마스가 전부 송어의 아종입니다.

비와마스(일본명) 식

비와호에 사는 송어의 아종입니다. 고급 식용어로 유명합니다.
- 40cm
- 일본
- 호수·늪, 하천
- 물고기

멸종한 줄 알았던 쿠니마스(일본명)의 재발견!

2010년에 큰 화제를 불러일으켰던 쿠니마스는 홍연어의 육봉형(→200쪽)과 비슷한 종입니다. 원래 아키타현의 다자와호에만 있는 물고기였지만, 1940년경에 다자와호의 수질이 나빠져서 멸종하고 말았습니다. 하지만, 2010년에 다자와호에서 멀리 떨어진 야마나시현의 사이호에서 멸종한 줄만 알았던 쿠니마스를 발견했습니다! 제가 쿠니마스를 만난 것은 교토 대학 명예 교수인 나카보 데쓰지 선생님 덕분이었습니다. 나카보 선생님의 연구실에서 다자와호의 쿠니마스 표본화를 그리고 있었는데, 선생님께서 홍연어를 보라고 추천하셨습니다. 그래서 많은 분의 협력을 얻어 실물 홍연어를 받았는데, 그때 80년도 더 전에 다자와호에서 사이호로 운반되어 방류되었던 쿠니마스의 자손을 발견한 것입니다! 쿠니마스와의 기적 같은 만남에 감사한 마음뿐입니다.

▲ 물고기 씨가 2010년 3월에 그린 쿠니마스 삽화.

▲ 사이호에서 발견한 쿠니마스.

토막상식 산천어와 육봉형 아마고를 헛갈리기 쉽지만, 육봉형 아마고의 몸 옆에는 주홍색 점이 여러 개 있고 산천어에게는 주홍색 점이 없습니다.

강의 물고기는 무엇을 먹을까?

산에서 흘러나오는 강과 많은 물을 담은 호수 등, 뭍에도 물고기가 사는 다양한 장소가 있습니다. 여기서는 하천의 상류·중류에서 사는 물고기들의 먹이를 살펴봅시다.

◎ 곤충

수면 가까이 헤엄치는 물고기는 언제나 물가에 다가오는 벌레를 노리고 있습니다. 이 물고기들은 강에 떨어진 벌레(낙하 곤충), 산란하기 위해 강에 다가온 벌레를 습격해서 먹습니다.

▲ 수면에서 알을 낳는 잠자리류. 많은 곤충이 물가에 산란합니다.

산천어 (→203쪽)

가마키리 (→213쪽)

▲ 강도래류의 유충.

◎ 물고기

작은 물고기는 대형 물고기의 소중한 먹이입니다. 주변의 바위로 의태(→163쪽)하여 작은 물고기를 습격하는 가마키리(일본명) 같은 물고기도 있습니다.

큰가시고기 무리

물고기 이야기 담수역에 사는 가시고기류로, 몸이 길쭉하고 등과 배에 가시(극조)가 있는 것이 많다. 몸 옆에 방패 모양의 비늘(비늘판)이 있는 것도 특징적이다. 바다와 하천을 오가기도 한다.

큰가시고기목 · 드렁허리목 · 색줄멸목

하리요(일본명) [큰가시고기과] 멸
물이 깨끗하고 수온이 낮으며 수초가 많은 곳에 삽니다. ■ 5cm ■ 일본 ■ 개천, 못 ■ 수생 곤충, 저생 소동물, 부유성 소동물

가시(극조) ▼ 수컷

큰가시고기의 육아
하리요와 큰가시고기 등의 큰가시고기류는 산란기가 되면 수컷이 수초 등을 써서 둥지를 만들고, 구애의 춤으로 암컷을 둥지 안으로 이끌어 알을 낳게 합니다. 그리고 수컷은 알을 지키며 지느러미로 알에 신선한 물을 보내 줍니다. 그리고 대개 암컷은 산란 후에, 수컷은 알이 부화한 후에 일생을 마칩니다.

둥지

▲ 수초를 날라 둥지를 만드는 하리요 수컷. 강바닥에 수초를 모아 놓고 몸의 점액으로 고정합니다.

큰가시고기(동해계) [큰가시고기과] 식
강과 호수·늪에서 태어나 바다로 내려갑니다(강해형). 성장하면 하천과 호수·늪으로 돌아와 알을 낳습니다. ■ 8cm ■ 한국 동부, 일본, 쿠릴 열도 등 ■ 하천, 호수·늪, 연안·만·조수 웅덩이(바다) ■ 수생 곤충, 소형 새우 등

분류가 진행되는 큰가시고기와 가시고기
예전에는 큰가시고기 한 종이 세 타입으로 나뉘었으나 연구가 진행된 결과 3가지 새로운 종이 탄생했습니다. 왼쪽에 있는 동해계 큰가시고기와 바다로 내려가는 태평양계 강해형 큰가시고기, 일생을 담수역에서 마치는 태평양계 육봉형 큰가시고기입니다. 또한, 가시고기와 청가시고기 2종은 왼쪽에 있는 담수형 가시고기와 오모노형(일본 오모노강의 고유종) 가시고기, 기수형 가시고기의 3종으로 나뉘게 되었습니다.

▲ 태평양계 강해형 큰가시고기

▲ 오모노형 가시고기

가시고기(담수형 가시고기) [큰가시고기과]
맑은 개천 등에서 볼 수 있습니다. 수초 줄기를 이용하여 둥지를 짓습니다. ■ 7cm ■ 한국, 일본 ■ 개천, 늪, 못 ■ 수생 곤충, 소형 새우 등

무사시가시고기(일본명) [큰가시고기과] 멸
예전에는 도쿄도 중서부에도 있었지만, 지금은 환경 악화로 사이타마현의 좁은 지역에만 서식합니다. ■ 5cm ■ 일본 ■ 개천, 늪, 못 ■ 저생 소동물, 새우 등

하천실고기(일본명) [실고기과]
류큐 열도의 맹그로브 숲 속 수로에서 많이 볼 수 있습니다. ■ 17cm ■ 일본, 서·중앙태평양, 인도양 등 ■ 하천의 기수역 ■ 플랑크톤

■ 몸길이 ■ 분포 ■ 서식 장소 ■ 먹이 ■ 별명 ■ 위험한 부위 위 위험한 물고기 식 식용 물고기 멸 멸종 위기종

드렁허리 무리

🐟 **물고기 이야기** 드렁허리류는 몸이 길쭉하고 가슴지느러미와 배지느러미가 없으며 다른 지느러미도 모두 퇴화했다. 전 세계의 하천과 무논 등에 약 100종이 있다. 걸장어류는 드렁허리와 같은 종류지만 몸이 좌우로 약간 납작하고 주둥이 끝에 감각 기관 역할을 하는 돌기가 있다.

가슴지느러미와 배지느러미는 없습니다. 등지느러미와 뒷지느러미, 꼬리지느러미는 이어져서 작은 주름처럼 보입니다.

드렁허리[드렁허리과] 멸
성전환(→85쪽)하는 물고기로, 유어일 때는 암컷, 성장하면 일부가 수컷으로 변합니다. 수컷은 터널을 뚫어 그 안에 거품 덩어리를 만들어 놓고, 암컷이 낳은 알을 가져다 놓습니다. 자어가 태어나면 수컷이 입속에 넣어 기릅니다. 원산지에서는 식용으로 쓰입니다.
■ 35cm ■ 한국·타이완·중국·동남아시아(원산), 일본 ■ 무논, 못 ■ 곤충, 양서류

파이어일[걸장어과]
검은색 바탕에 불꽃 같은 무늬가 있어서 이런 이름이 붙었습니다.
■ 100cm (전장) ■ 타이·캄보디아~인도네시아 ■ 하천, 습지 ■ 수생 곤충, 조류 ■ 불장어

색줄멸 무리

🐟 **물고기 이야기** 민물에서 사는 색줄멸류로, 호주나 동남아시아의 섬에서 주로 볼 수 있다. 색깔이 아름다운 종은 '레인보우피시'라고 불리며 관상어로 인기가 높다.

페헤레이[색줄멸과]
표층 근처를 무리 지어 헤엄쳐 다닙니다. 원산지에서는 식용으로 쓰입니다. ■ 44cm ■ 일본, 브라질 남부, 아르헨티나 중부(원산) ■ 호수·늪 ■ 플랑크톤, 수생 곤충, 작은 물고기, 소형 새우 등 ■ 킹피시

셀레베스레인보우피시
[텔마테리나과]
투명한 몸에 금속성 광택을 띤 푸른 띠무늬가 있습니다. ■ 8cm ■ 술라웨시섬 ■ 하천 ■ 플랑크톤

레드레인보우피시
[멜라노타이니아과]
작고 빨간 비늘이 빛을 반사하여 보석처럼 빛납니다.
■ 12cm ■ 뉴기니섬 북부 ■ 호수 ■ 소동물
■ 콤스케일레인보우

레드테일드실버사이드
[베도티아과]
날씬한 체형과 아름다운 지느러미가 특징입니다. ■ 9cm (전장) ■ 마다가스카르섬 ■ 하천
■ 소동물 ■ 마다가스카르레인보우

크기 체크
하리요 5cm
하천실고기 17cm
드렁허리 35cm
페헤레이 44cm

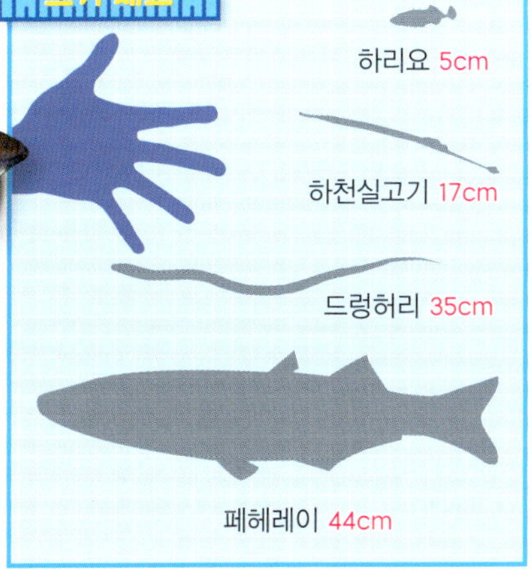

🌱 **토막상식** 담수역에 사는 가시고기류 대부분이 깨끗한 물을 좋아하므로 하천의 오염 등으로 개체 수가 감소하고 있습니다. 따라서 각지에서 보호 활동이 진행되고 있습니다.

송사리 무리

물고기 이야기 송사리류는 동갈치류(→64쪽)와 비슷한 종류로, 못이나 개천에 사는 작은 물고기로 잘 알려져 있다. 아시아 고유의 민물고기로서 동남아시아를 중심으로 23종이 있다.

- 그물코 무늬
- ▲ 수컷
- 수컷의 뒷지느러미는 폭이 넓고 김.
- 등지느러미의 패인 자국이 얕음.
- ▶ 암컷
- 암컷은 등지느러미가 작음.
- 암컷의 뒷지느러미는 폭이 좁고 짧음.

북방송사리(일본명)[송사리과] 멸
몸에 그물코 무늬가 있습니다. 수컷 등지느러미의 패인 자국은 송사리보다 얕습니다. 외래종 등의 영향으로 수가 감소하고 있어 멸종이 우려됩니다.
- ■ 3cm ■ 일본 ■ 하천, 늪, 못, 무논, 용수로 ■ 플랑크톤, 낙하 곤충

- 패인 자국이 깊음.
- ▲ 수컷
- 수컷은 폭이 넓고 김.
- ▶ 암컷
- 암컷은 등지느러미가 작음.
- 암컷은 폭이 좁고 짧음.

송사리[송사리과] 멸
몸에 그물코 무늬가 없습니다. 외래종 등의 영향으로 수가 격감하고 있어 멸종이 우려됩니다.
- ■ 3cm ■ 한국, 일본 ■ 하천, 늪, 못, 무논, 용수로, 맹그로브 지역 ■ 플랑크톤, 낙하 곤충

송사리의 분류

예전에는 일본의 송사리를 한 종으로 분류했지만, 지금은 북방송사리, 송사리의 2종으로 나누고 있습니다. 이 2종은 서식 장소가 다르긴 하지만, 교잡(다른 종끼리 자손을 만드는 것)하면 잡종이 생겨납니다. 그러므로 종의 보존을 위해서라도 생각 없이 방류하지 말아야 합니다.

- ■ 북방송사리가 사는 지역
- ■ 송사리가 사는 지역
- ■ 두 종이 함께 사는 지역

자바송사리 [송사리과]
- ■ 5cm (전장) ■ 타이, 말레이시아, 인도네시아 등 ■ 개천, 못, 용수로, 맹그로브 지역 ■ 플랑크톤

송사리류의 산란

송사리류는 봄부터 여름에 걸쳐 산란합니다. 암컷은 한동안 배에 알을 붙인 채로 다니지만, 알에는 실 같은 것이 붙어 있어서 머잖아 수초 등에 걸립니다. 알은 25도에서 11일 정도면 부화합니다.

산란과 알의 성장

① 수컷은 등지느러미로 암컷을 고정하고 암컷이 산란하면 정자를 뿌립니다.

② 암컷은 알을 늘어뜨린 채로 헤엄치다가 수초에 알을 걸어 놓습니다.

③ 산란 직후의 알. 작은 기름방울이 보입니다.

④ 7일 된 알. 알 속에서 자어의 몸의 형태가 만들어지고 있습니다.

⑤ 부화의 순간. 막을 찢고 자어가 튀어나옵니다.

⑥ 부화 직후의 자어. 며칠 동안은 배의 주머니에 든 영양분으로 자랍니다.

■ 몸길이 ■ 분포 ■ 서식 장소 ■ 먹이 ■ 별명 ■ 위험한 부위 ⓦ 위험한 물고기 ⓢ 식용 물고기 ⓜ 멸종 위기종

열대송사리 무리

🐟 **물고기 이야기** 대체로 색깔이 아름다워서 관상어로 인기가 높다. 난생인 것과 태생인 것이 있다. 남북미, 아프리카의 강이나 기수역에 약 1,000종이 서식한다.

▼ 암컷
▶ 수컷
뒷지느러미가 변해 생식기가 되었습니다.

◀ 수컷
▼ 암컷
뒷지느러미가 변해 생식기가 되었습니다.

▼▲ 구피의 개량 품종.

모기고기 [포에킬리아과]
장구벌레(모기 유충)를 퇴치할 목적으로 외국에서 들여와 일본 각지에 방류되었습니다. 오염된 물이나 기수역에서도 살 수 있는 강한 종입니다. 태생. 🟥 4cm 🟧 일본, 북미(원산) 🟩 늪, 못, 무논, 개천 🟦 조류, 플랑크톤, 곤충 🟪 톱미노

구피 [난태생송사리과]
수많은 개량 품종이 있어 관상용으로 사육됩니다. 야생 구피는 오염된 물에서도 살 수 있습니다. 태생. 🟥 4cm 🟧 일본, 베네수엘라, 트리니다드토바고 등 (원산) 🟩 늪, 못, 무논, 개천, 용수로 🟦 조류, 곤충

▼ 개량 품종

플래티 [포에킬리아과]
수많은 개량 품종이 있습니다. 태생. 🟥 6cm (전장) 🟧 북미·중미(멕시코 원산) 🟩 개천, 늪 🟦 곤충, 수생 곤충, 갑각류, 조류

▲ 개량 품종

소드테일 [태생송사리과]
수많은 개량 품종이 있습니다. 암컷에서 수컷으로 성전환(→85쪽)을 합니다. 태생. 🟥 16cm (전장) 🟧 북미·중미(멕시코~온두라스 원산) 🟩 하천, 무논, 용수로 🟦 곤충, 수생 곤충, 갑각류, 조류

네눈박이송사리 [네눈박이송사리과]
같은 과에 2종이 더 있는데 그것들까지 포함하여 '네눈박이송사리'로 부릅니다. 하구 등 기수역에서 무리를 짓습니다. 태생. 🟥 30cm (전장) 🟧 남미 🟩 하구의 기수역 🟦 수생 곤충

닌자 같은 네눈박이송사리의 눈

네눈박이송사리의 두 눈은 가운데에서 상하로 나뉘어 있어 모두 4개인 것처럼 보입니다. 네눈박이송사리는 눈의 상부를 물 밖에 내놓고 수면 근처를 떠다니듯 헤엄칩니다. 이렇게 하면 눈의 상부로 물 밖을, 하부로 물속을 볼 수 있어서 천적인 새에게서 도망치거나 먹이인 물속 벌레를 찾기 쉽습니다.

▲ 수컷

블루핀노토 [노토브란키우스과]
'난생송사리'로 불리며 자어 대신 알을 낳는 열대송사리류입니다. 🟥 6cm (전장) 🟧 아프리카 남부(모잠비크 원산) 🟩 개천, 늪, 웅덩이 🟦 곤충, 플랑크톤 🟪 킬리피시라쵸비

경계

◀ 한가운데에 경계가 있는 네눈박이송사리의 눈.

크기 체크

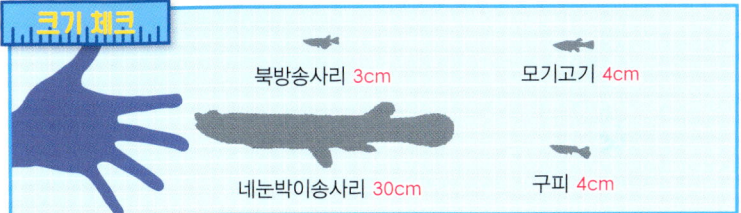

북방송사리 3cm | 모기고기 4cm
네눈박이송사리 30cm | 구피 4cm

토막상식 모기고기와 구피가 야생화하면서 원래 일본에 있었던 송사리류가 줄어들고 있습니다. 외래종이 재래종의 영역을 빼앗거나 공격하여 상처를 입히기 때문입니다.

아카메, 중국쏘가리 등의 무리

물고기 이야기 아카메류는 몸이 좌우로 납작하고 등지느러미와 뒷지느러미에 날카로운 가시(극조)가 있다. 중국쏘가리류는 아카메와 비슷하지만, 몸에 불규칙한 무늬가 있다. 몸이 투명해 '글라스피시(유리 고기)'라고 불리는 물고기 무리도 있다.

아카메(일본명) [선농어과] 멸

빛이 비치면 눈이 붉게 보여서 '아카메(붉은 눈)'라고 불립니다. 유어는 하천 하류나 기수역에서 살고 성어는 연안의 얕은 물에서 삽니다. ■120cm ■일본 ■하천 하류, 하구의 기수역, 연안(바다) ■물고기, 갑각류

▼ 붉게 빛나는 눈.

◀ 유어. 조장에 살면서 물구나무를 서는 듯한 자세로 거머리말류의 잎을 흉내(의태→163쪽) 냅니다.

▼ 약어

나일퍼치 [선농어과]

식용으로 쓰기 위해 아프리카 동부의 빅토리아호 등에 방류되었으나, 지나치게 늘어나서 호수에 원래 있던 물고기를 먹어 치워 버리는 등 문제를 일으키고 있습니다. ■2m (전장) ■아프리카(나일강, 니제르강, 콩고강, 빅토리아호 등) ■하천, 호수 ■물고기, 갑각류, 곤충

▼ 약어

바라문디 [선농어과]

유어는 기수역과 담수역에서 성장하고 성어는 연안과 담수역을 오가며 생활합니다. 성장하고 나면 수컷에서 암컷으로 성전환(→85쪽)합니다. 열대역에서는 식용으로 쓰입니다. ■2m (전장) ■인도, 중국 남동부, 동남아시아, 호주 북부 등 ■하천 하류, 하구의 기수역, 연안(바다) ■물고기, 갑각류, 수생 곤충, 큰입선농어

중국쏘가리 [쏘가리과]

비가 와서 강물이 불었을 때, 무리를 지어 밤에 산란합니다. 알은 떠내려가면서 일주일 후에 부화합니다. 원산지에서는 식용으로 쓰입니다. ■70cm (전장) ■중국(원산), 러시아 남동부 등 ■하천, 호수·늪 ■물고기, 개구리

꺽저기 [꺽지과] 멸

알 ─ 수컷 꺽저기는 자신의 영역이 있으므로 산란기가 되면 영역 안에 암컷을 데려와 알을 낳게 합니다. 알이 부화할 때까지 수컷이 알을 지킵니다. ■11cm ■한국 남부, 일본 ■하천, 용수로 ■수생 곤충, 물고기, 새우 등

◀ 알을 지키는 수컷 꺽저기.

커머슨스글라시 (Commerson's glassy) [암바시스과]

■8cm ■일본, 동남아시아, 인도 등 ■하천, 하구 ■곤충, 소형 새우 등

크기 체크
큰입우럭 50cm / 아카메 120cm / 커머슨스글라시 8cm / 물총고기 16cm / 꺽저기 11cm

■몸길이 ■분포 ■서식 장소 ■먹이 ■별명 ■위험한 부위 위험한 물고기 식용 물고기 멸종 위기종

검정우럭 무리

물고기 이야기 수컷이 강바닥에 절구 모양의 둥지를 만들고 암컷을 데려와 산란시킨다. 그리고 둥지에 남아 알과 자어를 지킨다. 북미 원산의 물고기로, 전 세계의 하천, 호수, 늪에 약 40종이 번식하고 있다.

큰입우럭 [검정우럭과] 식
식용과 낚시용으로 유입되어 현재는 일본을 포함한 세계 각지에서 번식하고 있습니다. ■ 50cm ■ 한국, 일본, 북미(원산) ■ 하천, 호수·늪, 못, 댐호 ■ 수생 곤충, 갑각류, 물고기 ■ 블랙배스

블루길 식
[검정우럭과]
식용과 낚시 미끼로 유입되어 세계 각지에서 번식하고 있습니다. ■ 20cm ■ 한국, 일본, 북미(원산) ■ 하천, 호수·늪, 못, 댐호 ■ 수초, 수생 곤충, 갑각류, 물고기, 물고기 알

외래종의 위협
해외에서 들어온 종(외래종)은 천적이 거의 없고 원래 살던 종(재래종)보다 번식력이 강해서 생태계 균형을 무너뜨려 재래종을 멸종시킬 수 있습니다. 그중에서도 특히 유명한 것이 큰입우럭과 블루길입니다. 이 물고기들은 번식력이 강한 데다 재래종 물고기와 그 먹이를 대량으로 먹어 치워서 각지에서 큰 문제를 일으키고 있습니다(→175쪽).

물총고기 무리

물고기 이야기 수면 근처를 헤엄쳐 다니다가 물 밖의 곤충을 발견하면 물총처럼 입으로 물을 쏘아 떨어뜨려 잡아먹는다. 전 세계에 6종이 있다.

물총고기 [물총고기과] 멸
입으로 물을 쏘아 물 밖에 있는 곤충을 떨어뜨려 잡아먹기도 하고 물속에 있는 물고기 등도 잡아먹습니다. 열대 지방에서는 식용으로 쓰입니다. ■ 16cm ■ 일본, 인도, 동남아시아, 호주 북부 등 ■ 하구의 기수역·맹그로브 지역, 연안(바다) ■ 곤충, 갑각류, 물고기

◀ 잎 위의 곤충을 노리는 물총고기.

시클리드 무리

물고기 이야기 관상어로서 인기가 있다. 입속에서 알이나 치어를 기르는 구내 보육(mouth brooding)을 하는 개체도 많다. 전 세계의 하천 등에 1,300종 이상이 있다.

▼ 부모의 몸에서 나온 점액을 먹는 치어.

◀ 개량 품종

디스커스 [시클리드과]
관상용으로, 수많은 개량 품종이 있습니다. 수컷과 암컷이 함께 새끼를 돌보고, 치어는 부모의 몸에서 나온 특수한 점액(디스커스 밀크)을 먹으며 성장합니다. ■ 14cm ■ 남미(아마존강 등) ■ 하천 ■ 곤충, 플랑크톤

에인절피시 [시클리드과]
등지느러미와 뒷지느러미, 배지느러미의 줄기(연조)가 길게 자랍니다. 개량 품종이 많이 있습니다. ■ 8cm ■ 남미(아마존강 등) ■ 하천 ■ 수생 곤충, 갑각류

◀▲ 색깔과 무늬가 아름다운 개량 품종.

모잠비크틸라피아 [시클리드과] 식
산란 후에는 암컷이 알을 입속에 넣어 기릅니다. ■ 30cm ■ 일본, 아프리카 남동부(원산) ■ 하천의 하류, 하구, 호수·늪 ■ 조류, 수생 곤충

리프피시 무리

물고기 이야기 몸은 납작하고 잎사귀를 매우 닮았다(의태→163쪽). 입이 크고 길게 늘일 수 있다. 바닷속을 떠다니는 나뭇잎처럼 천천히 다가와 사냥감을 꿀꺽 삼킨다. 남미와 서아프리카에 2종이 있다.

알롱잉어 무리

물고기 이야기 알롱잉어류는 바다에서 사는 은잉어(→122쪽)를 제외하고는 모두 기수역과 담수역에서 산다. 몸이 좌우로 납작하고 아감딱지에 2개의 가시가 있다.

알롱잉어 [알롱잉어과]
태어난 직후에는 바다에서 삽니다. 약 2.5cm까지 성장하면 강을 거슬러 올라 정착합니다. ■ 17cm ■ 한국, 일본, 서·중앙태평양, 동인도양 ■ 하천의 중류·하류, 하구의 기수역 ■ 수생 곤충, 갑각류

리프피시 [리프피시과]
■ 8cm ■ 남미(아마존강 등) ■ 하천 ■ 작은 물고기 ■ 아마존리프피시

카지카 등의 무리

물고기 이야기 원래 쏨뱅이목에 속해 있었지만, 분류가 바뀌어 농어목이 되었다(한국은 여전히 쏨뱅이목으로 분류함). 카지카류는 거의 바다에서 살지만, 간혹 하천에서 사는 것도 있다. 그 대부분은 바다와 하천을 오가는 종으로 담수역에서 평생을 사는 경우는 극히 적다. 종마다 대부분 수컷이 부화할 때까지 알을 지킨다. 미역치류 중에도 민물고기가 있다.

카지카(일본명) [둑중개과] 식
수컷은 자신의 영역이 있어서, 암컷을 거기 데려와 돌 밑에 알을 낳게 합니다. ■ 15cm ■ 일본 ■ 하천의 상류 ■ 수생 곤충, 낙하 곤충, 물고기

우쓰세미카지카(일본명) [둑중개과] 멸
■ 17cm ■ 일본 ■ 하천의 중류·하류 ■ 수생 곤충, 갑각류, 저생 소동물

꺽정이 [둑중개과] 멸
겨울에 아리아케해로 내려가 키조개라는 대형 쌍각류의 껍질 속에 알을 낳습니다. ■ 17cm ■ 한국 서부, 일본, 중국 동부 ■ 하천 상류·중류, 하구의 기수역 ■ 수생 곤충, 갑각류, 물고기

가마키리(일본명) [둑중개과] 식 멸
겨울에 하천을 타고 내려와 하구에서 산란합니다. ■ 25cm ■ 일본 ■ 하구의 중류·하류, 하구의 기수역 ■ 물고기, 수생 곤충, 갑각류

물고기 씨의 물고기 이야기 — 닌자 같은 가마키리!
강의 신 같은 카리스마! 일본에서는 '은어걸이'라는 이름으로도 유명한 물고기! 가마키리는 그 별명처럼 은어까지 잡아먹습니다! 가마키리에게는 마치 닌자 같은 대단한 면모가 숨어 있습니다. 몸의 색과 무늬를 주변 돌과 똑같이 만들어서 돌로 변신하는 것이죠! 변신한 후에는 꼼짝도 안 하는데, 가끔은 아가딱지를 움직이지 않으려고 숨까지 멈춘 채 조용히 사냥감을 기다린답니다. 가마키리는 아무것도 모른 채 다가온 작은 물고기나 새우를, 큰 입을 쩍 벌려 물과 함께 꿀꺽 삼켜 버립니다. 정말 닌자 같아요!

리프고블린피시 위 [미역치과]
등지느러미의 가시(극조)에 독이 있습니다.
■ 10cm (전장) ■ 인도네시아, 뉴기니섬, 필리핀 ■ 하천의 하류 ■ 저생 소동물 ■ 민물미역치(일본명) ■ 등지느러미의 독 가시

크기 체크
- 에인절피시 8cm
- 알롱잉어 17cm
- 리프피시 8cm
- 카지카 15cm
- 꺽정이 17cm

▲ 묵직해 보이는 외모만큼이나 호쾌한 가마키리.

토막상식 일본에서 가마키리의 별명이 '은어걸이'가 된 것은, 뺨 옆의 가시로 은어를 걸어서 잡는다고 생각되었기 때문입니다.

망둑어 무리

물고기 이야기 바다뿐만 아니라 하천과 하구의 기수역에도 다양한 망둑어류가 살고 있다. 성장해도 1cm밖에 되지 않는 것도 있고, 60cm 넘게 성장하는 것도 있다. 대체로 색이 아름다워 관상어로 인기가 많다.

날개망둑(일본명)
[리아키크티스과] [멸]
폭포 밑 등, 유속이 빠른 바위에서 삽니다. 큰 가슴지느러미를 펼쳐 몸 전체로 물의 흐름을 견디며 바위에 몸을 딱 붙이고, 배지느러미를 활용하여 바위에 더 찰싹 달라붙습니다. ■ 20cm ■ 일본, 동남아시아 등 ■ 하천 상류 ■ 조류, 수생 곤충

— 가슴지느러미

남방동사리 [동사리과]
낮에는 바위 그늘 등에 숨어 있다가 밤에 활동합니다(야행성). 수컷은 돌과 유목 밑에 모래를 파서 둥지를 만들고 알이 부화할 때까지 지킵니다.
■ 15cm ■ 한국 남부, 일본 ■ 하천 상류·중류 ■ 수생 곤충, 갑각류, 물고기

▼ 실제 크기. (확대)

구굴무치 [구굴무치과]
담수역에서 살며 기수역에는 들어가지 않습니다. 야행성입니다. ■ 20cm ■ 한국(제주도), 일본, 중국 남동부 ■ 하천, 호수·늪 ■ 수생 곤충, 갑각류, 물고기

미쓰보시고마망둑(일본명) [망둑어과]
일본에서 가장 작은 물고기 중 하나입니다. 무리를 지어 중층을 헤엄칩니다.
■ 1cm ■ 일본, 필리핀 등 ■ 맹그로브 지역 ■ 플랑크톤

▲ 혼인색으로 변한 수컷.

남양열동갈문절(일본명) [망둑어과]
번식기의 수컷은 금속성 광택이 있는 색깔(혼인색→127쪽)로 암컷을 유혹합니다.
■ 4cm ■ 일본, 타이완, 괌섬, 팔라우 ■ 하천의 상류·중류 ■ 조류, 소동물

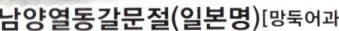

사백어 [망둑어과] [식] [멸]
몸 전체가 투명합니다. 산란하기 위해 하천을 거슬러 오릅니다. 부화한 치어는 바다로 내려가 성장합니다.
■ 4cm ■ 한국 남동부, 일본 등 ■ 하천 상류, 연안(바다) ■ 플랑크톤

검정망둑 [망둑어과]
돌이나 인공물 등 숨을 곳이 있는 장소에서 삽니다. 기수역을 좋아하지만 담수역에서도 살 수 있습니다. 수컷이 알을 지킵니다.
■ 9cm ■ 한국, 일본 ■ 조류, 저생 소동물, 물고기

크기 체크

미쓰보시고마망둑 1cm
남방동사리 15cm
카와요시노보리 6cm
등목어 25cm
베타 7cm

카와요시노보리(일본명) [망둑어과] [식]
봄부터 여름 사이에 산란하며 수컷이 알을 지킵니다. ■ 6cm ■ 일본 ■ 하천의 상류·중류 ■ 조류, 수생 곤충

■몸길이 ■분포 ■서식 장소 ■먹이 ■별명 ■위험한 부위 [위]위험한 물고기 [식]식용 물고기 [멸]멸종 위기종

등목어 등의 무리

🐟 **물고기 이야기** 등목어류에게는 아가미가 변형되어 생긴 '상새 기관'이 있다. 이것은 공기 호흡을 위한 기관이므로 등목어류는 탁한 물속에서도 공기를 입으로 들이마셔 호흡할 수 있다. 또 단시간이지만 물 밖에서 활동할 수도 있다.

등목어 [등목어과]
실제로 나무에 오르지는 않지만, 뭍에서 활동할 수 있으므로, 연못 물이 마를 것 같을 때면 집단으로 지면을 기어 옆 연못으로 이동하기도 합니다. 원산지에서는 식용으로 쓰입니다. ■ 25cm (전장) ■ 중국 남부, 동남아시아, 인도 등 ■ 호수·늪, 하천, 하구, 습지대 ■ 식물, 갑각류, 물고기

대만금붕어 [버들붕어과] 멸
■ 4cm ■ 한국, 일본, 타이완, 중국 남부 ■ 무논, 늪, 못 ■ 소동물, 조류

드워프구라미 [버들붕어과]
수생 식물이 많은 곳에서 삽니다. 산기가 되면 수컷이 입에서 거품을 뱉어 둥지를 만듭니다. ■ 9cm (전장) ■ 인도, 파키스탄, 방글라데시 ■ 개천, 호수 ■ 곤충, 소동물

키싱구라미 [등목어과]
때때로 두 마리가 키스하듯 입을 맞추는 장면을 볼 수 있습니다. 사실 이것은 수컷끼리 구역을 둘러싸고 싸우는 것입니다. 원산지에서는 식용으로 쓰입니다. ■ 30cm (전장) ■ 타이~인도네시아 ■ 하천, 호수·늪 ■ 조류, 수생 곤충, 플랑크톤

너서리피시 무리

🐟 **물고기 이야기** 수컷의 머리에는 갈고리처럼 생긴 돌기가 있다. 암컷이 알을 낳으면 수컷이 거기에 알을 걸고 부화할 때까지 지킨다. 전 세계의 하천과 하구에 2종이 있다.

▲ 수컷끼리 싸우는 베타.

베타 [버들붕어과]
관상용으로 인기가 많은 물고기로, 개량 품종이 다양합니다. ■ 7cm (전장) ■ 동남아시아(메콩강 원산) ■ 하천, 무논 ■ 수생 곤충, 플랑크톤

알을 거는 돌기.
▼ 암컷
▲ 수컷

너서리피시 [쿠르투스과]
■ 63cm (전장) ■ 뉴기니섬, 호주 북부 ■ 하천, 하구의 맹그로브 지역 등 ■ 작은 물고기, 갑각류, 가재 등

토막상식 베타는 성격이 무척 거칠어서 수컷끼리 만나면 심하게 다툽니다. 타이에는 베타끼리 싸움을 붙이고 그것을 지켜보는 '투어(鬪魚)' 문화가 있습니다.

대만가물치 무리

물고기 이야기 '뇌어(雷魚)'라고도 불리는 집단으로 몸이 매우 길쭉하다. 아가미가 변형되어 생긴 '상새 기관'이 있어서 공기 호흡을 할 수 있다. 일본에는 원래 없었지만, 외국에서 유입된 몇 종이 살고 있다.

가물치 [가물치과]
갈대 등의 수생 식물 속에서 산란한 뒤 암컷과 수컷이 함께 알이나 부화한 치어를 지킵니다. 🟥 35cm 🟫 동아시아 원산(중국 북부·중부, 한국), 일본 🟩 늪, 못 🟦 갑각류, 개구리, 물고기 🟪 뇌어

대만가물치 [가물치과]
부화한 치어를 수컷 혼자, 혹은 암컷과 함께 쌍으로 지킵니다. 원산지에서는 식용으로 쓰입니다. 🟥 35cm 🟫 일본, 중국 남부·타이완·베트남·필리핀 등 (원산) 🟩 늪, 못 🟦 갑각류, 개구리, 물고기

무지개가물치 [가물치과]
무지개색 몸 빛깔이 아름다워 관상용으로 인기가 많은 물고기입니다. 🟥 14cm 🟫 인도 🟩 하천 🟦 작은 물고기, 소동물 ■ 레인보우스네이크헤드, 찬나블레헤리

복어 무리

물고기 이야기 열대 지방을 중심으로 기수역과 담수역에서 사는 복어류가 있다. 대체로 겉모습이 화려하여 관상용으로 인기가 많다.

초록복어 [복어과]
부화한 뒤 약어까지는 하천에서 살다가 성어가 되면 바다로 나갑니다. 🟥 17cm (전장) 🟫 스리랑카~인도네시아, 중국 북부 🟩 하천, 연안(바다) 🟦 갑각류, 조개, 조류

'8'자 모양

팔자복어 [복어과]
등의 무늬가 숫자 '8'처럼 보입니다. 🟥 8cm (전장) 🟫 동남아시아 🟩 하천 하류의 기수역 🟦 조개, 저생 소동물

헤어리복어 [복어과]
몸 측면의 수많은 돌기(피판)가 털처럼 보여서 '털 복어'라고도 불립니다. 🟥 12cm 🟫 동남아시아(메콩강 등) 🟩 하천 🟦 물고기, 갑각류

가자미 무리

물고기 이야기 하천과 하구의 기수역, 호수, 늪에 사는 가자미류다. 바닥의 모래나 진흙 속에 숨어 사는 경우가 많다.

◀ 일본산 강도다리.

▼ 헤엄치는 강도다리.

강도다리 [가자미과] 식
일본계는 두 눈이 몸의 왼쪽에 있고 미국계는 오른쪽에 있습니다. 🟥 75cm 🟫 한국~북태평양, 일본, 동태평양(북부) 🟩 하천, 호수·늪, 연안(바다) 🟦 물고기, 조개, 갑각류

크기 체크
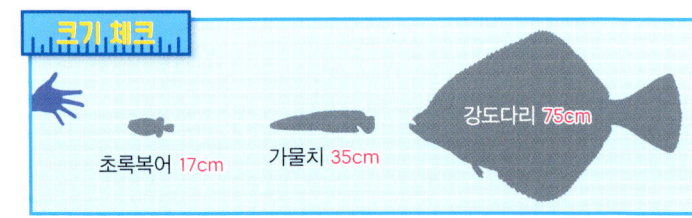
초록복어 17cm · 가물치 35cm · 강도다리 75cm

■ 몸길이 ■ 분포 ■ 서식 장소 ■ 먹이 ■ 별명 ■ 위험한 부위 ㉻ 위험한 물고기 ㉥ 식용 물고기 ㉸ 멸종 위기종

색인

이 도감에 나오는 키워드를 가나다순으로 정리했습니다.

가

가다랑어	93, 101, 156
가래상어	38
가리발디	121
가리비매퉁이	52
가리비뽈망둑	146
가마키리	204, 213
가막베도라치	11, 137
가면네동가리	105
가물치	216
가숭어	65
가시고기	206
가시나비고기	110
가시복	15, 74, 166, 167
가시줄상어	29
가시해마	68
가아목	7, 179
가오리	30, 31, 34~38, 178
가와바타모로코	188
가자미목	160~162, 216
가짜돛란도어	53
가짜청소고기	139
각시돔	85
갈겨니	188, 205
갈고등어	98
갈돔	107
갈래세줄가는돔	101
갈전갱이	97
갈점바리	83
갈치	154
감성돔	105
감자바리	82
강담돔	122
강담복	17, 166
강도다리	216
강청어	186, 187
강판상어	29
개구리꺽정이	131
개복치	11, 159, 170, 171
개소겡	172, 174
갯농어	47
갯장어	45
거북복	167
검복	168
검붕장어	44
검은목놀래기	126
검은볼락	76
검정거북복	167
검정망둑	214
검정우럭	211
검정툭눈(금붕어 품종)	191
게레치	103
게르치	87
경단쑤기미	78
고등가라지	98
고등어	155
고래상어	17, 21
고무꺽정이	131
고양이줄고기	132
곤들매기	202
골드스펙죠피시	88
골든담셀피시	120
골든트레발리	83, 97
골린어	133
골린어목	180
골설어목	180~181
곰치	4, 10, 42, 93
곱사연어	202
곱상어	28
곱추줄고기	132
광동홍어	38, 141
괭이상어	31
괭이상어목	31
괴도라치	134
구굴무치	214
구피	209
궁제기서대	162
귀신고기	66
귀신망둑	146
그린란드상어	29
그린크로미스	120
글라스나이프피시	198
글라스캣피시	197
금강바리	84
금눈돔목	66
금붕어	190~191
금줄무늬소프피시	83
기간투라인디카	53
기기	196
기름갈치꼬치	155
기스	46
긴부나	185
긴수염쏠배감펭	77
긴촉수매퉁이	53
긴코키메라	61
긴턱놀래기	124
깃대돔	151
깃털제비활치	149
까나리	136
까치복	168
까치상어	4, 24
꺼끌복	169
꺽저기	210
꺽정이	213
꼬리민태	57
꼬리치	51
꼬리치목	51
꼬리투라치	54
꼬마학치	142
꼬치고기	154
꼬치삼치	155
꼼치	133
꽁지양태	142
꽁치	64
꽃돔	85, 127
꽃잎곰치	43, 86
꿀꺽상어	29

나

나뭇잎쏨뱅이	79
나뭇잎해룡	70
나비가오리	37
나비고기	92, 110
나비돔	111
나일퍼치	210
나폴레옹피시	124

난잿방어 · 95
난주(금붕어 품종) · 191
날가지숭어 · 123
날개다랑어 · 157
날개망둑 · 214
날개멸 · 57
날개줄고기 · 132
날개쥐치 · 165
날개횟대 · 132
날돛양태 · 142
날빙어 · 49
날새기 · 103
날치 · 65
남방동사리 · 205, 214
남방말뚝망둥어 · 172
남방서대 · 162
남방주걱치 · 109
남방주황줄동갈돔 · 91, 141
남양비늘돔 · 129
남양열동갈문절 · 214
남양제비활치 · 149, 163
납서대 · 162
납작금눈돔 · 66
납작앨퉁이 · 50
납지리 · 187
너서리피시 · 215
넓은주둥이상어 · 27
넓적퉁돔 · 101
넙치 · 101, 160, 161
넙치농어 · 81
넝마고기 · 139
네눈박이송사리 · 209
네동가리 · 105
네온동갈돔 · 91
네온테트라 · 194
네코기기 · 174
노던파이크 · 198
노란안장촉수 · 108
노랑가오리 · 4, 36, 93
노랑거북복 · 167
노랑띠눈퉁이 · 136
노랑벤자리 · 85
노랑산호망둑 · 144, 145
노랑씬벵이 · 63, 163
노랑촉수 · 108
녹곰치 · 43
농어 · 75, 81
농어목 · · · · · · · · · · · · 6~7, 74~91, 94~115, 118~126,
　　　　　128~139, 142~147, 149~157, 210~216
눈다랑어 · 157
눈동미리 · 136
눈물강곰치 · 184
눈볼대 · 81

눈퉁멸 · 48
능성어 · 82
니고로붕어 · 185

다

다금바리 · 82
다기목 · 7, 179
다나베꼬리치 · 51
다랑어 · 156~157
다묵장어 · 178
다섯줄동갈돔 · 90
다이아몬드파일피시 · 165
다카사고 · 100
다테망둑 · 146
단문청새치 · 152
단정(금붕어 품종) · 190
달고기 · 67
달고기목 · 67
당멸치 · 46
당멸치목 · 46
대강베도라치 · 138
대구 · 57
대구목 · 57, 199
대두어 · 186, 187
대만가물치 · 216
대만금붕어 · 215
대머리비늘돔 · 129
대머리빙어 · 135
대서양타폰 · 46
대왕곰치 · 43
대왕바리 · 82
대왕산갈치 · 55
대왕쥐가오리 · 16, 34, 103
대정삼색(비단잉어 품종) · · · · · · · · · · · · · · · · · · 190
대주둥치 · 73
대형스지시마미꾸리 · · · · · · · · · · · · · · · · · · 192, 193
더스키파머피시 · 121
데메니기스 · 12
데메모로코 · 185
도다리 · 14
도돔발상어 · 28
도롱이아귀 · 59
도루묵 · 130
도미 · 104
도사(금붕어 품종) · 191
도시마비늘베도라치 · 137
도요새장어 · 45
도치 · 133
도화돔 · 17
도화볼락 · 76
도화양태 · 143
독가시치 · 92, 151
독돔 · 86

독비늘샛돔 · 123
돌가자미 · 161
돌고기 · 188
돌대구 · 57
돌돔 · 122
돌묵상어 · 26
돌실고기 · 71
돌잉어 · 186
돌팍망둑 · 131
돔발상어목 · 28~29
돗돔 · 81
동갈메기 · 56
동갈민어 · 108
동갈방어 · 95
동갈양태 · 142
동갈자돔 · 121
동갈치 · 64
동갈치목 · 64~65, 208
동강연치 · 123
동굴붕장어 · 44
동수구리 · 38
동자가사리 · 196
돛대돔 · 111
돛란도어 · 53
돛물뱀 · 45
돛새치 · 10, 152, 159
두꺼비고기 · 58
두꺼비고기목 · 58
두동가리돔 · 111
두억시니놀래기 · 124
두점붉은돔 · 106
두점줄가시전갱이 · 95
두줄네동가리 · 105
두줄베도라치 · 139
두줄벤자리 · 83
두툽상어 · 25
둥근파랑눈매퉁이 · 53
둥글돔 · 87
드렁허리 · 207
드렁허리목 · 207
드워프구라미 · 215
드워프호크피시 · 114
등꼬치 · 73
등목어 · 215
등점은눈돔 · 53
디스커스 · 212
디스파안티아스 · 84
딱부리(금붕어 품종) · 190
떡붕어 · 185
뚝지 · 133

라

라마크에인절피시 · 113

라운드폼파노 · · · · · 95	매리복 · · · · · 168	민달고기 · · · · · 67
라이어테일호그피시 · · · · · 125	매지방어 · · · · · 95	민물꼬치고기목 · · · · · 198
라인드다트피시 · · · · · 147	매퉁이 · · · · · 52	민물나비고기 · · · · · 181
라인드서전피시 · · · · · 150	머리빨판어 · · · · · 103	민베도라치 · · · · · 134
랜달새우망둑 · · · · · 146	먹물붙은놀래기 · · · · · 125	
러미노즈테트라 · · · · · 194	먹장어 · · · · · 39	## 바
럼피시 · · · · · 133	먹장어목 · · · · · 6, 39	바다동자개 · · · · · 47
레드레인보우피시 · · · · · 207	먹점홍갈치 · · · · · 115	바다뱀 · · · · · 42, 45
레드벨트안티아스 · · · · · 84	멍크쥐가오리 · · · · · 35, 117	바다빙어 · · · · · 49, 199
레드스팟티드블레니 · · · · · 138	메기 · · · · · 196	바다빙어목 · · · · · 49
레드테일드실버사이드 · · · · · 207	메기목 · · · · · 47, 196~197	바닥가시치 · · · · · 135
레드테일블랙샤크 · · · · · 189	메기스 · · · · · 86	바라문디 · · · · · 210
레드테일캣피시 · · · · · 197	메이나비고기 · · · · · 110	바라트로누스속의 일종 · · · · · 61
레드피라니아 · · · · · 195	메이타강담복 · · · · · 166	바스타드해마 · · · · · 71
레몬담셀피시 · · · · · 121	메일드나비고기 · · · · · 110	바이올렛칸디루 · · · · · 197
레오파드블레니 · · · · · 138	멸치 · · · · · 49	바이컬러블레니 · · · · · 138
레피도시렌 · · · · · 178	명태 · · · · · 57	바이컬러에인절피시 · · · · · 113
로열나이프피시 · · · · · 181	모기고기 · · · · · 209	바이퍼피시 · · · · · 50
로열도티백 · · · · · 86	모노닥틸루스 · · · · · 109	바케다라 · · · · · 57
로열플레코 · · · · · 197	모래무지 · · · · · 185	반딧불게르치 · · · · · 81
로우트아이언나비고기 · · · · · 110	모래뱀상어 · · · · · 26	발광금눈돔 · · · · · 66
록무버래스 · · · · · 124	모오캐 · · · · · 57, 199	발광멸 · · · · · 46
롱노우즈나비고기 · · · · · 111	모이어즈드라고넷 · · · · · 143	방어 · · · · · 94
롱노우즈호크피시 · · · · · 114	모잠비크틸라피아 · · · · · 212	배가본드나비고기 · · · · · 110
롱핀에스콜라 · · · · · 151	모토로담수가오리 · · · · · 178	배불뚝치 · · · · · 99
루나퓨질리어 · · · · · 101	목걸이카펫상어 · · · · · 22	배주름쥐치 · · · · · 164
루미너스카디널피시 · · · · · 90	목탁수구리 · · · · · 38	백기흉상어 · · · · · 24
룰나비고기 · · · · · 110	무늬뿔복 · · · · · 167	백련어 · · · · · 183, 186, 187
리걸에인절피시 · · · · · 113	무당씬벵이 · · · · · 62	백미돔 · · · · · 103
리드피시 · · · · · 179	무명갈전갱이 · · · · · 96	백사(우쓰리모노-비단잉어 품종) · · · · · 191
리본장어 · · · · · 43	무사시가시고기 · · · · · 206	백상아리 · · · · · 27, 28, 32, 93, 116, 141, 158
리프고블린피시 · · · · · 213	무지개가물치 · · · · · 216	백새치 · · · · · 153
리프만타레이 · · · · · 34~35	무지개송어 · · · · · 202	백운산어 · · · · · 189
리프피시 · · · · · 163, 212	무태상어 · · · · · 23	밴댕이 · · · · · 48
	무태장어 · · · · · 184	밴디드파이프피시 · · · · · 71
## 마	문신망둑 · · · · · 144	뱀상어 · · · · · 24
마귀가시고기 · · · · · 79	문절망둑 · · · · · 144	뱀장어 · · · · · 184
마귀상어 · · · · · 26	문치가자미 · · · · · 161	뱀장어목 · · · · · 42~45, 184
마룬클라운피시 · · · · · 119	물개복치 · · · · · 171	뱅가이카디널피시 · · · · · 91
마보로시고래고기 · · · · · 67	물동갈치 · · · · · 64	뱅어 · · · · · 199
마설가자미 · · · · · 161	물릉돔 · · · · · 123	버드래스 · · · · · 126
마우소니아 라보카티 · · · · · 41	물미거지 · · · · · 133	버들피리 · · · · · 186
마이다스블레니 · · · · · 139	물총고기 · · · · · 183, 211	벌레문치 · · · · · 134
마젠타도티백 · · · · · 86	물치다래 · · · · · 156	범돔 · · · · · 122
만다린피시 · · · · · 143	미기마키 · · · · · 115	범무늬노랑가오리 · · · · · 36
만새기 · · · · · 103	미꾸리 · · · · · 192	범프헤드비늘돔 · · · · · 129
말뚝망둥어 · · · · · 172	미드나이트스내퍼 · · · · · 106	베넷나비고기 · · · · · 111
말쥐치 · · · · · 93, 165	미쓰보시고마망둑 · · · · · 214	베도라치 · · · · · 135
망둑어 · · · · · 214	미쓰쿠리오목눈초롱아귀 · · · · · 60	베타 · · · · · 215
망상어 · · · · · 115	미야코타나고 · · · · · 187	벤자리 · · · · · 102
망치고등어 · · · · · 155	미역치 · · · · · 79	벤텐어 · · · · · 99
매가오리 · · · · · 36	미올비늘치 · · · · · 51	벤트랄리스안티아스 · · · · · 85
매가오리목 · · · · · 6, 34~37, 178	미진홍망둑 · · · · · 145	벵에돔 · · · · · 122

219

별망둑	144
별상어	24
병어	123
보구치	108
복상어	25
복섬	168
복어목	7, 164~171, 216
볼락	76
부리카지카	131
부시리	94
부젓가락실고기	71
부채가오리	37
부처미꾸리	193
북방송사리	174, 208
분홍쥐치	164
불꽃망둑	145
불뚝복	169
붉돔	104
붉은눈망둑	144
붉은동사리	131
붉은띠산호옥돔	89
붉은매퉁이	52
붉은메기	56
붉은이빨쥐치	164
붉은입술부치	59
붉점빨판망둑	144, 145
붉평치	54, 55
붕어	185
붕장어	44
브라운스나우트 스푸크피시	12
브로드헤드클링피시	142
블라인드케이브테트라	194
블래키시워터씬벵이	63
블랙고스트	198
블랙네온테트라	194
블랙라인펭귄피시	194
블랙레이드쉬림프고비	146
블랙벨티드카디널피시	90
블랙스왈로어	136
블랙앤골드크로미스	121
블랙잭	96
블랙테트라	194
블랙핀다트피시	147
블랙핀바라쿠다	154
블로치드폭스페이스	151
블로치아이솔저피시	66
블루길	175, 211
블루링에인절피시	112
블루스트라이프스내퍼	106
블루앤골드퓨질리어	100
블루페이스에인절피시	112
블루핀노토	209
블루핀담셀피시	121

비늘돔	128
비늘베도라치	137
비늘투구고기	67
비단잉어	190~191
비사(우쓰리모노-비단잉어 품종)	191
비상쏠배감펭	77
비어디드레더재킷	165
비와마스	174, 203
비와호큰메기	196
비파아귀	60
빅립담셀피시	120
빅벨리해마	69
빈금(금붕어 품종)	191
빙어	199
빛금눈돔	66
빛동갈돔	91
빨간달고기	67
빨간씬벵이	62, 63, 140
빨강부치	59
빨판매가리	95
빨판상어	21, 103
뻐드렁니테트라	195
뽈닭복	169
뽈돔	87
뽈복	167
뿔횟대	131

사

사랑놀래기	125
사르케스틱 프린지헤드	10
사백어	214
사브르스쿼럴피시	66
사이키델릭씬벵이	63
사자구	114
산천어	203, 204
살벤자리	115
삼색툭눈(금붕어 품종)	191
삼세기	132
삼지창고기	51
삼치	155
상어	20~33
새가라지	98
새다래	99
새들드비쳐	179
새들발렌티니토비	163, 169
새들백클라운피시	16, 119
새들버터플라이피시	111
새들아네모네피시	119
색비늘돔	128
색줄멸	65
색줄멸목	65, 207
샛돔	123
샛멸	49

샛멸목	49
샛별돔	120
샛비늘치목	51
샛줄멸	48
서커벨리로치	193
선셋래스	126
선홍치	101
성대	80
세동가리돔	111
세로줄무늬가막베도라치	137
세발치	53
세일핀스내퍼	107
세일핀탱	150, 151
세줄얼게비늘	90
셀레베스레인보우피시	207
셰브런나비고기	92, 127
소드테일	209
소화삼색(비단잉어 품종)	190
송사리	174, 183, 208
송어	203
쇼트헤드해마	69
수마트라	189
수염돔	102
수염상어	22
수염상어목	6, 20~22
수염첨치	56
수포안(금붕어 품종)	191
술라웨시실러캔스	39
술수염첨치	56
숨이고기	56
숭어	65
숭어목	65
스리스트라이프담셀피시	120
스몰아이피그미상어	29
스컹크보티아	193
스퀘어스팟안티아스	84, 85
스퀘어헤드캣피시	197
스테파노베리스목	67
스톤피시	79
스패너바브	189
스포티드헤드스탠더	195
스피어투스상어	23
시마미꾸리	192
시샤모	199
식스라인래스	124
식스밴드에인절피시	112
신도해마	15, 68
신락상어	30
신락상어목	30
실고기	71, 72
실꼬리돔	105
실동갈돔	91
실러캔스	13, 39~41

실러캔스목	6, 39~41
실버헤체트	195
실붉돔	104
실비늘치	73
실용치	125
실전갱이	97
썬버스트안티아스	84
쏠배감펭	77
쏠종개	47
쏠치우럭	78
쏨뱅이	77
쏨뱅이목	6, 76, 130, 213
쐐기개복치	171
쑥감펭	78
쓰리스팟에인절피시	113
쓰마지로쑤기미	79
씬벵이모도키	62

아

아고바리	83
아귀	58
아귀목	7, 58~60, 62~63
아로와나	180
아마고	203
아마미자리돔	120
아미아	179
아미아목	7, 179
아부라보테	187
아시안아로와나	180, 182
아오바다이	109
아오사쥐치	165
아유모도키	175, 192
아지메미꾸리	192
아카메	210
아카하치망둑	145
아코우다이	76
아크아이호크피시	114
아톨나비고기	111
아프리카칼고기	181
아프리칸아로와나	180
아프리칸코리스	127
아홉동가리	115
악상어	27
악상어목	6, 26~28
악어양태	80
악어줄고기	132
악어치	136
알락곰치	43
알롱잉어	212
알모라치	193
암본담셀피시	121
압치	47
압치목	47, 181

앞동갈베도라치	138
애꼬치	154
앨리게이터가아	179
앨퉁이목	50~51
야마토곤들매기	202
야세무쓰	87
야에기스	87
야에야마블레니	138
야차망둑	146
야쿠시마여우물고기	105
양미리	73
양초꼬리돔	107
양태	80
어름돔	102
어리장괴이	134
어친클링피시	142
얼게돔	66
얼룩말곰치	43
얼룩말망둑	147
얼룩말상어	22
얼룩매가오리	36
얼룩상어	141
얼룩통구멍	137
얼비늘치	51
엄지도치	16, 133, 141
업사이드다운캣피시	197
에인절피시	212
에잇밴드나비고기	110
에쿠스펜슬피시	195
엔마양태	80
엠퍼러에인절피시	112
여우갈돔	107
여우물고기	105
여우밑보리멸	46
여을멸	46
여을멸목	46
연어	49, 201
연어목	199~203
연어병치	123
연자홍	189
연지알롱양태	143
열대송사리목	209
열동가리돔	90
열빙어	49
열쌍동가리	136
영지씬벵이	63
옐로우백퓨질리어	100
옐로우와치맨고비	146, 148
옐로우핀노랑촉수	108
옐로탱	42, 150, 151
옐로헤드죠피시	88
오구로눈동미리	136
오네이트카우피시	167

오네이트파이프피시	71
오니황성대	61
오도리망둑	147
오렌지스컹크클라운피시	119
오렌지스팟파일피시	165
오리엔탈 스위트립스	102
오리주둥이장어	45
오오사가	76
오오요코매퉁이	50
오이란망둑	146
오점촉수	108
오키나와망둑	145
오키나와산호옥돔	89
오키나와홍망둑	85
옥돔	89
옥두놀래기	124
옥두어	89
올드와이프	114
와니토카게기스	50
와타카	186
왜주둥치	99
용궁놀래기베도라치	137
용치놀래기	126
우쓰리모노(비단잉어 품종)	191
우쓰세미카지카	213
울프피시호리	195
웅어	49
원꼭갈치	59
유금(금붕어 품종)	190
유니콘피시	54
유럽뱀장어	184
유령실고기	72
유리망둑	144
유리별가오리	37
육각복	167
육돈바리	86
육동가리돔	114
은대구	130
은민대구	57
은밀복	168
은비늘치	164
은상어	31
은상어목	6, 31
은어	183, 199, 205
은연어	202
은잉어	122
이다랭이	157
이리치	15, 135
이스턴트라이앵귤러나비고기	111
이악어목	54~55
이치몬지타나고	175
이타센파라	187
이토우	202

인도노랑촉수 · 108	주걱치 · 109	청황문절 · 147
일곱동갈망둑 · 145	주둥치 · 99	청황베도라치 · · · · · · · · · · · · · · · · 127, 137
일본참중고기 · 188	주름상어 · 30	초록복어 · 216
일본흰줄납줄개 · · · · · · · · · · · · · · 175, 187	주름상어목 · 30	초롱아귀 · 60
임연수어 · 130	주벅대치 · 73	초어 · 186, 187
잇센히나데메니기스 · · · · · · · · · · · · · · · · 49	주홍씬벵이 · 62	치고홍망둑 · 144
잉어 · 4, 185, 191	주황색선쥐치 · 164	칠성상어 · 30
잉어목 · 7, 185~193	줄도화돔 · 90	칠성장어 · 14, 178
	줄무늬고등어 · 155	칠성장어목 · 6, 178
자	줄무늬바다뱀 · 45	
자리돔 · 106, 120	줄무늬정원장어 · 44	**카**
자바리 · 82	줄벤자리 · 115	카라신목 · 194~195
자바송사리 · 208	줄삼치 · 157	카스리씬벵이 · 63
자붉돔 · 107	줄전갱이 · 97	카와요시노보리 · 214
자이언트조피시 · 88	중국쏘가리 · 210	카지카 · · · · · · · · · · · · · · · · · · · 130~133, 213
자주복 · 168	중설가자미 · 162	카펜터플레셔래스 · · · · · · · · · · · · · · · · · · 125
작은입줄전갱이 · · · · · · · · · · · · · · · · 92, 96	쥐노래미 · 130	캘리포니아색줄멸 · · · · · · · · · · · · · · · · · · 65
작은해룡 · 72	쥐돔 · 150	커머슨스글라시 · · · · · · · · · · · · · · · · · · · 210
잔가시고기 · 174	쥐치 · 165	컨빅트블레니 · 136
잔점박이가시복 · 166	쥬얼테트라 · 194	컨빅트탱 · 150
재패니즈스왈로우 · · · · · · · · · · · · · · · · · · 113	지금(금붕어 품종) · · · · · · · · · · · · · · · · · · 191	코끼리주둥이고기 · · · · · · · · · · · · · · · · · · 181
재패니즈에인절피시 · · · · · · · · · · · · · · · · 113	지느러미메기 · 196	코란에인절 · 112
잿방어 · 95	진주린(금붕어 품종) · · · · · · · · · · · · · · · · 190	코랄뷰티에인절피시 · · · · · · · · · · · · · · · · 113
전갱이 · 98	짱뚱어 · 172	코멧 · 86
전기가오리 · 37	쭉지성대 · 80	코엘로프리스속의 일종 · · · · · · · · · · · · · 61
전기가오리목 · 37		코펠리아놀디 · 195
전기메기 · 197	**차**	콩고테트라 · 194
전기뱀장어 · 198	참가자미 · 161	쿠니마스 · 203
전기뱀장어목 · 198	참깨독가시치 · 151	쿠로시비꼬치 · 155
전력날치 · 65	참돔 · 104	쿠키커터상어 · 29
전어 · 48	참망상어 · 115	쿨리로치 · 193
전자리상어 · 31	참붕어 · 188	크립틱앵글러피시 · · · · · · · · · · · · · · · · · · 63
전자리상어목 · 31	참서대 · 162	큰가시고기 · 206
점감펭 · 78	참치방어 · 94	큰가시고기목 · · · · · · · · · · · · · · · 68~73, 206
점나비돔 · 149	창치 · 131	큰귀상어 · 14, 25
점넙치 · 160	철갑둥어 · 66	큰꼬치고기 · 154
점농어 · 81	철갑상어목 · 7, 179	큰눈갈돔 · 107
점다랑어 · 156	첨치목 · 56	큰눈개소겡 · 147
점매가리 · 55	청대치 · 73	큰눈연어병치 · 123
점무늬빙어 · 135	청돔 · 104	큰마름모달고기 · 67
점보리멸 · 109	청목망둑 · 144	큰민어 · 108
점씬벵이 · 59	청베도라치 · 138	큰비늘넙치 · 160
점주둥치 · 99	청보리멸 · 109	큰뿔표문쥐치 · 150
정어리 · 48, 92	청복 · 169	큰씬벵이 · 63
정원장어 · 44	청상아리 · 27	큰은대구 · 130
제브라다니오 · 189	청새리상어 · 24	큰입우럭 · 175, 211
제비육돈바리 · 86	청새치 · 152, 153	큰점씬벵이 · 59
제비활치 · 149	청어 · 48	큰철갑상어 · 179
제왕쥐치복 · 164	청어목 · 48~49	클라운로치 · 193
조피볼락 · 76	청자갈치 · 134	클라운코리스 · 126
졸복 · 168	청줄돔 · 113	클라운피시 · 118, 140
종개 · 193	청줄청소놀래기 · · · · · · · · · · · · 93, 126, 139	클리노이드클링피시 · · · · · · · · · · · · · · · 142
주걱철갑상어 · 179	청황돔 · 102	키싱구라미 · 215

키홀에인절피시 · 113
킹새먼 · 202

타

타나고 · 187
타키베라 · 125
태평양참다랑어 · · · · · 5, 75, 117, 140, 156, 159
턱수염금눈돔목 · 53
텐지쿠가오리 · 160
토니너스상어 · 22
토마토바리 · 83
토마토클라운피시 · 119
토카게망둑어 · 172
톱가오리 · 30, 37
톱가오리목 · 37
톱돔 · 107
톱상어 · 30
톱상어목 · 30
톱쥐치 · 163, 165
통구멩이 · 137
통의바리 · 83
투스트라이프담셀피시 · · · · · · · · · · · · · · · · 120
퉁소상어 · 31
트윈스팟고비 · 145

파

파도곰치 · 42
파랑돔 · 121
파랑비늘돔 · 129
파랑옥돔 · 89
파랑점자돔 · 121
파랑쥐치 · 164
파우더블루탱 · 150
파이어고비 · 147
파이어일 · 207
파자마카디널피시 · 91
판다다루마망둑 · 144
판다코리도라스 · 197
팔자복어 · 216
팬더그루퍼 · 83
팰릿서전피시 · 151
퍼플고비 · 147
퍼플퀸안티아스 · 84
페헤레이 · 207
펠리컨아귀모도키 · 61
펠리컨장어 · 45
평바위메기 · 196
페어 · 178
포크테일블레니 · 139
포트잭슨괭이상어 · 31
포핑거드립서커 · 139
표범상어 · 24
풀비늘망둑 · 144

풀잉어 · 46
풀잎쏨뱅이 · 78
풀잎해룡 · 70
풀해마 · 71
플래티 · 209
플레임호크피시 · 114
피그미해마 · 69, 163
피라루쿠 · 180
피라미 · 188
피라미드나비고기 · 111
핑거드드라고넷 · 143
핑크스컹크클라운피시 · · · · · · · · · · · · · · · · 119
핑크테일트리거피시 · · · · · · · · · · · · · · · · · · 164
핑퐁펄(금붕어 품종) · · · · · · · · · · · · · · · · · · 190

하

하다카이와시 · 51
하리요 · 206
하스 · 188
하시나가치고실고기 · · · · · · · · · · · · · · · · · · · 71
하천실고기 · 206
하타타테가자미 · 162
하타타테잠복망둑 · · · · · · · · · · · · · · · · · · · 147
학공치 · 64
할리퀸 스위트립스 · · · · · · · · · · · · · · · · · · · 102
할리퀸라스보라 · 189
할리퀸유령실고기 · 72
할리퀸죠피시 · 88
할리퀸터스크피시 · · · · · · · · · · · · · · · · · · · 125
해마 · 68, 72
해포리고기 · 121
헤비토카게기스 · 61
헤어리복어 · 216
헥터즈고비 · 145
헬프리치파이어고비 · · · · · · · · · · · · · · · · · · 147
호박돔 · 125
호스페이스로치 · 193
호주페어 · 178
호주페어목 · 6, 178
혹개복치 · 15, 171
혹돔 · 125
혼모로코 · · · · · · · · · · · · · · · · · · 174, 188, 189
홍기가라지 · 98
홍망상어 · 115
홍메치목 · 52~53
홍백(비단잉어 품종) · · · · · · · · · · · · · · · · · · 190
홍살귀상어 · 25
홍살치 · 77
홍송어 · 202, 205
홍어 · 38
홍어목 · 6, 38
홍연어 · · · · · · · · · · · · · · · · · · · 200, 201, 203
홍옥치 · 87

홍치 · 87
홍투라치 · 54
화금(금붕어 품종) · · · · · · · · · · · · · · · · · · · 190
화란사자머리(금붕어 품종) · · · · · · · · · · · · · 191
화살치 · 53
화이트바드박스피시 · · · · · · · · · · · · · · · · · · 167
화이트보닛아네모네피시 · · · · · · · · · · · · · · · 119
화이트블로치드리버스팅레이 · · · · · · · · · · · 178
화이트스나우트아네모네피시 · · · · · · · · · · · 119
환도상어 · 26
황금(비단잉어 품종) · · · · · · · · · · · · · · · · · · 191
황다랑어 · 157
황돔 · 104, 105
황등어 · 107
황매퉁이 · 52
황새치 · 153
황소상어 · 23
황아귀 · 58
황안어 · 109
황어 · 186
황적퉁돔 · 106
황점볼락 · 76
황조어 · 122
황줄깜정이 · 122
황줄바리 · 83
황줄베도라치 · 135
후악치 · 88
후우라이숭어 · 65
흉기흑점바리 · 82
흉상어 · 22
흉상어목 · 22~25
흑기흉상어 · 24
흑대기 · 162
흑점꺼끌복 · 169
흑점얼룩상어 · 22
흑점줄전갱이 · 98
흑점후악치 · 88
흰가오리 · 37
흰꼬리타락치 · 99
흰동가리 · 85, 118
흰볼락 · 76
흰점꺼끌복 · 169
흰점박이복어 · 13
흰점퉁돔 · 106
흰줄납줄개 · 175, 187
흰줄망둑 · 145
히메치 · 52
히부나 · 190
히포캄푸스 켈로기 · 68
힌지마우스 · 181

[감수]
후쿠이 아쓰시(도카이대학 해양학부 수산학과 교수)

[지도·협력·촬영]
니이노 다이(고치현립 아시즈리 해양관 SATOUMI 관장)

[특별 협력]
물고기 씨(도쿄해양대학 명예박사 / 객원 준교수)
ⓒ 2016 ANAN 〜 AndTm
이토 하야토, 교토쿠 코이치, 세키구치 노리코(주식회사 ANAN INTERNATIONAL)

[취재 협력]
세노 히로시(가나가와현립 생명의별·지구박물관), 사토 케이치(일반재단법인 오키나와 라시마재단 종합 연구 센터), 사와이 에쓰로(개복치 무엇이든 박물관), 모토무라 히로유키(가고시마대학 종합 연구 박물관), 와타나베 유우키(국립극지연구소 생물권 연구 그룹), 아쿠아월드 이바라키현 오아라이 수족관, 이토만 어업 협동조합, 카사이린카이 수족원, 환경 수족관 아쿠아마린 후쿠시마, 키시와다 자연 동회회, 시가현립 비와호박물관, 세계 담수어원 수족관 아쿠아·토토기후, 다케시마 수족관, 도카이대학 해양과학박물관, 나카미나토 어업 협동조합, 나고 어업 협동조합, 나고야항 수족관, 히메지시립수족관

[사진 특별 협력]
아마나 이메지스
커버, 첫 장. 4.6.7.11.13~15,18,20,25,26,30~32,34~40,44,45,47~49,51,53,58,59,61~66,68,70~73,76,77,79~84,86,87,90~92,94,95,97~111,113,114,118,120,122~126,128~130,132~139,141,143~146,148~151,153~155,160~163,165,166,168,169,172,177~181,183~192,194~203,206~211,214,215, 후면지

주식회사 VOLVOX(나카무라 쓰네오, 나카무라 타케히로)
커버, 4,6~8,20,22,24~26,28~31,36~39,42~49,52,53,56~58,64~73,76~78,80,81,83~91,94~96,98,99,101~115,119~128,130~138,142~145,148~151,154~157,160,161,163~170,172,174,179,180,184~188,190~194,196,199~203,207,212~214,216

SeaPics JAPAN 주식회사(BLUE PLANET ARCHIVE / e-Photography)
우시오다 마사카즈, 우쓰노미야 히데유키, 오카다 유스케, 키쿠모토 히로코, 키타가와 노부오, 쿠보 마코토, 사와다 타쿠야, 타카사키 켄지, 타카다 코지, 타쓰우마 히로, 치지마쓰 마사이키, 나카노 세이지, 핫텐쇼, 하무라 히사오, 히로세 마코토, 후쿠다 코헤이, 후노미 큐, 후루타 카즈히코, 미나미 토시오, 미야마 에리코
커버, 전면지, 2,3,4,6,7,10,13,15,18,20,22,23~32,34~39,42~47,50~52,55,60,62~64,66,70~72,76~78,80,82,83,85,86,88,91,95~97,100~103,105~108,110~127,129,131,133,136~139,142~147,149~157,160,162~172,174,178,179,184,194,195,197~201,207,209,212,215, 후면지

니이노 다이
17,22,25,31,37,38,44~47,49,57,59,62~66,68,71,73,78,83,85,86,88,94,96,99,102,103,105,109,115,120,122,124,125,129~133,135,136,142,144,145,147,148,165~168,172,178,180,184,186~191,193,196,197,199,206,212~216

오이카와 히토시 (F360)
커버, 7,14,43,52,62,63,66,69,71,72,78~80,83,84,86,88~91,102,104~106,108~114,118~122,124~127,138,144~148,151,163,164,169,203, 후면지

[사진 협력]
아쿠아 프로 스타일 빌리버: 193 / 아쿠아 루미에르: 199 / 아사히다 타가시(기타사토대학 해양생명의학부 수권 생태학 연구실): 54 / 아라타케 나리히사: 164 / 아와시마 마린 파크: 30 / 이즈미 노리아키(도사 보존학 중부 일본지부): 191 / 이즈미 유지(Blue World): 7,58,134 / 이토 카즈키: 179 / 이토 코우키(춘파수동): 141 / 이나 준야(FunSea): 55 / 이마가와 가오루(오션 블루 나하): 84,97,120,121,139,140 / 이와테현 수산 기술 센터: 139 / 우지하라 이치로(남하마나호.com): 131 / 에토 미키오: 149,165,169,후면지 / 엔도 히로미쓰: 67 / 오카타 요지: 59,143 / 오사카 해유관: 17,141 / 오사카시립 자연사 박물관: 174 / 오가 수족관 GAO: 209 / 오키나와 개구리 상회: 191 / 오쿠야마 에이지(일본 야생 생물 연구소): 192 / 오타루 수족관: 161 / 오치 타카지: 2,10,16 / 오키나와 해양 엑스포 공원·오키나와 츄라우미 수족관: 35,59,104,169 / 가고시마대학 종합 연구 박물관: 54,56 / 카사이린카이 수족원: 59,135,140 / 카타노 타케시(오키나와 다이빙 센터): 84,125 / 가나가와현립 생명의별·지구박물관 제공(세노 히로시 촬영): 24(병살어), 29(꿀치상어, 강판상어), 44(정원장어 전신), 47(압치), 57(고리민태), 65(날치), 78(점감뽈), 123(큰눈엉어병치), 124(옥두돌개기), 136(악어치), 139(녕마고기), 142(동갈수염), 149(점나비돔), 185(잉어 재래형), 206(태평양계 강해형 큰가시고기), 208(북방송사리, 송사리), 210(거머슨스글라시) / 주식회사 MPJ 월간 아쿠아타입: 178,181,190,191,193,198,207,213,215 / 카와하라 아키라(바다의 안내인 치비스케): 60 / 카와베 코우: 30,66,67 / 환경 수족관 아쿠아마린 후쿠시마: 87,95,133 / 키타가와 다이(국립연구개발법인 수산 연구·교육 기구): 132 / 기타큐슈시립 자연사·역사 박물관: 41(마소우니아 라보카티 복원 골격) / 교토대학 마이즈루 수산 연구소: 40 / 구기시 관청: 183,186 / 공익재단법인 오사카부 어업진흥기금 재배사업장: 160 / 고치대학 이학부 이학과 해양생물학 연구실: 53,55,57,162 / 국립연구개발법인 수산 연구·교육 기구 개발조사센터: 58,151 / 국립연구개발법인 수산 연구·교육 기구 수산대학교: 59 / 국립연구개발법인 수산 연구·교육 기구 홋카이도구 수산 연구소: 53 / 물고기 씨: 203 / 사루와타리 토시로: 60 / 사와이 에쓰로: 171 / 산책 고양이(꿀별 사진 일기): 109 / 시이나 마사토(물고기 블로그): 59,67,85,131 / 시모다 해중 수족관: 31 / 소라 료타로(오키나와 월드 다이빙): 16,86,149 / 타카쿠 이타로: 61,140 / 타케사키 아유무(사카나와 잠수 서비스): 128 / 타카미자와 쇼지(edive khaolak): 120,147 / 지방독립행정법인 오사카부립 환경농림수산 종합연구소: 175,187,216 / 아키노부 쓰지(사와다다이브 나하): 166 / 도카이대학 해양과학박물관: 46,60 / 도카이대학 해양학부 수산학과 후쿠이 연구실: 29,45,46,48~51,53,57,65,67,115,122,123,137,142,155,162 / 도카이대학 출판회: 18 / 도카이대학 부속 도서관: 196 / 토쿠라 히로시(OKINAWAN FISH): 121 / 독립행정법인 해양연구개발기구: 53,55 / 토다테 마사토: 46,56,59,61,90 / 토무야무 군: 90 / 나카오 카쓰히코(갓짱의 물고기 블로그): 214 / 나카시마 노부유키(물고기의 얼굴): 165 / 나고야항 수족관: 30 / 니시야마 카즈히코(Wrasses Vegas): 114,126,139 / 닛카이 센터: 107 / 누마즈항 심해 수족관: 32 / 하기 박물관: 54,99 / 하시야 카쓰로: 102,112,128,138,139 / 하라자키 시게루(야쿠시마 다이빙 서비스 숲과 바다): 11,86,105,126,163 / 하라모토 노보루: 105 / 후지와라 마사타카(보우즈 콘냐쿠): 7,49,54,76,82,87,109,115,155,156 / 블랑풍: 12,39 / 마키 쿠미코(매일 오미 섬): 16,133 / 마스다 하지메: 47(바다동자개), 56(술수염철치) / 미쓰키 마사유키(DIVE ZEST): 124 / 미즈키(색즈시공): 132 / 미야 마사키: 59,136 / 메이세이대학: 132 / 모기 요이치: 117 / 모리오카 아쓰시: 7,178~181,189,193~195,197,207,209,212,215 / 모리타 케이조: 173 / 야마구치 모토오미: 51 / 야마사키 코지: 193 / 요코하마 재미있는 수족관: 22 / 요시다슌지(우와카이의 물고기): 24 / 루리 스즈메(물고기 마니아): 135 / 와타나베 유우키(국립극지연구소 생물권 연구 그룹): 158 / Andrew Fox(Rodney Fox Shark Expeditions): 158 / alamy/PPS 통신사: 40 / Dr Richard Pillans CSIRO: 23 / Getty Images: 커버,6,28,72,143,후면지 / MBARI: 12 / OCEANA: 12 / PIXTA: 커버,8,32,126,148,181,183,197,202,209,211,212,215,216 / SPL/PPS 통신사: 40

[일러스트]
커버 : Raúl Martín
본문 : 코보리 후미히코, 후쿠나가 요이치

[장정]
기도코로 준+세키구치 신페이(JUN KIDOKORO DESIGN)

[본문 디자인]
아마노 히로카즈, 오바 유키, 하라구치 마사유키
(주식회사 DAI-ART PLANNING)

[편집 제작]
주식회사 도메

[주된 참고 문헌]
『일본산 어류 검색 전종 동정 제3판』나카보우 테쓰시 엮음 / 『일본산 어류대도감 제2판』마스다 하지메 외 엮음 / 『일본산 어류 생태대도감』마스다 하지메 외 / 『신판 물고기 분류 도감—세계 물고기의 종류를 생각하다』우에노 테루야 외 / 『일본산 치어 도감 제2판』오키야마 무네오 엮음(이상, 도카이대학 출판회), 『일본의 담수어』카와나베 히로야 외 / 『일본의 담수어』오가무라 오사무 엮음 / 『세계의 열대어』사쿠라이 아쓰시 외(이상, 야마토케이코쿠샤), 『동물도감 웹뱃 2 물고기』스기우라 히로시 감수 / 『신장판 상세 도감 물고기 구별법』아이자와 마사히로 외 / 『일본 연안 어류의 생태』히야마 요시오 외(이상, 고단샤), 『식자재 어패 대백과 전4권』타키 야스히코 외 엮음 / 『일본동물대백과 제6권 어류』, 『일본동물대백과 제7권 무척추동물』히다카 토시타카 엮음 / 『일본의 망둑어—결정판』세노 히로시 감수 외 / 『최신 도감 열대어 아틀라스』야마자키 코지 외(이상, 헤이본샤), 『타나고의 모든 것』아카이 유카타 외 / 『세계의 메기』에지마 카쓰야스 외 / 『복어 사육법』아쿠아라이프 편집부 엮음 / 『표준 원색 도감 17 열대어·금붕어』마키노 신지 외(이상, 마린 기획), 『신일본동물도감 상·중·하』오카다 요우 외 / 『원색 어류대도감』아베 토키하루(이상, 호쿠류칸), 『힌동가리 가이드북』잭 T. 모이어 / 『망둑어 가이드북』하야시 마사요시 외 / 『유어 가이드북』세노 히로시 외(이상, TBS 브리태니커), 『어류의 형태와 검색』마쓰바라 키요마쓰(이시와키 서점), 『일본산 어명 대사전』일본 어류 학회 엮음(산세이도), 『복쪽 물고기들』나가사와 카즈아(북일본 해양 센터), 『어개류의 독』하시모토 요시로(학회 출판 센터), 『복어의 분류와 독성』하라다 요시아키(형성사 후생각), 『어명고』에가와 쇼조(고우난 출판사), 『도설 생선과 조개 대사전』모치즈키 겐지 감수(카시와쇼보), 『물고기 사전』노세 유키오 감수(동경당 출판), 『원색 일본 담수어류 도감』미야지 덴자부로 외(호이쿠샤), 『신 물고기 도감—낚시 컬러 대전』코니시 카즈히토 엮음(월간 낚시 선매이), 『니가타현 바다의 어류 도감』혼마 요시하루(니가타 일보사), 『키워 보자 바다 생물 해수어의 번식』스즈키 카쓰미 외 편저(미도리쇼보), 『일본의 외래어 가이드』세노 히로시 감수(분이치 종합 출판), 『남극해의 물고기는 왜 얼지 않는가』사이언스 편집부(닛케이사이언스사), 『결정판 열대어대도감』모리 후미토시 외(세계문화사), 『아라마타판 해안 물고기 원더 도감』아라마타 히로시(신쵸샤), 『네이처 와칭 가이드북 해수어』카토 쇼이치(세이분도신코샤), 『SHARKS 상어—바다의 왕자들—』나카가와 카즈히로(북맨사), 『알지 못했던 동물의 세계 3 가오리·은상어·장어류』나카보 테쓰시 감역(아사쿠라 서점), 『FISHES of the WORLD Fourth Edition』Joseph S. Nelson (John Wiley & Sons,Inc) 외

⟨KODANSHA no Ugoku Zukan MOVE SAKANA⟩
ⓒ KODANSHA LTD.【2016】
All rights reserved.
Original Japanese edition published by KODANSHA LTD.
Korean translation rights arranged with KODANSHA LTD.
through Shinwon Agency Co.
Korean edition published in 2021 by LUDENS MEDIA Publishing Co., Ltd.

이 책의 한국어판 저작권은 ㈜신원에이전시를 통해 저작권자와 독점 계약한 루덴스미디어㈜에 있습니다.
저작권법에 의하여 한국 내에서 보호를 받는 저작물이므로 무단 전재 및 복제를 금합니다.

역자 노경아
한국외대 일본어과를 졸업하고 대형 유통회사에서 10년 가까이 근무하다가 오랜 꿈이었던 번역가의 길로 들어섰다. 번역의 몰입감, 마감의 긴장감, 탈고의 후련함을 즐길 줄 아는 꼼꼼하고도 상냥한 일본어 번역가.
주요 역서로는 『앵무새 교과서』, 『무인양품 심플 수납법』, 『이나모리 가즈오의 인생을 알아보는 안목』, 『스스로 답을 찾는 힘』, 『월급쟁이 초보 주식투자 1일 3분』 등이 있다.

루덴스미디어

움직이는 도감❺
MOVE 어류

편저 고단샤
감수 후쿠이 아쓰시
역자 노경아
찍은날 2021년 7월 1일 초판 1쇄
펴낸날 2021년 7월 15일 초판 1쇄
펴낸이 홍재철
편집 이호경
디자인 나인아트크리에이티브
마케팅 황기철·안소영
펴낸곳 루덴스미디어(주)
주소 경기도 고양시 일산동구 무궁화로 43-55, 604호(성우사카르타워)
홈페이지 http://www.ludensmedia.co.kr
전화 031)912-4292 ｜ 팩스 031)912-4294
등록 번호 제 396-3210000251002008000001호
등록 일자 2008년 1월 2일

ISBN 979-11-88406-65-4 74400
ISBN 979-11-88406-60-9(세트)

결함이 있는 책은 구입하신 곳에서 바꾸어 드립니다.
값은 뒤표지에 있습니다.

줄무늬고등어

목구멍 속이 보일 만큼 입을 크게 벌린 줄무늬고등어. 바닷속 플랑크톤을 들이마시기 위해 입을 크게 벌리고 있습니다. ▶155쪽

턱이 빠졌나!?

수컷끼리 키스!?

서프라이즈!

평소에는 볼 수 없는 물고기들의 놀라운 생태를 모아 봤어요!

키싱구라미

마주 보고 서로 입을 맞댄 수컷 2마리. 키스하는 게 아니라 싸우는 중입니다. ▶215쪽

변장의 명수?

청새치

작은 물고기 무리를 마주친 청새치. 주둥이 끝에 작은 물고기 한 마리가 꽂혀 있습니다. 마치 펜싱의 명수 같군요. ▶152쪽

펜싱의 명수?

남양제비활치

바닷속에 떠다니는 나뭇잎으로 변신한 남양제비활치의 유어. 꼬리지느러미가 투명해서 더 나뭇잎 같아 보이는 것이 포인트입니다. ▶149쪽